新时代大学生思想政治教育实践研究

张 霓◎著

线装书局

图书在版编目（CIP）数据

新时代大学生思想政治教育实践研究 / 张霓著. -
北京：线装书局, 2024.4
　　ISBN 978-7-5120-6081-4

　　I. ①新… II. ①张… III. ①大学生－思想政治教育
－研究－中国 IV. ①G641

中国国家版本馆CIP数据核字(2024)第080440号

新时代大学生思想政治教育实践研究
XINSHIDAI DAXUESHENG SIXIANG ZHENGZHI JIAOYU SHIJIAN YANJIU

作　　者：张　霓
责任编辑：白　晨
出版发行：线裝書局
地　　址：北京市丰台区方庄日月天地大厦 B 座 17 层（100078）
电　　话：010-58077126（发行部）010-58076938（总编室）
网　　址：www.zgxzsj.com
经　　销：新华书店
印　　制：三河市腾飞印务有限公司
开　　本：787mm×1092mm　　　　1/16
印　　张：15.75
字　　数：360 千字
印　　次：2025 年 1 月第 1 版第 1 次印刷

线装书局官方微信

定　　价：78.00 元

前　言

"青年兴则国家兴，青年强则国家强。"大学生是祖国的希望与未来，其思想政治素质如何，将决定中国特色社会主义能否顺利推进。习近平总书记在十九大报告中指出："中国特色社会主义进入了新时代，这是我国发展新的历史方位。"面对这一新的历史方位，我国的时代特点也随之发生改变，大学生作为思想政治教育的受教育者，正处于思想观念、价值观日趋成熟的阶段，时代特点必然会向大学生提出新要求、赋予新使命，给大学生思想政治教育带来机遇，同时也不可避免地给大学生思想政治教育带来新问题。因此，在社会经济飞速发展的今天，提高大学生思想政治水平和道德水平，让大学生自觉承担起建设中国特色社会主义的重要责任，已成为新时代的一项重要课题。

高校大学生思想政治教育实践与思想政治理论教育是加强和改进大学生思想政治教育的两个重要环节，前者是主阵地，后者是主渠道，两者各有侧重，互相结合，共同构成了高校大学生思想政治教育的体系。大学生思想政治教育关系到我国人才培养的质量和方向，但传统大学生思想政治教育方法与现代社会发展差距不断扩大，使高校思想政治教育达不到应有的效果，因此方法的创新势在必行。针对这一情况，本书根据当代大学生的思想特点，以增强大学生思想政治教育实效性为核心目标，探究符合大学生思想心理发展特点与教育内容要求的操作性强、针对性强、实效性强的大学生思想政治教育新方法。在此基础上，本书一并对大学生思想政治教育方法的创新性问题做了介绍，为提高大学生的综合素质提供些许参考。

全书共计八个章节，第一章是新时代大学生思想政治教育，主要内容有：大学生思想政治教育的内涵、指导思想和基本原则、价值以及教育的环境；第二章为高校思想政治教育面临的机遇与挑战，主要内容有：高校思想政治教育面临的新机遇、新挑战；第三章讨论了新时代大学生思想政治教育对象的特点，主要内容有：新时代大学生的思想特性、行为特点以及成长规律；第四章分析了新时代思想政治育人体系建设研究，主要内容有：高校思政育人体系概述、高校思政育人工作的理论基础与政策依据以及高校思政育人体系建设的时代特征与价值；第五章研究了新时代大学生思想政治教育与心理健康教育融合实践研究，主要内容有：大学生思想政治教育与心理健康教育的概述、大学生思想政治教育与人文关怀以及大学生思想政治教育与心理健康教育的有效结合；第六章是新时代大学生思想政治教育与新媒体融合实践研究，主要内容有：新媒体时代大学生思想政治教育概述、大学生网络思想政治教育以及新媒体与思想政治教育相结合的实践探索；第七章为新时代大学生思想政治教育与素质教育融合实践研究，主要内容有：大学生文化素质教育概述、高校校园文化与思想政治教育以及大学生思想政治教育中的文化建设；第八章探索了新时代大学生思想政治教育与创新创业教育融合实践研究，主要内容有：思想政治教育与创新工作融合的基本问题、地方高等院校开展中国近现代史纲要课程的创新探索、开设思想政治理论课选修课的创新探索以及思想政治教育融入工匠精神和创新人才培养工作的探索。

在编写过程中，我们既对前辈学者的研究成果有所参考和借鉴，也注重将自身的研究成果充实于其中。尽管如此，囿于编者学识眼界，本书瑕疵之处难以避免，切望同行专家及读者提出批评意见。

本书可作为在高等学校从事学生工作特别是思想政治理论教育工作的相关教师参考使用，也可供相关科研管理人员参考，以及作为思想政治教育专业学生教学用书。

编委会

李状阳　曹楦淇　胡静燕
孙　佳　毛晓静　侯美欣
张海龙　王　聪

目录 CONTENTS

第一章 新时代大学生思想政治教育的基本内涵 1
- 第一节 高校思想政治教育的基本内涵 1
- 第二节 高校思想政治教育的社会内涵 7
- 第三节 高校思想政治教育内涵的延伸 13

第二章 新时代大学生思想政治教育的现状分析 18
- 第一节 新时期高校大学生思想政治教育的现状 18
- 第二节 新时期高校大学生思想政治教育的意义 26
- 第三节 新时期高校大学生思想政治教育面临的问题 29

第三章 新时期高校"课程思政"的建设与发展 36
- 第一节 新时期高校"课程思政"概述 36
- 第二节 新时期高校"课程思政"的建设 39
- 第三节 新时期高校"课程思政"教学实践 46

第四章 新时期高校思政育人体系建设研究 51
- 第一节 高校思政育人体系概述 51
- 第二节 高校思政育人工作的理论基础与政策依据 59
- 第三节 高校思政育人体系建设的时代特征与价值 64

第五章 新时代高校思想政治工作与素质教育的探索与实践 72
- 第一节 思想政治工作与素质教育的关系 73
- 第二节 素质教育中的高校思想政治工作 76
- 第三节 高校思想政治工作与素质教育的基本做法和主要成效 79
- 第四节 高校思想政治工作与素质教育面临的机遇和挑战 82
- 第五节 加强和改进高校思想政治工作实施素质教育 87

第六章 新时代大学生思想政治教育队伍建设创新 95
- 第一节 高校思想政治教育工作队伍的内涵 95
- 第二节 高校思想政治教育工作队伍建设的现状 99
- 第三节 加强高校思想政治教育工作队伍建设创新的策略 102

第七章 新时代新媒体与高校思想政治教育整合研究 **108**
第一节 新媒体时代大学生思想政治教育概述 108
第二节 新媒体环境下高校思想政治教育的实践探索 121
第三节 新媒体时代高校思想政治教育的话语变革 140

第八章 新时代传统文化与大学生思想政治教育整合研究 **172**
第一节 新时期传统文化与大学生思想政治教育融合的价值......... 172
第二节 中国传统文化融入大学生思想政治教育的主要原则......... 190
第三节 新时期传统文化融入大学生思想政治教育的策略........... 197

第九章 新时代生涯性思想政治教育的实践途径 **220**
第一节 变革思想政治教育思维方式......................... 220
第二节 营造思想政治教育环境............................ 224
第三节 改进创新思想政治教育方法......................... 229
第四节 完善思想政治教育实践体系......................... 234

参 考 文 献 **242**

第一章 新时代大学生思想政治教育的基本内涵

加强和改进高校思想政治教育，首先要把握高校思想政治教育的基本内涵。内涵搞清了，在具体实践中，高校思想政治教育才能有的放矢。本章，我们将在对高校思想政治教育的基本内涵进行界定的基础上，深入探讨其社会内涵、个体发展内涵以及其他一些延伸性内涵。

第一节 高校思想政治教育的基本内涵

高校思想政治教育的内涵反映高校思想政治教育这一教育实践活动的本质属性。这一本质属性具有相对稳定性，但也随着高校思想政治教育的社会环境、任务、目标的变化而不断发展。前者体现为高校思想政治教育内涵的继承性，后两者体现为高校思想政治教育内涵的创新性。

一、高校思想政治教育的内涵

在《现代汉语词典》中，内涵是指"一个概念所反映的事物的本质属性的总和，也就是概念的内容"。按照内涵的这一定义，高校思想政治教育的内涵就应当是"高校思想政治教育"这一概念所反映的事物的本质属性的总和，即"高校思想政治教育"这一概念的内容。在实践中，高校思想政治教育主要是高校思想政治工作者利用一定的思想观念、政治观点、道德规范，对大学生施加有目的、有计划、有组织的影响，使他们形成符合中国特色社会主义所需要的思想品德的教育实践活动。因此，高校思想政治教育的基本内涵是指最能反映这一教育实践活动本质属性的主要内容。

在哲学中，所谓事物的本质属性，是指事物固有的、决定事物性质、面貌和发展的根本属性。由此出发，高校思想政治教育的本质属性也应当是高校思想政治教育固有的、决定其性质、面貌和发展的质的规定性。因此，这种本质属性应包括两个方面：第一，本质属性应贯穿高校思想政治教育活动的始终，是高校思想政治教育活动中最普遍最一般的固有属性且规定和影响其他派生属性（非本质属性）；第二，本质属性应该是高校思想政治教育变化发展的根据。根据这两个方面，笔者认为高校思想政治教育的本质属性应为政治性与科学性的有机统一。政治性是高校思想政治教育的阶级属性。如果没有表示阶级意志的政治性，不能维护统治阶级的有效统治，那么高校思想政治教育就不可能存在，更不可能发展，因此政治性是贯穿高校思想政治教育始终的一个特有属性。科学性是高校思想政治教育的客观实践属性。如果不反映客观事物的本质和历史发展的趋势，不能最终促进社会生产力的发展，不代表广大人民群众的根本利益，高校思想政治教育就不能得到发展，当然也不能长久地存在，因此科学性是高校思想政治教育本身得以发展的内在规定性。

综上所述，要完整准确地认识高校思想政治教育的本质，就必须坚持高校思想政治教育政治性与科学性在理论与实践上的有机统一。在这一问题上，目前存在着两种不良倾向：一种倾向是强调高校思想政治教育的政治性，而偏离高校思想政治教育的科学性，从而使高校思想政治教育变得空洞与说教，表现为泛政治化，就形势而追踪形势，就热点而炒作热点，缺乏系统的科学理论支撑。这种倾向在一定程度上使高校思想政治教育的效果一击就垮。另一种倾向是强调高校思想政治教育的科学性，否定高校思想政治教育的政治性，从而使高校思想政治教育变得盲目。例如，在实践中，一些高校的"法律基础"课上成"法学概论"课。高校思想政治教育丧失政治性，就意味着主动放弃意识形态领域的主导权，后果将是不击自垮。因此，深化对高校思想政治教育本质属性的认识，是当前提高高校思想政治教育有效性、加强高校思想政治教育学科建设的当务之急。

二、高校思想政治教育内涵的继承性

伽达默尔（Hans-Georg Gadamer）认为，所有的概念都不是固定不变的，其意义必定随着时间推移在阐释者的实践理解中发生变化。因此语言概念的意义只能在不间断的交流或对话中得到澄清，阐释只能通过不断与其他阐释者对话来验证自己对世界的阐释是否正确、是否理性，而传统（语言传统、意义传统以及有关主体间相互理解时所依赖的共同语言环境的一切因素的传统）正是使这种对话得以顺利进行的基础。传统是历史的沉淀。流传至今的"传统"是历史的超越，必有它存在的理由。因此，善待传统是人类明智的表现。向传统学习，把传统转化为我们心智的一部分，就成为每个人永不停歇的过程。

为了避免低水平地重复制造，人们必须遵从学术传统，在传统的基础上提出和研究问题，使传统得以发展。在思想发展史上，但凡新的思想的出现，都不是孤立的现象，都能从传统中找到它的碎片和痕迹。在历史的演进过程中，传统并非一成不变，它会发生衍化。就大的方面而言，分为以下几类：一些传统历经时代变迁，活力依旧，本色不改；一些传统被赋予新质，在蜕变中仍显其本质特性；一些传统与社会发展方向相悖，但终因各种复杂的因素而悄然存活。区别这些各自不同的传统是必要的，至少可以给如何继承提供路径。显然，对前两类传统应视其情况予以继承，对后一类传统则应力拒。

作为一个概念，高校思想政治教育的内涵也有着自身的变与不变。从不变的角度看，今天的高校思想政治教育是历史的继续，其基本内涵首先是对传统的继承。重视思想政治教育是党的优良传统。在党的历史上，高校思想政治教育形成了自身的丰富内涵。继承党的优良传统，把传统证明过的科学的东西纳入高校思想政治教育的现状中来，是高校思想政治教育自身发展的需要。在全国加强和改进大学生思想政治教育工作会议上，习近平同志指出："要坚持继承优良传统与改进创新相结合，坚持党的思想政治工作的优良传统，积极探索新形势下大学生思想政治教育工作的新途径新办法。"习近平同志的讲话高屋建瓴，对高校思想政治教育继承传统、继往开来，在理论和现实上有很强的指导意义。

在中国共产党思想政治教育史上，党为把大学生培养成为对祖国和人民的有用之才，曾先后提出了许多科学的标准和要求。从毛泽东当年提出"身体好、学习好、工作好"的"三好"要求到邓小平提出"有理想、有道德、有文化、有纪律"的"四有"标准，再到江泽民同志提出"坚持学习科学文化与加强思想修养的统一""坚持学习书本知识与投身社会实践的统一""坚持实现自身价值与服务祖国人民的统一""坚持树立远大理想与进行艰苦奋斗的统一"的"四个统一"的要求，都着眼于中国革命、建设和改革的具体实践与客观要求，为大学生成长为栋梁之材指明了方向，设定了标杆。从总体上看，这些针对广大青年特别是大学生专门提出的标准和要求，是一脉相承的科学体系，从强调德、智、体协调发展，到强调理想、道德、文化、纪律兼备，再到强调求学和做人、知识和实践、个人和社会、理想和现实的统一，既体现了人才培养的目标，同时也包含了丰富的思想政治教育内容，揭示了高校思想政治教育的丰富内涵。这些内涵在高校思想政治教育中具有恒久的意义。

三、高校思想政治教育内涵的创新性

传统固然重要，但是它不能包揽和代替现实。因为事物在发展，现实在变化，新的东西总是层出不穷，一味抱残守缺，无异于刻舟求剑，不能适应时代的发展和社会的需求。因此，在合理继承传统的基础上，改进和创新实属必然。

创新是对传统作大胆的扬弃，重在创意、创建和创立。创新需要科学与人文的价值导向：求真、向善。求真，即贴近现实，追求真理；向善，即符合完美的人性，追求人类的终极关怀，体现符合多数人意向的道德情感，它是一种价值承诺，是教育信念确立的基础和前提。对创新要进行价值评价，不能唯新是从，否则就是庸俗的进化论，在创新这一概念中，"创"始终是手段，"新"才是目的。所谓新，并不仅是标新立异，要看其是否具有新质，是否具有新价值，是否体现事物的本质，是否代表社会发展的方向。我们需要的是真正意义上的创新，反对徒有其表的所谓的创新。那种把创新仅仅停留在现象层面，甚至停留在口号上的做派，是学风浮躁的表现，绝非真正意义上的创新。旧和新，只是相对而言，旧在先前也曾是新的，何况它能沿袭至今，必有其缘由，不能大起大落，作简单的肯定和否定。在各种思潮并起、社会价值观多元的当今社会，对"旧"和"新"进行梳理，还它以本来面目，是继承和创新的逻辑起点。

针对教育，包括思想政治教育的保守性、封闭性，邓小平提出了教育要面向现代化、面向世界、面向未来的主张，还提出了培养"有理想、有道德、有文化、有纪律"的社会主义新人的目标，为克服思想政治教育的功能性危机，推动思想政治教育实现创新指明了方向。同时，当代社会迅速发展的情况，同过去时代已有很大不同，现在绝不是过去的再现，未来更不是现在和过去的翻版，教育的重任是要为一个未知的世界培养人，在历史上第一次为一个尚未存在的社会培养新的人。这就为教育体系提出一个崭新的任务。因此，在现代社会条件下，思想政治教育的生命线作用、先导性作用，应当合理地被理解和作为创新功能进行发展和发挥。这种发展和发挥的基础和首要，就是思想政治教育向未来领域的发展。思想政治教育只有发展创新功能，即面向未来，不断实现对自身的超越，并不断促进人们实现超越，才能真正把握未来，拥有未来，并形成未来社会的一个主要因素。否则，面向未来就是一句空话。

进入新世纪以来，在继承和发展毛泽东、邓小平、江泽民有关重要论述的基础上，胡锦涛同志对全国青年提出了"四个新一代"的要求，鼓励广大青年努力成为"理想远大、信念坚定的新一代，品德高尚、意志顽强的新一代，视野开阔、知识丰富的新一代，开拓进取、艰苦创业的新一代"。这一要求指明了大学生成长成才的目标，为当代青年的健康成长进一步指明了方向和途径，也为高校思想政治教育提出了新的更高的要求。在培育"四个新一代"人才标准的指引下，高校思想政治教育工作必须要在实践中实现创新。长期以来，我国高校思想政治教育较多地侧重了政治教育，而对思想政治教育作为一个系统工程缺乏足够的认识和把握，同时对思想政治教育内容的划分也不够清晰和准确。在中央召开的全国加强和改进大学生思想政治教育工作会议上，习近平同志结合大学生成长成才的素质要求，结合社会主义人才培养的目标，提出了高校思想政治教育的基本内容：高校思想政治教育要以理想信念教育为核心，深入进行正确的世界观、人生观、价值观教育；以爱国主义教育为重点，深入进行民族精神教育；以基本道德规范为基础，深入进行公民道德教育；以大学生全面发展为目标，深入进行素质教育。这一论断科学而全面地界定了高校思想政治教育的内涵，构建起了一个既有核心又有重点，既有基础又有目标的思想政治教育内容体系。在这个内容体系中，"三观"（世界观、人生观、价值观）教育、民族精神教育、公民道德教育和素质教育有机统一，思想教育、政治教育、道德教育和心理健康教育紧密结合，个人、集体和社会相互承接，层次分明、重点突出、目标清晰、任务明确，使高校思想政治教育的内容更加完备、充实和科学，从而为培养造就德智体美劳全面发展的社会主义合格建设者和可靠接班人提供了保障和基础。

四、高校思想政治教育的领域拓展

近年来，社会的发展对高校思想政治教育提出了新的要求。基于教育要面向现代化、面向世界、面向未来的思维，也基于现代社会和学科领域的高度分化与高度综合相结合的发展趋势，高校思想政治教育的作用范围在扩大，高校思想政治教育在向新的领域拓展。

第一，高校思想政治教育向宏观领域的拓展。这种拓展表现在两个层面上：其一是国内层面，即高校思想政治教育要面向社会主义现代化建设，把社会主义现代化建设作为政治方向，作为高校思想政治教育的主题。高校思想政治教育要向业务活动、经济活动、管理工作广泛渗透，深深植根于现代社会生活之中。在现代社会条件下，政治、经济和科学技术的发展，不断开辟出新的领域，环境问题、生态问题等新发展的领域和新涌现的问题，既广泛深刻地推动和影响着社会的进步，也折射出许多新的思想、政治、道德问题，迫切需要发展了的高校思想政治教育与之相适应，创建竞争伦理、科技伦理、环境伦理、网络伦理等，保证和促进新的领域的发展。其二是国际层面，为了适应对外开放的需要，我们要培养大批面向世界的人才。面向世界的人才不仅要有参与世界范围竞争的科学技术水平，也要有面对世界的思想、道德和心理素质。面对世界上各种文化和价值观的冲击，更要有正确分析、鉴别、选择人生观、价值观的思想基础；投身于世界范围的经济、科技、人才竞争，更要有敢于竞争的勇气和自强不息的精神；生活在对外开放的环境和活动在各种场所，更要有健康的心理和文明风度。这些思想政治素质，比过去要求更高，也更全面。

第二，高校思想政治教育向未来领域的拓展。随着开放的扩大和改革的深化，科学技术的迅猛发展、物质文化生活水平的提高和竞争机制的广泛引入，既增加了社会的复杂程度，又加快了社会的变化频率。因此，现代社会对大学生来说，在其发展过程中总是既存在机遇，又存在风险。青年学生希望自己能抓住机遇，避免风险。他们更加关注发展的前景，更加注视未来领域的发展趋向。高校思想政治教育必须面向未来发展，探索适用未来领域的理论与方法。

高校思想政治教育的一个重要作用是导向，即以正确的思想指导大学生进行实践活动。因而高校思想政治教育应当具有超前性和预防性，要保证和促进大学生面向未来的顺利发展。高校思想政治教育当然不能代替大学生的预测与决策，但高校思想政治教育可以帮助大学生增强面向未来的意识，使之对未来发展趋势有一个清晰认定，学会抓住机遇，化解风险，避免偶然因素和不道德行为的干扰和冲击，增强预测与决策的自觉性。同时，高校思想政治教育还要帮助大学生掌握科学的预测和决策方法，克服经验主义、盲目主义倾向，防止由于复杂因素的困扰和不能面对差距而陷入宗教、迷信的倾向。因此，社会的发展和大学生的发展，既向高校思想政治教育提出了面向未来进行预测和决策的要求，也为其开展预测和决策创造了条件。正确的预测既是为了现在，更是为了未来，为了在预见的前景和目标之前采取正确的教育决策和教育措施，实现教育的科学化。现代高校思想政治教育一定要研究预测和决策的理论和方法，形成高校思想政治教育预测与决策的分支学科，为高校思想政治教育提供理论指导。

第三，高校思想政治教育向微观领域的拓展。所谓高校思想政治教育的微观领域，就是指高校思想政治教育工作者与大学生的内心世界。宏观的客观世界同人们的主观的内心世界总是不可分割地联系在一起。宏观世界的开放性、复杂性、易变性也会导致人们内心世界的开放、复杂与变动。因此，高校思想政治教育在向宏观领域发展的同时，也必须向微观领域发展。人们内心世界具有更大的复杂性和潜隐性，它像一个"黑箱"，无法窥探，也难以敞开，只能通过深入研究，才能把握其发展变化的规律性。在现代社会条件下，社会因素和社会信息不断增多，并且变化节奏加快，整个社会和人们的利益关系复杂程度增加，引起大学生的心理震荡，增加心理负荷，甚至导致一些人出现心理不平衡、心理障碍与心理疾病。因此，心理方面的问题十分突出地摆到了高校思想政治教育者面前，开展心理测试与心理分析，进行心理诊断与心理咨询，普及心理保健知识，提高心理素质，便成为高校思想政治教育的一项重要任务。研究人们内心世界的问题，还有一个更重要的任务就是开发人力资源。每一个人都有一个复杂的内心世界，每一个人都有巨大的潜能。我们要把人们的潜能充分发挥出来，把人力资源充分开发出来，如果不掌握人们内心世界的发展变化规律，不能有效地把外在教育内化为人们的思想，就只能是一句空话。所以，我们要探索思想内化理论，掌握心理发展规律，建立具有中国特色的高校思想政治教育心理学。

第二节 高校思想政治教育的社会内涵

社会性内涵是高校思想政治教育的基本内涵。在党的历史上，为社会现实服务，依据社会发展的需要确定教育内容，是高校思想政治教育的光荣传统。新中国建立前，高校思想政治教育为新民主主义革命服务；新中国建立后，高校思想政治教育先后为社会主义革命和建设服务，形成了高校思想政治教育在不同历史时期的特定社会内涵。在新的历史时期，高校思想政治教育的社会内涵主要体现在普及马克思主义中国化理论、树立中国特色社会主义共同理想、弘扬民族精神与时代精神、树立社会主义核心价值观等几个方面。

一、普及马克思主义中国化理论

马克思主义自20世纪初传入中国便根植于中国社会，并与中国社会的具体实际结合起来，形成了中国化的马克思主义。在这一历史过程中，以毛泽东、邓小平、江泽民、胡锦涛为杰出代表的中国共产党人及以习近平为总书记的新一代领导集体把马克思主义与中国国情相结合，先后产生了五大理论成果，如毛泽东思想、邓小平理论、"三个代表"重要思想、科学发展观和社会主义核心价值观，后三者又是中国特色社会主义理论体系的重要组成部分。在革命战争年代，毛泽东思想围绕"什么是革命政权，怎样夺取政权"的时代主题，创立了具有鲜明中国特色的新民主主义理论，完整地提出了人民民主专政的理论，使一个独立自主的社会主义中国开始屹立在世界的东方；在和平与发展时期，邓小平理论围绕"什么是社会主义，怎样建设社会主义"的时代主题，对社会主义的本质理论、社会主义初级阶段理论等进行创新，开辟了中国特色社会主义建设道路；进入新世纪，江泽民科学判断党所处的历史方位，围绕着"建设什么样的党，怎样建设党"的时代主题，提出了"三个代表"重要思想，深化了对共产党执政规律、社会主义建设规律和人类社会发展规律的认识；中国的改革发展进入关键期，胡锦涛围绕"发展什么，为什么发展和怎样发展"的时代主题，提出了科学发展观，在发展的目的、发展的地位、发展的内容、发展的战略等方面作了深刻地阐述。习近平总书记指出"一个民族的文明进步，一个国家的发展壮大，需要一代又一代人接力努力，需要很多力量来推动，核心价值观是其中最持久最深沉的力量。富强、民主、文明、和谐，自由、平等、公正、法治，爱国、敬业、诚信、友善，传承着中国优秀传统文化的基因，寄托着近代以来中国人民上下求索、历经千辛万苦确立的理想和信念，也承载着我们每个人的美好愿景。我们要在全社会牢固树立社会主义核心价值观，全体人民一起努力，通过持之以恒的奋斗，把我们的国家建设得更加富强、更加民主、更加文明、更加和谐、更加美丽，让中华民族以更加自信、更加自强的姿态屹立于世界民族之林"。

马克思主义中国化的四大理论成果是一脉相承的思想理论体系。毛泽东思想、邓小平理论、"三个代表"重要思想和科学发展观具有本质上的一致性。它们都以辩证唯物主义和历史唯物主义作为世界观和方法论，把解放和发展生产力作为历史进步的着眼点，把实现共产主义、解放全人类作为根本目标。同时，它们又都是开放的理论体系，坚持解放思想、实事求是、不断汲取时代精神的精华而丰富和发展自己，都具有与时俱进的特性。马列主义、毛泽东思想、邓小平理论、"三个代表"重要思想和科学发展观是被实践证明了的科学理论，是我们立党立国之本。在新的历史时期，高校思想政治教育必须加强马列主义、毛泽东思想，特别是中国特色社会主义理论（邓小平理论、"三个代表"重要思想和科学发展观）教育。高校思想政治教育必须同各种反马克思主义的思潮作坚决斗争，要坚持用马克思主义占领高校的思想阵地，防止和反对指导思想多元化，增强大学生识别和抵御各种错误思潮的能力；必须大力弘扬理论联系实际的学风，坚持马克思主义的科学精神和基本理论，坚持解放思想、实事求是，努力对当前急需进行理论引导或说明的突出问题，做出科学的、有说服力的、符合实际的解释和说明，并在实践中不断丰富和发展马克思主义。

二、树立中国特色社会主义共同理想

一个国家的可持续发展，一个国家的内部和谐，与该国现实的政治经济状况密切相关，与该国国民的共同理想也密切相关，这两种相关是同等重要的。强大而明确的共同理想，甚至能在很长的时期内克服政治经济结构的现实裂痕，这在历史上不乏其例。中国经过近现代的曲折徘徊与浴血奋争，经过近几十年来的探索发展，已经走出了一条适合自身国情、能有效发挥本国优势且取得了辉煌成就的道路，这就是中国特色社会主义。

如果说在共产主义启蒙时期形成理想信念需要思想上的睿智与敢为天下先的勇气的话，目前已经积累的辉煌的历史成就使新的一代人更容易形成更坚定的中国特色社会主义共同理想。但新的一代人又是没有苦难记忆的一代人，他们生活在一个思想多元化的开放社会，所以主旋律的高扬更显得必要。目前，中国改革开放社会已经进入转型期，也是一个矛盾凸显期，更深入的中国特色社会主义共同理想的教育，有助于包括大学生在内的社会成员正确认识改革过程中出现与积累的矛盾，树立人们解决矛盾的信心，构建和谐社会。中国特色社会主义共同理想教育是当代高校思想政治教育的"灵魂"和基础，它决定着高校思想政治教育的基本性质。可见，中国特色社会主义共同理想教育是当前高校思想政治教育的关键和核心所在。其功能和作用主要体现在以下几个方面。

第一，中国特色社会主义共同理想教育决定着高校思想政治教育的基本性质。大学阶段是大学生确立自我、实现人生目标的关键时期，引导大学生树立高远的志向是思想政治教育的核心内容。共同的理想信念是一定社会主体共同价值目标的集中体现。当代中国高校思想政治教育的实质就在于从思想政治理论的高度，使大学生充分认识到中国特色社会主义共同理想的科学性，使大学生不仅在情感上，而且能从世界观的高度，理性地接受和认同中国特色社会主义的价值目标。只有牢固地树立起中国特色社会主义共同理想，以社会主义核心价值体系凝聚广大青年学生，才能产生经久不衰的动力，使他们既看到中国特色社会主义事业面临的挑战和困难，又看到中国特色社会主义事业所具有的旺盛生命力，在构建社会主义和谐社会、加快社会主义现代化建设的历史进程中奋发有为，建功立业。

第二，中国特色社会主义共同理想教育是振奋大学生精神、鼓舞大学生进取的有效途径。中国特色社会主义充分反映了我国最广大人民的共同愿望、利益和要求，是全国各族人民不懈追求的共同理想。这个共同理想把国家、民族与个人紧紧地联系在一起，它有利于调动全体人民共同为之奋斗，能够在最大限度上统一社会意志、集中社会智慧、激发社会活力，为构建社会主义和谐社会提供有力的精神保证。大学生是十分宝贵的人才资源，是民族的希望，是祖国的未来。加强和改进高校思想政治教育，提高他们的思想政治素质，对于确保中国特色社会主义事业兴旺发达、后继有人，具有重大而深远的战略意义。通过中国特色社会主义共同理想教育，可以使大学生懂得：要实现个人理想，就必须从现实出发，从自己做起，从身边的小事做起，脚踏实地，百折不挠；要实现中国特色社会主义理想和中华民族的伟大复兴，就必须多读书、读好书，努力学习科学文化知识，提高科学文化素质，掌握科学知识、科学方法和科学思想，提高自己辨别是非的能力。

第三，中国特色社会主义共同理想教育是衡量高校思想政治教育效果的重要标准。高校思想政治教育的目的是使大学生认同和接受社会主义的基本思想和价值目标。在我国现阶段，就是要使大学生接受我们党的政治主张和政治信仰，并且充分看到广大人民群众的利益与自身利益的一致性，使建设中国特色社会主义的理想成为他们的共同理想。所以，评价高校思想政治教育效果的一个重要标准，就是要看党的政治主张、政治信仰和现阶段我国各族人民的共同理想是否为广大青年学生所认同。能不能培养出一代又一代有觉悟的社会主义新人，既是衡量高校思想政治教育效果的重要标准，更是关系到社会主义和共产主义远大目标能否实现的关键。在教育大学生成为"四有"新人的目标体系中，中国特色社会主义共同理想始终摆在第一位。只有树立中国特色社会主义理想，学生才能自觉地运用社会主义的道德和纪律来约束自己，才能产生努力学习科学文化的强大内在动力。

三、弘扬民族精神与时代精神

民族精神是一个民族在长期的历史发展过程中逐步形成和培育起来的一种独具民族特色的、自觉的群体意识，是民族文化、民族智慧、民族情感、民族心理、民族共同理想、民族共同价值取向和民族行为规范等民族个性的综合体现。中国自古便是一个多民族的国家，几千年来，在以中原地区民族为中心与周边少数民族绵延不断的民族文化的碰撞与交融中形成了以汉族为中心的一体多元的民族结构，由此而逐渐萌生的民族意识最终整合为中华民族精神，成为推动中华民族发展壮大的精神力量。加强中华民族优秀传统和艰苦奋斗教育，是新时期高校思想政治教育的重要内容。中华民族在五千年的文明发展史中，为我们留下了丰富的文化遗产，蕴涵在其中的伟大的民族精神，是中华民族传统文化的积淀和升华。我国如何在更加开放的环境下不断发展壮大中华民族传统文化，增强广大群众特别是青少年对民族文化的认同和自信；如何在激烈的国际竞争中努力确立并发挥我们自己的民族文化优势，增强民族文化竞争力，维护国家文化安全等，成为高校思想政治教育面临的重大课题。必须坚持以人本，挖掘中华民族的文化资源，把民族精神教育作为高校思想政治教育的重中之重，实现古今文明的优势互补。

时代精神是时代思想的结晶，是一个时代科学认识成果和进步潮流的凝聚，是对时代问题的能动反映和应答，是某一社会在特定时代代表主流文化的内在、稳定而又深刻的东西，是一个时代、一个民族大多数人所希望、所向往、所信奉、所为之激动不已、追求不止的观念和精神，具体体现在这个时代大多数人的精神风貌、民族特质、理想信念、生活态度、价值取向、人生追求、风俗习惯、行为规范及所有活动之中，是贯穿于其中的原则、灵魂和起统摄作用的东西。时代精神产生于时代之中并表现时代，与时代具有高度的一致性和同步性。因为它直接就是时代变化的晴雨表或集中体现。时代精神反映了时代的特点、时代的内容并适应了时代的要求，它为特定时代提供精神支柱、动力和文化条件。当今时代精神主要体现在科学精神、人文精神、民主精神、开放精神和创新精神上，体现在"解放思想、实事求是，与时俱进、勇于创新，知难而进、一往无前，艰苦奋斗、务求实效，淡泊名利、无私奉献"上，其本质和灵魂在于创新。高校思想政治教育要善于从时代精神中汲取营养，在时代发展和社会进步中掘取资源，吸纳表达时代精神，把时代精神作为塑造一代新人的核心内容，贯穿于教育的全过程，渗透到教育的方方面面。无视时代的进步，社会的发展，与时代精神和时代发展相左，高校思想政治教育就很难被人们接受，很难体现时代感，很难取得实效。

四、树立社会主义荣辱观树立社会主义核心价值观

中国共产党在领导中国革命、建设和改革的过程中，对加强思想政治教育极其重视，并在实践中积极探索思想政治教育的基本规律。总结这些规律，其中的一条重要经验就是，要高度重视思想政治教育的育人功能，要特别强调人才思想道德素质的重要性，强调道德养成对于人才培育的重要意义。

当代大学生理应是思想道德素质和科学文化素质协调发展的一代。高校不但要注重大学生的文化素质教育，更要注重大学生的思想道德教育。正如大科学家爱因斯坦所说："用专业知识教育人是不够的。通过专业教育，他可以成为一种有用的机器，但是不能成为一个和谐发展的人。要使学生对价值有所理解并且产生热烈的感情，那是最基本的。他必须获得对美和道德上的善恶鲜明的辨别力。"

习近平总书记指出，当代中国青年要在感悟时代、紧跟时代中珍惜韶华，自觉按照党和人民的要求锤炼自己、提高自己，做到志存高远、德才并重、情理

兼修、勇于开拓，在火热的青春中放飞人生梦想，在拼搏的青春中成就事业华章。"志存高远"：习近平总书记不止一次对青年树立远大理想提出殷切期望。"中国梦是我们的，更是你们青年一代的。中华民族伟大复兴终将在广大青年的接力奋斗中变为现实。""德才并重"："修齐治平"中，修身是第一位的。习近平总书记和北大师生座谈时曾说过："道德之于个人、之于社会，都具有基础性意义，做人做事第一位的是崇德修身。这就是我们的用人标准为什么是德才兼备、以德为先，因为德是首要、是方向，一个人只有明大德、守公德、严私德，其才方能用得其所。""情理兼修"：情和理一直是中国人价值观中相辅相成、不可分割的两个维度。"以情动人，以理服人""通情达理""合情合理""入情入理"，这都是"情理兼修"的表现。"勇于开拓"：青年如旭日之初升，草木之方萌，要敢于开风气之先，有一股"于满是荆棘的荒野里踏出一条路"的闯劲儿。

面对新世纪新阶段我国经济社会发展对人才培养的客观要求，党的十八大提出，倡导富强、民主、文明、和谐，倡导自由、平等、公正、法治，倡导爱国、敬业、诚信、友善，积极培育和践行社会主义核心价值观。富强、民主、文明、和谐是国家层面的价值目标，自由、平等、公正、法治是社会层面的价值取向，爱国、敬业、诚信、友善是公民个人层面的价值准则，这24个字是社会主义核心价值观的基本内容。

"富强、民主、文明、和谐"，是我国社会主义现代化国家的建设目标，也是从价值目标层面对社会主义核心价值观基本理念的凝练，在社会主义核心价值观中居于最高层次，对其他层次的价值理念具有统领作用。"自由、平等、公正、法治"，是对美好社会的生动表述，也是从社会层面对社会主义核心价值观基本理念的凝练。它反映了中国特色社会主义的基本属性，是我们党矢志不渝、长期实践的核心价值理念。"爱国、敬业、诚信、友善"，是公民基本道德规范，是从个人行为层面对社会主义核心价值观基本理念的凝练。它覆盖社会道德生活的各个领域，是公民必须恪守的基本道德准则，也是评价公民道德行为选择的基本价值标准。

大学生代表着祖国的未来，肩负着中华民族伟大复兴的历史使命，对大学生加强社会主义核心价值观教育十分必要和迫切。培育和践行社会主义核心价值观要从个人抓起、从学校抓起。坚持育人为本、德育为先，围绕立德树人的根本任务，把社会主义核心价值观纳入国民教育总体规划，落实到教育教学和管理服务各环节，覆盖到所有学校和受教育者，形成课堂教学、社会实践、校园文化多位一体的育人平台，不断完善中华优秀传统文化教育，形成爱学习、爱劳动、爱祖国活动的有效形式和长效机制，努力培养德智体美劳全面发展的社会主义建设者和接班人。

社会主义核心价值观是社会主义核心价值体系最深层的精神内核，是现阶段全国人民对社会主义核心价值观具体内容的最大公约数的表述，具有强大的感召力、凝聚力和引导力。同时社会主义核心价值观也是当前高校思想政治教育的一项崭新内容，在本质上是与高校思想政治教育的目标、指导思想、内容相一致的。所以，要加强高校思想政治教育，就要在大学生中牢固树立社会主义核心价值观。

第三节 高校思想政治教育内涵的延伸

社会内涵与个体发展内涵是高校思想政治教育最基本的内涵。除此之外，在实践中，高校思想政治教育还向许多相关领域延伸。这些延伸了的内容，也是高校思想政治教育内涵的重要组成部分。例如，高校思想政治教育与历史教育、地理教育、国际政治教育相结合，延伸出认识基本国情与基本世情的问题；与法律教育相结合，延伸出培养民主意识与法制精神；与时事相结合，延伸出认识形势与政策的问题；与大学生的日常生活相结合，延伸出高校日常事务中的思想政治教育问题。下面我们将对这些延伸的内涵进行探讨。

一、引导大学生认识基本国情与基本世情

当前，人们受各种思想观念影响的渠道明显增多，程度明显加深，思想活动的独立性、选择性、多变性、差异性明显增强。当代大学生更是思想敏锐、勇于进取，思想观念趋于多元化，在各种社会思潮的影响下，往往表现出较强的事业心、责任感，但有时也会表现出良莠不分、社会责任感不强的弱点。针对这些复杂的现象，我们不能简单地肯定和否定，而应结合我国社会主义初级阶段的基本国情和当前国际形势，对大学生开展国情与世情教育，让他们认识到，只有社会主义才能使中国强大起来，激发学生树立为建设社会主义现代化强国，为人类做贡献的紧迫感、使命感和责任感。

在国情教育方面，除了加强国家历史与国家地理的教育，要着重结合改革开放的历史进程，引导学生认识中国特色社会主义的强大生命力，以及前进中面临的一些突出的问题。改革开放四十余年，我国经济社会发生了天翻地覆的历史性巨变，取得的成绩世界瞩目。英国《金融时报》认为，以一个发展中国家

的身份，中国成为近年来全球经济增长的主力，这在现代经济发展史上是少见的。在巨变面前，我们仍需保持清醒的头脑。必须看到，中国处在社会主义初级阶段的基本国情并未改变，中国是世界最大发展中国家的国际地位并未改。

在世情教育方面，除了加强世界历史与世界地理的教育，要着重引导学生认识当今世界和平与发展的时代主题，以及我国国际环境的复杂性。在21世纪，世界多极化和经济全球化的趋势在曲折中发展，科技进步日新月异，综合国力竞争日趋激烈。世界经济失衡加剧，能源资源压力增大，生态环境问题突出，贸易保护主义趋势上升，国际安全面临新的挑战。国际大环境对我国发展既有许多有利条件，也有不少不利因素，要求我们党准确把握人类社会发展规律，进一步推动建设和谐世界，为中国实现可持续发展创造所需要的外部环境；要求我们党抓住机遇、加快发展，在未来的发展中赢得更多的主动，在复杂多变的国际格局中始终立于不败之地。这是我们党面临的国际局势变动的新考验。

二、培养大学生的民主意识与法制精神

民主与法制是现代国家的基本特征，也是中国特色社会主义的本质属性之一。培养大学生的民主意识与法制精神，是高校思想政治教育的主要任务之一。民主意识与法制精神教育，是当代高校思想政治教育的重要内涵。

首先，高校思想政治教育要致力于培养大学生健康的民主观念。民主观念是现代国家公民的基本素养。我国是社会主义国家，我们培养的人才更应当具有民主的素养。高校思想政治教育要致力于培养现代国家合格公民，培养当代大学生健康的民主观念。众所周知，大学生作为青年群体的一部分，思想活跃，爱国热情高，参与国家政治生活的愿望强烈，向往民主。这种热情和愿望，如果引导到社会主义法制的轨道上，就会成为推进民主政治建设的一种积极因素。相反，如果缺乏正确的民主意识和清晰而牢固的法制观念，不懂得参与民主政治必须依照法律的规定和法定的途径，分不清社会主义民主同极端民主化和无政府主义的界限，就容易给社会带来动乱和危害，而且也违背了大学生的良好愿望。通过法制教育，可以使大学生学习到法律基本知识，增强法律意识，形成正确的民主意识和牢固的法制观念，从而通过正确的途径和方法表现自己的爱国热情，实现自己的政治愿望。

其次，高校思想政治教育要致力于培养大学生的法制精神。我国的社会主义法律是根据国家的经济、政治和社会各方面的需要，依据经济运行规律和社会历史发展规律制定的，是保证社会稳定和社会发展的重要武器。法律作为广大人民群众管理国家，建设国家的重要武器，为大学生投身社会实践，行使主

人翁权利，提供了可靠的法律保障。它指导和规范着人们的社会行为及其方向，它明确地赋予人们所享有的权利和应当承担的义务，保护着青年大学生所享有的种种权利。它为青年大学生的成长开辟了广阔的天地，保护着他们健康成长。谁要是侵犯了青年大学生所应享有的权利和利益，大学生可以拿起法律武器，依靠法律的保护而重新获得这些权力和利益。另一方面，大学生也要遵守国家的法律与制度，做知法守法的公民。必须要让大学生清醒地认识到，只有维护国家法律的尊严，才能赢得自己的尊严，才能在社会上正常发展。大学生作为有知识的群体，是国家未来的栋梁，他们是否具有法制精神，很大程度上影响着中国特色社会主义的法制进程。加强对当代大学生的法制教育，是高校思想政治教育的重要任务。

最后，需要指出的是，社会主义民主政治并不是依靠行政命令就能推行的，最终还要取决于人们民主意识、法制意识和政治素质的提高。只有提高人们的民主意识、法制意识和政治素质，他们才能够有序、有效地参与社会主义政治生活。当前，高校思想政治教育对大学生的政治素质教育相对突出，对他们的民主法制教育相对不足，这与社会主义政治文明进一步发展的需要是不适应的。在今后几十年，社会主义政治文明将会取得更大的发展。在这一过程中，高校思想政治教育应发挥强大的政治引导功能，强化对大学生的民主与法制教育，提高大学生的民主意识和法制意识，使之无论是在校期间，还是毕业以后，都能够有序、有效地参与社会主义政治事务。

三、认识形势与政策

形势与政策教育是我国高校思想政治教育的重要内容和重要形式，无论是从帮助大学生正确认识国内外形势，掌握党和国家的路线、方针和政策，从培养学生正确运用马克思主义的思想观点分析问题、解决问题等方面，还是从开阔学生视野，拓宽学生知识面，弘扬科学精神等方面，形势与政策教育都显示了其独有的作用与地位。其受重视程度也随着时间的推移、形势的变化而不断得到提升：从提出形势与政策教育应当列入教学计划，到决定在高校思想政治教育课程中设置形势与政策课程；从把形势与政策课程的管理纳入思想品德课的课程管理体系、列入大学教育全过程、规定保证平均每周不少于一学时、实行学年考核制度、成绩列入学生成绩册，到对高等学校学生形势与政策教育的地位、作用、做法等提出了更加明确、更加系统的意见，我们不难看出党和国家对加强高等学校学生形势与政策教育的重视程度。

高校开展形势与政策教育，应坚持以马克思列宁主义、毛泽东思想、邓小平理论、"三个代表"重要思想和科学发展观为指导,深入贯彻习近平总书记系列重要讲话精神。马克思列宁主义、毛泽东思想和邓小平理论教育是使大学生形成科学的政治意识的理论准备,也是开展形势政策教育的基础和前提条件。要把握好马克思主义在形势政策教育中的指导地位。当前,要特别重视用社会主义核心价值观推进形势政策教育。从适应国内国际大局深刻变化看,我国正处在大发展大变革大调整时期,在前所未有的改革、发展和开放进程中,各种价值观念和社会思潮纷繁复杂。面对世界范围思想文化交流交融交锋形势下价值观较量的新态势,面对改革开放和发展社会主义市场经济条件下思想意识多元多样多变的新特点,迫切需要我们积极培育和践行社会主义核心价值观,扩大主流价值观念的影响力,提高国家文化软实力。而把形势政策教育引进高校思想政治课堂,其本身就是社会主义核心价值观的体现。

在形势与政策教育方面,高校要着重进行改革开放和现代化建设成就教育。改革开放以来,我们党带领全国各族人民,高举中国特色社会主义伟大旗帜,战胜各种困难和风险,开创了改革开放和现代化建设的新局面,深刻地改变了中国的面貌。我国经济实力显著增强、市场经济体制逐步完善、人民的生活水平大幅度提升、民主法制建设不断发展、文化更加繁荣、社会更加和谐、国防和军队更加强大、国际地位日益提高、党的自身建设稳步深入。中国的发展不仅使中国人民稳步地走上了富裕安康的广阔道路,而且为世界经济发展和人类文明进步做出了重大贡献。当代大学生出生成长在改革开放的年代,通过形势与政策教育,不仅要使他们充分认识我国发展的成就和大好形势,进一步树立民族自信心和自豪感;更要使他们深刻懂得,改革开放以来我们取得一切成绩和进步的根本原因,归结起来就是:开辟了中国特色社会主义道路,形成了中国特色社会主义理论体系,从而坚定在中国共产党领导下走中国特色社会主义道路的信心和决心。

我国的政治经济形势在主流上是健康向上的,但是我们从事的是前无古人的事业,没有现成的经验可供借鉴,我们在国内外还面临着这样或那样的困难,这注定了我们前进的道路不可能是平坦的。因此,必须对广大大学生进行形势政策教育,使他们能够正确地看待当前的形势,看到形势的主流和健康的发展趋势。更为重要的是,我们党根据当前形势所采取的政策和措施,需要通过教育和学习的途径,为广大知识青年所掌握,以增强他们社会主义事业必胜的信心。因此,形势与政策教育作为高校学生思想政治教育的重要内容,作为高校思想政治理论课的重要组成部分,在高校思想政治教育中担负着重要使命,具有不可替代的重要作用。加强对大学生的形势与政策教育，是高校思想政治教育的重要内涵。

四、高校日常事务中的思想政治教育

高校的思想政治教育是一项长期的工作，不可有丝毫的松懈。为此，高校的思想政治教育必须做宽、做细、做深、做久，使之变成大学生日常生活的一部分；必须时刻关注大学生日常学习与生活中出现的每一个实际问题，力争将思想政治教育与大学生的学习与生活紧密结合起来，使思想政治教育无处不在、无时不有，这就是高校思想政治教育的生活化。注重日常生活中的思想政治教育，是高校思想政治教育的重要内涵。

大学生的日常生活是丰富多彩的，高校的日常事务是纷繁复杂的。做好高校日常事务中的思想政治教育，需要从多个层面入手。

首先，课堂教学是高校基本的实践活动。要充分发挥思想政治理论课在思想政治教育中的主渠道作用，同时要充分发挥哲学社会科学在培养大学生的人文精神中的作用，充分发挥各类自然科学课程在培养大学生的科学精神中的作用。

其次，学生日常事务管理是高校正常运行的重要环节。要在学生日常事务管理中渗透思想政治教育，实现管理与教育相结合，需要加强制度建设。制度化是任何工作走向正规化、科学化的必经之路。高校日常思想政治教育制度化，既包括日常管理工作制度化，也包括专职队伍建设的制度化。

最后，丰富多彩的校园文化是大学生日常生活的重要组成部分。加强校园文化建设，才能为大学生的成才创造良好环境。校园文化建设首要的是加强校风、教风和学风建设，重点在于培育民族精神和大学精神，形成有自己学校特色的教风和学风。高校要通过开展丰富多彩的活动，寓教于乐、寓学于乐，以喜闻乐见的方式把思想政治教育融入大学生的学习和生活之中。最后，网络已经融入大学生的生活，它以信息量大、快、杂等特点深刻地影响着大学生的生活方式和思维方式。为此，要切实加强校园网络建设，重点建设好集思想性、知识性、趣味性、服务性于一体的主网站，建立一支思想水平高、业务能力强、熟悉学生特点的网络思想政治教育工作队伍和网上评论员队伍。高校的网络工作者要密切关注校园网的动态，留意学生关心的话题，并注意加强正确的引导，牢牢掌握网上思想政治教育的主动权，使网络成为高校思想政治教育工作的重要领地。

第二章 新时代大学生思想政治教育的现状分析

本章是对新时期高校大学生思想政治教育的发展展开介绍，先从不同角度分析新时期高校大学生思想政治教育的现状，而后从微观和宏观的角度说明新时期高校大学生思想政治教育的意义，最后说明新时期高校大学生思想政治教育面临的问题。

第一节 新时期高校大学生思想政治教育的现状

一、从整体环境角度分析

（一）文化融合背景阻碍了思政教育的发展

从社会方面来看，一方面，改革开放的深入及全球化趋势的不可逆转，致使众多资本主义所谓的"自由""民主"思想涌入我国，部分民众受其影响，言语和行为都表现出"国外月儿圆"的思想趋势。同时，改革开放的不断深入也造成了我国利益格局的嬗变。普通高等院校大学生的知识储备和思辨能力受限，受社会中西化思想的影响，对于西方的政治、文化和社会环境都充满了好奇和向往，表现出较为强烈的兴趣。除此之外，社会利益格局的变化也使得普通高等院校大学生的逐利性更强烈，在"三观"还未健全的阶段受到如此大的环境的影响，使其对思政教育的内容产生疑惑，呈现出理想信念模糊的状态，严重妨碍了普通高等院校思政教育的顺利推进。另一方面，不良社会风气、道德失衡的现象和因素对思政教育提出了巨大挑战。社会的不断进步和发展，人们的思想也随之出现了潜移默化的改变，社会各方面因素的嬗变导致人们的思想问题也日益凸显，给思政教育带来了巨大阻力。社会中诸如此类的不良思想和行为，与普通高等院校所开展的思政教育内容形成鲜明的对比，普通高等院校大学生思想意识淡薄，严重干扰了学生的认知，造成学生对于思政教育内容与现实情况的矛盾化心理，对思政教育内容和德育内容产生疑惑，给普通高等院校思政教育工作的开展严重设障。

（二）校园风气影响了高校思政工作的推进

从校园方面来看，在普通高等院校学生的学风，以及学生工作的作风上存在影响思政教育的消极因素。近年来，大学生在学习中也表现了强烈的功利心，如部分普通高等院校学生为了获得评奖评优等荣誉称号进行学术造假，给普通高等院校的学风造成了极大的负面影响。此外，学生干部工作作风也受功利主义、个人主义及社会家庭环境的影响，出现趾高气扬的办事态度，缺乏服务意识，丢失了作为党员和学生代表的理想信念，影响学生干部队伍整体建设，间接影响着普通高等院校思政教育工作的开展。

（三）家庭错误观念对学生思想造成负面影响

从家庭方面来看，一方面，学生家庭成员的错误思想意识会直接冲击到学生的思想，对普通高等院校思政教育工作的顺利推进提出考验。这对普通高等院校思政教育而言无疑是巨大的挑战。另一方面，家庭成员的一些非科学的行为也会对大学生的思想产生影响。如家庭成员定期参加或举办一些封建迷信的非科学活动，让学生产生思政学习内容和生活现实极其矛盾的心理，极大地冲击着学生的思想，这对普通高等院校思政教育而言无疑是巨大的挑战。

二、从高校课程建设角度分析

（一）课程机制存在疏漏

根据数据调查结果可知，90%的大学生通过普通高等院校思政教育课堂接受思政知识，由此可见，普通高等院校思政理论课发挥了极大的教育影响。但根据调查结果显示，部分普通高等院校对于教材的更新和最新政策、最新会议精神传达的不及时，这就造成了思政教育内容以及会议精神内容传达的延时。作为思政教育的"主渠道"，普通高等院校思政理论课务必须及时将马克思主义中国化的最新理论成果加入教材、贯穿课堂并扎根于学生心中。

（二）考核机制不健全

普通高等院校思政教师是对大学生进行思政教育的主力军，因此务必要完善对思政教师工作内容和教育成效的考核机制，才能敦促其更好地开展教学和提升自身水平。首先，普通高等院校对于思政教师的考核重点依然是科研项目，以及论文发表数量等学术方面的内容，而真正作为思政教师核心工作内容的育人成效考核及自身思想素质、知识理论水平的考核却没有明确的制度规定。其次，普通高等院校协同育人机制不完善。当前普通高等院校思政教育队伍的主要力量来自思政教师，以及辅导员老师队伍，并未做到全员育人，协同育人机制流于形式而未能得到切实贯彻，普通高等院校教育教学与思政教育的衔接度和配合度不高。

（三）教学评价存在多方面不足

一是评价课程特殊性有所忽视。思政课教学质量评价是一项非常复杂的工程，主要是因为思政课程本身包括了政治、科学、理论及意识形态等方面的特点。在突出思政课具有科学性和理论性的基础之上，还需要体现出思政课所具有的政治性和意识形态性。事实上，思政课在性质上可以归入意识形态价值教育这个范畴中来，其目的就是为了培养学生的政治理论素质，提高学生的思想道德素质。另外，思政课的教育性质也决定了思政课本身的教学质量评价，由于教学内容的特殊性，现有教学不能很好地体现出来。高校大都忽视了这门课程的特殊性，而是以传统教学方式来授课，这样的教学质量与新时代高校教学质量需求存在较大的差距。

大学生思想道德素质，以及能力的提升是属于渐进式的发展过程，通常是由教育对象的表现行为转变而来的，在时间上存在一定的延续性和滞后性，使思政课教学效果不如理科那样可以及时见效。思政课教育是一个长期的教学过程，通过日常的潜移默化才能达到目的。但是现阶段的高校在进行教学质量评价时，只看到眼前的利益，不注重长期性，没有结合课程的特点来进行质量评价，这样的质量评价效果是不理想的，是千篇一律的，而评价效果也不能真实反映教学水平。

二是评价指标缺乏系统化。评价指标是构建教学质量评价的元素，不同的评价指标所起到的作用是不同的，因此建立科学合理的指标有利于更好地准确评价思政课教学质量。在明确思政课教学评价指标时，一定需要找准评价指标，通过展开这些评价指标，可以建立起更加全面准确的实现教学质量的评价体系。

高校思政课教学评价的内容属于一个系统性体系，评价指标体系的确定就是评价内容的体现。有必要在评价过程中建立具体的评价主体及相对应的评价指标，并根据不同的指标设置相应的评价标准，对这些因素建立更加合理的科学体系。指标体系通常包括了评价指标系统、指标权重系统及评价标准系统。但是从现有的情况来看，评价方法通常是教师对学生学习情况评价和学生对教师的教学情况评价。现有指标体系更多地是关注教师课程教学效果评价，而很少注重课外教学和社会实践方面的评价；重在教学要素的评价，轻于教学结构的评价。现有评价指标缺乏系统化，评价准确性不够，评价内容不够全面，注重点也不够。因此，高校需要建立科学合理的思政课教学质量评价指标体系。

三是评价方法适用度低。21世纪初期，在高校思想政治理论课评价过程中，我们从国外借鉴了包括档案袋评价方法、表现性评价方法等相对理论性强、难度性大的方法。借鉴学习国外优秀成果是获得快速发展的一个重要途径，但是要想合理运用和掌握这些"舶来品"，这对于评价主体自身评价素质要求极高。我们不能完全照搬其在国外具体实践中的做法，必须根据我国高校思政课教学特点进行相应的调整和改变。由于受多个因素的影响，评价主体与评价方法之间存在脱节现象。我们不能盲目照抄、照搬国外的考核评价方法，必须考虑我国高校思政课课堂教学考核评价的特殊性，对于各类方法的学习借鉴也要做出适当的调整和改进，要让这些方法能够发挥最大化的功效。其次，对于新的考核评价方法不仅仅是内容形式上的改变创新，其中更是蕴含了评价理念。受到自身评价素养影响，会造成其无法理解和驾驭新的评价方法，无法最大化地发挥评价方法的功用。

（四）思政教育网络化机制有待提高

作为时代化背景下的新产物，网络以其便捷、迅速和高效的特点，成为思政教育的重要载体，不仅能够延长教学过程，同时增强了教学影响。但在运用和监管过程中缺乏相关机制。一方面，从调查结果来看，一半的大学生对于学校是否开设网络思政教育平台并不明确，可见普通高等院校思政教育对于网络的运用机制及管理机制并没有深入学生心中，网络思政教育平台形同虚设，对其的运用和管理流于形式而非充分发挥其促进教育成效的作用，学生的认可度和接受度相对较弱；另一方面，习近平总书记关于意识形态工作论述中的网络论述强调了网络对意识形态工作和建设的重要性，对于普通高等院校思政教育而言，更应该关注到网络的正负影响，在利用好网络的同时，也要注重完善普通高等院校网络防御机制和舆情预警机制。目前普通高等院校对于校园网络的监管没有形成成套、合理且科学的监管机制，对于校园网络疏于管理。在2020年疫情防控期间，各类普通高等院校更大规模地运用起网络教学平台进行线上教育，这也成为网络进入教育教学的助推器，但也能看出各级各类普通高等院校在疫情防控期间将网络运用于教学的仓促和生疏，可见普通高等院校在日常当中并未建立健全网络化教学体制机制。

（五）思政工作未能渗透到课余及假期

课下业余生活和假期生活是高校全方位育人的重要部分，但受空间的限制，思想政治教育工作脱离了课堂难以开展，导致课余及假期生活的思想政治工作几乎处于停滞状态，这也是高校在育人空间维度上难以解决的问题。从现阶段高校运行的全方位育人模式来看，课余及假期生活的育人工作基本以网络、文化及实践为载体，但育人工作问题仍旧颇多，仍需要进一步改进。

首先，高校未能充分利用网络资源丰富教育内容、创新育人形式、开拓教育渠道，网络育人方面相对落后。例如，四川文理学院在全方位育人模式中构建网上党校、团校和专题红色网站；福州大学物理与信息工程学院利用相关软件，进行网络微视频教育等，虽然高校能够在课下进行网络育人，但是课余及假期生活学生缺乏较强的自控力，易出现网络课程流于"刷视频"的学习形式。再如，内蒙古科技大学用"两微一端"的形式加强网络育人工作，但是忽略了网络上建立的微信、微博等官网育人工作，缺乏后期的维护和操作，缺乏与学生的互动，导致网络育人工作效果仍不理想。

其次，不能深入挖掘各种优秀文化的内涵进行文化育人，文化育人工作未能够深入人心。四川文理学院的全方位育人模式提及建设校园文化阵地，但是课余生活组织的各种校园文化活动，仅存于重大历史事件和特定的节日活动中，活动后就再无人问及，文化育人工作还只停留在表面。而且文化建设活动不能够及时更新，无论是课余生活还是假期组织的各种文化活动基本都流于形式，整体的文化育人工作方式和方法都有待提高。

最后，课程外的实践育人工作相对欠缺。无论是课余生活还是假期生活都应以社会实践育人为主，但高校具体的全方位育人模式都只注重毕业季的实践活动，易忽略课余及假期的社会实践活动。部分学校的社会实践活动方式方法也比较单一，内容每年重复且无趣，导致学生缺乏积极性。且此阶段的受教育者难于集中管理，实践活动的覆盖面和时间利用率也有限制，甚至有些高校只做表面功夫，因嫌麻烦而放弃假期的思想政治教育工作，所以通常高校的社会实践活动的效果并不理想。因而，高校应该不断采取更有意义、更加丰富的形式来吸引学生参与，不断提高实践育人工作。

三、从高校思政教师角度分析

（一）教师素质不能满足思政教育工作要求

首先，部分思政课教师存在上思政课仅依赖课件和教材这一单一内容渠道，离开课件就不知道如何讲课，教学过程也流于表面，完全忘记了教育者本身的信念和使命的现象。且教师自身对于授课内容就不认同、不理解，课堂阐释时自然底气不足，所授内容缺乏现实引导，理论联系实际能力不强。僵硬化的教学方式很难得到学生个性化发展的理解,难以照顾到学生面对现实世界的内心矛盾与对良好社会秩序建立的渴望,使很多教学内容浮于表面,理论空泛。

其次,部分思政课教师自身缺乏充足理论支撑。为了扩大思政课教师队伍,很多高校都将教学任务不是很重的"形势与政策""大学生涯规划"等思政课分配给党政领导机构的教师或者学生教育管理的老师去教授。大多数管理、服务部门的老师多半不是思想政治教育相关专业,自身缺乏相关知识了解和理论分析,很多理论性的知识只懂表面意思,不懂内在具体含义,导致授课时缺乏说服力,就像是大型文件诵读会,无法取得思政课应有的教育效果。而思政课相较于其他学科需要具备深厚的理论支撑,只有在教学过程中以深刻的理论来支撑政理,例如将党的基本理论、方针、路线、政策等进行深度剖析,将其中的知识与内涵讲通、讲透,才能得到学生的真正理解与认同。

最后,部分思政课教师原理分析不透彻。在教学过程中未充分运用马克思主义基本理论和党的最新理论成果去教育、启发学生,没有将实时的重大时事引用到教学内容中,剖析和解析时事政治的能力较弱。甚至有的教师存在政治冷漠现象,对于时事政治不仅没有进行深入的了解和研究,还存在人云亦云等不严谨现象。

部分思政课教师自身教学内容单薄,呈现整合低效的特征。教学内容作为思政课授课过程中的重中之重,直接影响着教学效果的好坏,决定着教育质量的高低。例如,原理课内容理论性偏深、逻辑性较强,需要教育主体将其中的理论讲清楚讲明白,就难免会枯燥、单一,如果仍采用原始的课堂灌输式教学,会逐步降低教学的效果,应采用趣味图片引导、案例讲解、原理辩论等方式丰富教学内容,提高教育客体学习效果。目前的思想政治理论课教材虽然具有一定的系统性和权威性,但是内容设置上却存在着与部分专业课内容交叉重复、理论性偏深、逻辑性较强等特点,不适合所有受教大学生理解。例如,"思想道德与法治"课和专业课"大学心理学"均涉及学生对于大学生活的适应能力、人际交往能力、身心协调能力,恋爱婚姻等方面的讲解,如果两门课程同时向学生开设,会增加学生的疲倦心理与抵触心理。而且即便是知道其他学科已经讲过类似知识,部分授课教师主观上还是强调自身课程的独特性和重要性,排斥与其他课程进行内容整合与调整。除此之外,基本上所有高校都使用高等教育出版社出版的教材,并没有根据本校生源自身特点重新编纂教材。事实上,由于每个高校的招生方向不同,每个生源在自身的知识积累、学习能力、思想境界等各方面相差很大,如果思政课教师不及时从学生的特点出发,整理出适合学生成长成才的针对性教材,不进行教学内容的整合和转化,而全然依赖原始教材进行课堂讲解，会大大降低思政课自身的知识魅力，影响政治理论的感染力和影响力，降低学生的学习效率，影响教学的实效性。

（二）教师对新媒体的运用缺乏科学性

一是运用新媒体的方式不正确。思政课教育工作者的任务繁重，因此部分思政课内容只是将理论内容发布在新媒体中，或者一味地运用新媒体，将思政课复杂化，增大了信息容量，内容过于繁多，教学效果却没有得到改变。新媒体带来的信息多姿多彩，加之内容丰富多样，文字、图片、视频融合在一起，使得学生上课对内容的关注滞留在表面，但深层次的内涵无法领会，这些无疑降低了思政课的教学效果。

二是新媒体的种类繁多难选。思政课教学中新媒体的运用丰富了新媒体的教学选择，个性化、多样化的新媒体种类方便着思政课教师进修教学。但在运用时，多种新媒体并用使得学生对网络的依赖加强。由于新媒体信息的海量性，在运用新媒体时，思政课教师无法对其内容进行一一监管，使得在教学时无法掌控学生运用新媒体的实际情况，也无法控制大学生的舆论方向。学生在众多新媒体中迷失自己，教师在众多新媒体中陷入选择困境，弱化了思政课的教学效果。

三是缺乏对新媒体内容的筛选。新媒体依靠网络迅速发展，其内容的开放和方式的众多导致新媒体的发展还处在不断调整和升级之中，新媒体信息的传播更是存在真伪难辨、假消息肆意、伪科学横行、坏思想蔓延的态势，甚至不良的信息传播更为迅速，局面难以控制，这对大学生的思想产生极大的不良影响。思政课教学迎合时代的发展，不断与新媒体融合，但海量的资源如何配合教学的核心内容，思政课的内容如何运用新媒体进行创新，都需要思政课教师自己或小组去把控。高校思政课教师根据学生的认知爱好运用新媒体的出发点毋庸置疑，但想真正有针对性地提高思政课教学内容的质量，还需要一轮轮精心地筛选新媒体的内容，而不是简单地堆砌。

四、从高校大学生角度分析

普通高等院校思政教育的顺利开展并达到期望成效，需要多方协同发力，其中最重要的就是教育者和受教育者双方的共同配合，在双向互动中完成教学任务并达到教学目标。

（一）学生创造性缺乏

思政教育对象的创造性是其自主性的另一个表现，是学生在反映教师所传授的信息和自身思想品德状况的基础上创造出新的东西。对于新的教学方法和教学形式，不仅学校和教师可以研究探索，学生也可以积极参与进来，充分发挥自觉能动性。但在普通高等院校，是教师扛起了研究新的教学方法的重担，学生没有积极参与研究的意识，未提出自己的意见和建议。在思政教育课堂上，有部分学生在学习，以及接受教师传递的信息的时候，采取消极的态度，没有与教师进行积极的互动。

（二）学生主动性不强

随着我国普通高等院校改革力度的普遍提升，所有普通高等院校对思政教育水平的提高都愈发地重视起来，并且纷纷对思政教育课程进行课堂改革，改变传统的单向传输的授课方法，创新思政教育主要方法，突出学生的主体性地位，提高大学生思想道德素养。在进行课前预习的时候，有一些学生对于教师的安排过于依赖，不能独立完成学习计划和目标的设定，没有将其自身的自主性发挥出来。在学习过程中，仍然有部分学生已经习惯了传统的思政教育方法，只喜欢听教师讲课，不愿意主动思考问题。对于教师新的教学方法没有给予积极的反馈，对教师所教授的内容也没有进行积极的思考，表现出思维惰性，更不愿意与教师进行积极的互动交流。对于教师所讲的思想品德要求，也没有与自身进行对比反思，调整自身的不足，处于被动消极的状态，而且欠缺思考怀疑的能力，不注重发挥自身的创造性。

思政教育对象的自主性表现在学生对教师所教授的内容和知识进行自主学习、自主选择、自主吸收。在思政教育课堂中，大部分学生都能够自主地、有选择地学习思政教育内容并内化为自己品德的一部分，但也有部分学生对于所学内容相对比较消极，没有积极地进行选择。教师在课堂上努力地讲课，学生却不关心教师讲的内容，只是关心考试的内容，对思政教育内容缺乏思考，自主能力差，不能安排好学习计划和学习目标，没有将教师所教授的内容内化为自己的道德修养。

（三）学生价值观受到不良影响

当前，大学生受错误思潮的影响而产生的享乐主义、个人主义等负面思想，以及在社会主义市场经济影响下产生的功利主义、利己主义等思想，与我国所推崇的优良传统精神形成对立。部分大学生受多元化价值观和思想的影响，出现了奢侈浪费、攀比心理等价值观问题，导致校园借贷惨剧屡发不止；也有部分学生作为学生干部官僚气息过重，思想腐化，为学生服务意识较弱。

（四）学生法律意识薄弱

互联网的开放性和共享性使得信息的发表和获取变得十分容易，表现出"无屏障性"的特点，同时互联网信息平台给大学生提供了一个有匿名功能的虚拟空间，大学生可以隐藏自己的真实名字在平台中进行学习和信息的发表，他们可以不用在意他人的看法和评价。但由于缺乏相关法律规范，很多人不认为自己的造谣行为要承担相应的法律责任，所以在微博、微信、公众号等平台中发表自己的观点和意见时，大学生受到其他思想的影响，也跟风发布一些不实的消息，带来的严重后果是大学生无法预料的。

第二节 新时期高校大学生思想政治教育的意义

一、从宏观角度分析

高等院校思想政治教育的价值是不容忽视的一个方面，这是因为考查高等院校思想教育的价值，有助于加深对新时期高等院校思想教育的认识，有利于准确把握新时期高等院校思想教育的重大意义。

（一）提升高等教育整体水平

建设世界一流大学和一流学科，是我们党在教育领域的一项重要战略，建设具有中国特色和世界影响力的新型大学智库是其中的一项关键任务。长期以来，我国高度重视教育，拥有世界上最大、发展最快的高等教育体系，高等院校建设取得了一定成效。但同时，根据世界经济合作组织发布的调查数据，2018年，中国25～64岁的受高等教育人口比例为17%，而发达国家的水平基本在40%～50%左右。

思想政治教育既是高等院校工作的重要主题，也是评价高等院校工作实效性的根本措施，更是高等院校发展的需要。高等院校的发展需求是院校生存的关键和基础。我国高等院校人才培养面临着巨大挑战，与发达国家存在较大差距，我国高等院校在世界上的影响力仍然较低。习近平总书记在北京大学师生座谈会上的一次重要讲话指出，立德树人应被视为高等院校各项工作有效性的测试标准，融入高等教育建设和管理的各个环节。这一讲话充分强调了思想政治教育在高等院校整体工作中的重要性和必要性，间接说明高等院校全面建设思想政治教育体系，不仅对推进"双一流"大学建设任务具有积极影响，同时也有利于走出一条面向世界、面向未来的中国特色社会主义高等院校发展道路，不仅提高我国高等教育的整体水平，也能扩大国际影响力。

高等院校肩负着为党和国家育人的重要责任，其地位和作用不可低估。高等院校思想政治工作决定了为党和国家育人的基本内容，也是检验高等院校工作成效的标尺，是推动和带动高等院校其他工作发展的指挥棒，是真正培养一流人才的需要。

（二）促进社会发展进步

社会发展进步是指社会运动、变革和发展的过程中呈现出从低级到高级的进步、上升和演变的历史趋势。在这个过程中，人是核心要素。从宏观上讲，在生产力要素中，人是最活跃、最有活力的要素，特别是掌握思想知识和科学技术的"人"是最活跃、最革命的。在微观层面上，思想政治教育体系建设的实践可以很好地促进科学技术、社会交往和现代文明的发展。这是思想政治教育体系建设实践对促进社会发展的体现，也是其现实意义在社会领域的最直接体现。当前，我国经济和社会发展迅速，人们更加渴望和迫切地建设一个自由、平等、公正和法治的美丽社会。新时期的高等院校要努力适应人民群众对社会发展进步的现实需要，更好地把思想政治教育体系的现实意义与促进社会发展进步统一起来。

（三）促进民族繁荣昌盛

总的来说，道德建设和育人是社会主义道德，他们培养的人是合格的社会主义建设者和接班人，这符合民族复兴的价值理念和现实要求。实现民族复兴需要强大的智力支持和人才支持，而道德建设和育人的重要意义在于人力资源和智力资源的培育，这是道德建设和育人的现实基础，是实现民族复兴的重要举措。

也就是说，民族复兴的价值观和实践，需要统一于个人道德和人才的实践，贯穿于社会主义现代化建设的全过程，这就内在地要求培养有民族复兴夙愿的建设者和接班人。新时期实现民族伟大复兴，也对立德育人的实践提出了新的更高的要求，这是立德育人与民族复兴的辩证关系。实现民族复兴，不仅为道德建设、育人提供了明确的价值取向，而且有利于统一思想共识、凝聚社会力量。在新时期实现中华民族的伟大复兴，需要进一步加强高等院校在道德建设和育人方面的重要作用，更好地把我国的人口优势转化为人力资源优势，为实现民族复兴积累力量。

二、从微观角度分析

（一）引导高校大学生树立积极向上的理想信念

通过思想政治理论课教学可以使学生完整地、准确地、科学地理解和把握马克思主义的科学理论，避免了对马克思主义理论片面地、肤浅地理解，同时也可以避免或减少某些学生用个别结论、现象代替或否定马克思主义的价值、立场、真理性等。通过思想政治教育教师用科学的方法向学生讲授思想政治理论这一科学的内容，可以引导学生对科学世界观和方法论的掌握。例如思修课第一章的内容就是要引导学生树立正确的理想信念。人们借助思想政治教育教学将其实践过程中出现的种种现象、疑难问题、关系都统一到一个有机体里，对其进行全面的、整体性的分析阐释，从而能更好地认识和把握这一系统。将其作为思维工具对教学进行指导，帮助学生树立正确的理想信念是思想政治教育研究范畴的重要作用，构建思想政治教育范畴体系，完善思维形态是教学理论研究的重要任务。通过思想政治教育教学指导教学实践活动，对保障高校大学生树立正确的理想信念有重要意义。

（二）提高高校大学生的思想政治觉悟

思想政治教育范畴是通过思维逻辑对具体的现象进行抽象化，而其功能则是把抽象的概念具体化，用以指导实践。换句话说，这一教学就是从逻辑层面展现了教学过程的系统性和整体性，从而构成教学理论的基础。目前，随着教学手段的不断发展，实践活动内容多样、形式各异；教学作为教学的理性认识和基本理论单元，教学的每一环节产生、变化、发展的基础，对教学中的诸要素的位置、作用都有明确的规定，它对教学的指导作用，是教学效果和目的的达成的保障。在思想政治教育开始前对教师的所采用的教学方法也具备指导作用，也是教学方向的重要影响因素，保证教学内容和对学生思想的引导方向是正确的，与马克思主义所提倡的思想、政治、价值观念是一致的。保证对高校大学生培养的是正确价值理念和政治方向，对提高高校大学生的思想政治觉悟及坚定正确的政治方向有保障作用。

（三）促进人才培养体系的完善

人才是社会发展的第一资源。在社会发展和转型的关键时期，我国对人才的素质、水平和能力提出了更高的要求。大学生是民族和国家的希望，大学生的培养是教育学科的共同需求。习近平总书记在全国教育会议上发表讲话，指出当代高等院校应建立"德、智、体、美、劳"综合教育体系，形成更高层次的人才培养体系。同时强调在建立高等院校人才培养体系的过程中，要转变"学科体系、教学体系、教材体系、管理体系"的主要层次，提高高等院校整体教育水平和质量，思想道德、文化知识和社会实践并重。思想政治教育在高等院校人才培养体系中处于主导地位。构建全面的高等院校思想政治教育体系，是对高等院校思想政治教育工作进行统筹规划的一项高水平的设计方案，是高等院校人才培养体系弥补劣势、增强优势的必然选择，有利于新时期高等院校人才培养体系不断完善、优化和升级，以适应社会矛盾变化，开创工作的新局面。

第三节 新时期高校大学生思想政治教育面临的问题

一、高校思想政治教育面临的困难

（一）高校思政教育未能与时代同行

教育改革、教育创新一直是教育工作者的职责和使命。在我国经济发展新常态、中国特色社会主义进入新时代的今天，思想政治教学中的很多问题也逐渐显现。不只是时代与外部发展变革给思想政治教学带来新的挑战，思想政治教学自身也存在一些矛盾。只有矛盾凸显，问题暴露，在问题的解决中我们才能实现新的完善和进步。

1. 教育模式固守传统

习近平总书记关于意识形态工作的重要论述是在不断总结我国历届领导集体关于意识形态重要论述的基础上，结合我国实际国情与时代背景的新时代思想产物，充分体现了极具时代特色的创新性和与时俱进的特征。这样的时代性特征于高校而言应体现在教育模式与时俱进。一方面，习近平总书记关于意识形态工作论述的网络论述表明网络已经成为意识形态斗争的重要战场。大学生作为时代先锋产品的追随者，必然会受到网络信息的干扰和迷惑。在这样的现实背景下，已有不少高校响应时代的要求，建立起网络思想政治教育平台，但仍然有部分高校疏于网络思想政治教育平台的建设和发展，甚至有部分高校并未感悟到网络教育的重要意义、没能触及该领域，依旧保持传统的高校思政课堂讲授教学模式，教育模式老化，无法吸引学生注意力、激发出学生对思想政治相关内容的学习兴趣。对此高校应及时顺应时代要求，进化其教学模式。另一方面，目前高校思想政治教育课程内容相对独立，思政教育模式还未健全，未能全方位将思想政治教育的相关理论渗透入高校教育教学过程当中。

2. 师生主体地位发生转变

我国思想政治教学的主体现今正处于一个变革的过程之中，尊师重道是我国教育传统形式，从我国古代延续至今的传统观念决定了思想政治教师地位与学生地位的不平等特点。在新时代的教育和社会新要求的促使下，我国逐步由思想政治教师主体向学生主体转变。思想政治教师如何开展教学，如何认识学生、对待学生，这些都要体现学生的主体性原则。学生不仅仅应该是学习的受体，更应该作为发挥主观能动性的主体。在思想政治教学积极倡导以学生为主体的大背景下，各学校积极开发新的教学模式以改革取代旧的思想政治教师主导的教学模式。"翻转高校思政课堂""微课"教学、"慕课"教学等都得到积极地运用。这其中就存在一个"度"的问题。思想政治教学内容的特性、教学科目的特点、学生年龄特点、学习能力等决定了应该使其有针对性地进行发展，而不应该盲目仓促地开展新的教学模式。

3. 大学生思想呈现多元特征

当前高校大学生的思想意识和政治态度有一定的问题所在。

首先，大学生缺乏对思想政治科学理论的真实信仰。调查结果显示，大部分学生表示自己对高校思想政治课持积极主动的态度，但由于我国高校的教育体制，以及国家选拔类考试大多倾向于应试教育，因而呈现出重智轻德的现象，学生所表现出来的对思想政治教育积极的学习态度，绝大多数是应付考试或修学分，并非发自内心地接受思想政治教育知识，也并非真正信仰马克思主义等思想政治相关科学理论。由于教学模式和教学方法单一枯燥，与实际联系不紧密，使得学生形成了思想政治教育相关科学理论"不实用"的心理暗示。加之信仰对象多样以及家庭环境的影响，大学生甚至出现伪科学等封建迷信的思想及行为。

其次，大学生缺失高层次的理想信念。不难发现，随着时代的发展，人们对于自身利益的追求更为迫切。这是特定历史条件下社会发展的必然结果。值得注意的是，高校大学生囿于思辨能力和知识储备所限，受社会环境的驱使，更多地将自身利益缩限于个人的物质利益，将自身的发展游离于国家和民族利益之外，抛弃了对高尚理想信念的追求。大学生实现职业理想的目的是追求更好的自身利益和自身发展，这仅是低层次的自我理想，而并非为社会主义事业的建设贡献力量的伟大追求。

4. 教育内容不能满足新时代育人要求

习近平总书记关于意识形态工作的论述彰显时代化的特质。对于高校而言，时代化是思想政治教育的内在要求。高校面向学生讲授，包括马克思主义理论及马克思主义中国化的内容，这些内容是马克思主义理论在中国时代化背景下的产物，彰显了强烈的时代特性。然而，从教育实践来看，高校思想政治教育在内容上并未真正满足时代要求。尽管当前大多数的高校能够及时传达重大会议精神并及时更新思想政治教材内容，但仍然有部分高校忽视这一工作，导致思想政治教育内容依然是陈旧的理论，没有体现出时代化的特点，学生缺乏对国家新政策及会议精神的正确认识。高校思想政治教师应具有较强的政治敏锐性和觉悟性，将时政内容合理地融入课堂上，唤起学生的学习热情，提升思政教育效果。

5. 教学形式落于窠臼

教学内容的切实贯彻、教学任务的完成总是需要一定形式的高校思政课堂或者其他教学方法来实现。近年来，学校教育开始注重以学生为主体，高校思政课堂形式的重心开始向学生交流谈论偏移。为激发学生学习动机，学校开始用一些奖品、积分等激发出学生积极的状态，期望以此来激励学生去认真学习知识、提高能力。其中活动式教学法作为一个比较新的教学方式得到很多学校的推崇。但对于活动式教学，也需要注意"度"的问题。活动是激发学生兴趣，引发学生独立动手实践完成任务的好方式，可是如果在高校思政课堂中滥用，往往会本末倒置，引起负面效果。比如在政治课程中，新教材插入了法治方面的许多内容。对于这一教学内容，高校思政课堂开展活动往往采取一些新形式的情景剧等。这显然不适应于普及严肃理性的法治知识、增强法治意识和观念。因此，对于教学形式的转变中教学内容教学阶段的针对性问题还需进一步完善。关于用活动等新颖形式激发学生学习动机的问题也需要进一步探讨。

（二）高校思政教育观念缺乏实效性

观念作为行动的先导，在不同的时代背景下所体现出来的内容不尽相同。新时代背景下，高校教育工作者在教育过程中所表现出来的传统的教育观念，相较于当代热衷于追求新颖事物的年轻一代，显得格格不入。

1. 教师缺乏新思考

大部分思想政治教师对于教学过程中的模式和方法依旧是保留着传统教育的老套观念，对于运用新媒体、网络教育等学生所热衷的时代化产物接受度相对较差，运用到教学过程中的成效微乎其微，无法将其物尽其用，充分发挥出教育的影响力。习近平总书记关于意识形态工作的论述所体现的科学观点和方法，是时代化背景下全党集体智慧的结晶，是面对我国意识形态领域出现的新情况而做出的实事求是的正确思量和果断决策，正是因为内容充分体现了时代化元素，才能更具针对性地处理和应对我国意识形态的各种问题和挑战。同时，其关于人民性的论述也启示高校应注重创新以人为本的教育理念。当前，高校思想政治理论课大多以"百人大课"的形式开展，思想政治教师无法关注到学生的个体思想需求，降低了高校思政教育的实效。因此，高校思政教育者应多从时代化教育，以及新受众的思想行为特点入手，因材施教、实事求是地进行教学模式的创新思考。

2. 师生关系不对等

部分思想政治教师依然保持传统高校大学生和高校教师关系的旧观念，未能随时代的发展建立起新型平等的高校大学生和高校教师关系，在教学过程中以严肃的形象和话语威慑学生保持良好的高校思政课堂学习状态，学生有疑惑而不敢言，无法形成教育的良性互动。高校思想政治理论课内容本身枯燥，加之高校大学生和高校教师间互动交流太少，思想政治教育的亲和力和说服力得不到彰显，加深了学生对于思想政治教育枯燥刻板的印象。这也是影响思想政治教育成效的另一重要因素。

3. 形式主义较严重

思想政治课程构建过程中，大部分高校存在形式主义的问题，思想政治教师在教育过程中未能将思政知识内容有机地融入专业课程中，存在思想政治教育与其他专业课仍然是两个独立部分的窘况。

二、社会背景给高校思政教育带来的挑战

我国正处于社会转型时期，社会分化是当代中国社会发展的客观现象，在社会分层的背景下，高校大学生群体发生了新的变化，给高校思想政治教育工作带来了挑战。具体表现如下：

（一）多元价值的冲击

由于社会分化，价值观也更加多元化。价值的多元化导致一部分学生只吸收了价值多元的消极方面，过于注重个人得失，丧失了对国家和社会的责任感和使命感，不具备奉献精神。除此之外，由于价值多元化的冲击，社会上一些人为了追求个人利益，利用不法手段实现想要达到的目的。这些行为严重地破坏了社会秩序，同时给处在思想塑造期的大学生造成了很大的负面影响。

1. 社会分化对个体思想观念造成影响

社会分化与价值多样化存在着内在的必然联系，它们是相互作用、相互制约的关系。

首先，社会分化必然带来社会观念形式的多样化，价值观念的多样化是社会分化的重要特征。社会分化形势下，社会价值观的多样化要实现的是社会观念和社会关系的重新调整及其稳固，新的社会力量已冲破了原有的社会观念的束缚，原来的社会结构系统已经不能适应新的社会生产发展的要求，在新生的社会观念成长到能够影响社会主流价值观改变的情况下，社会分化的影响便随之而来。社会观念及其关系随着社会分化的展开进行调整，这个调整过程既是矛盾的过程也是矛盾的结果。人们在原有体系下形成的价值观念，已经不能适

应新发展的需要,这就必然要突破旧思维的束缚,不管这种突破是主动的还是被动的,都无法动摇向新的价值观念转变的意志。但在社会分化中,各种社会利益的存在导致人们的价值观是矛盾的,因此,价值观念在新、旧社会形态中的更替势在必行,更替的过程会很激烈也在所难免。

其次,从一定的角度来看,社会价值观念的多样化是社会分化的发起力量,社会价值观念的变化和冲突对社会分化起了一定的促进作用。新型社会形态或其因素在确立的过程中必然会引起争执,反映在社会价值观上就是促使其多样化和产生冲突,新的社会力量促进社会向前发展,人们在适应的过程中对新事物的争执是人们对新事物认知的副产物。意识的相对独立性就清楚地说明了人们思想观念的变革会影响社会的变化和发展。社会生产及其关系对社会变革提出的新要求首先是对新体系的要求,是对社会变革提出的新主张,所以,从认识层次初始分析,价值观念的多样化和冲突是社会分化的发起力量。

总之,社会分化与价值多样化是密不可分的关系,它们相互影响又相互制约,没有社会分化就没有价值观念的多样化。同时,价值观念的多样化又会成为社会分化前进的重要精神力量。

2. 我国社会价值多样化的表现

社会结构系统与社会关系是密切相连的,社会结构影响社会关系的形成和发展,同时社会关系也制约社会结构。因此由我国社会分化衍生的现象可想而知。我国社会分化及其引起的价值的多样化主要表现在以下几个方面。

(1) 社会异质性程度提高和错误价值观的影响

"异质性"是相对于"同质性"的概念来说的。在我国现阶段的社会分化形势下,无论是社会结构还是社会生活方面,都逐渐改变了原来的同质、单一、简单的模式,转向异质、多样、丰富的形态,社会各阶层也处于不断地分化与重组的过程之中。社会分化中社会权利和社会资源的转移和重新分配,使原来社会中处于相对稳定的社会意识形态发生了变化,使得社会诉求不再是统一、同向的。

部分大学生群体,在各种繁杂的思潮和信息传媒的影响下迷失了自我,以至在价值取向上误入歧途。

(2) 社会多种思潮的渗透和信仰危机

一般来讲,在常态社会运行过程中,社会的价值信仰体系是保持社会同一性、增强社会凝聚力、保持社会稳定的基本的整合力量。在我国进入社会分化期后,社会的结构系统不断地被分解为新的社会要素,传统的价值体系无法把这种新的价值观念、思想体系纳入自己原有的体系之中,因此,根基于社会主义和谐社会的一系列观点和信仰在这样的状况下处在崩溃的边缘。社会分化形式下,人们的思想呈现出多样、复杂的状态,有时甚至是矛盾的,有传统的价值观念,也有新的思想风潮,其中还受到外来文化的冲击。各种观念矛盾日益尖锐的根源则是社会结构的变化。由于社会各阶层、各种利益结构等各方面的变化,原来主流的价值观念也不可避免地受到冲击和挑战。

(3) 社会成员内心的价值冲突

社会分化不仅体现在复杂的社会结构上,而且表现在利益的转换和调整上,所以,在社会分化之时,人们心中形成的非主流价值观念与主流价值观念对抗并冲突,这种冲突不仅存在于不同的群体之间,也可能在个体观念中产生。社会分化中的价值多元化表现为传统的价值取向与现实价值观的矛盾运动、力量消长的一个变化过程,这种矛盾也存在于人们的内心之中,具体表现为对社会权威价值主张的肯定或否定难以取舍,并且在对待传统价值观上多数人表现得不能轻易割舍。

(二)部分教师重利益轻德行

在社会分化的背景下,高校对思想政治教师队伍的建设还不够完善,尤其在思想政治教师自身建设方面比较欠缺。教书育人是思想政治教师的职责所在,教授课本知识只是教育的一个方面,人格的培养也是非常重要的一个方面。思想政治教师本身的行为和修养,都会成为学生的参考对象。目前有小部分思想政治教师存在只注重自身的业绩,不注重学生的品德培养,只看重自身利益的现象。这些情况,都无形中对学生产生了误导,使学生的人生观和价值观产生偏差。

1. 社会分化影响教师心理建设

在社会分化的冲击下,教育界也受到了一定影响,思想政治教师的内心很容易发生波动或倾斜,由此加剧了内心的冲突。社会分化所引发的问题如不能很好地解决,就会影响思想政治教师的心理健康,也势必影响教育这份长久的、伟大的事业。虽然思想政治教师心理问题表现的程度不同,试问受教育者在这样的环境中如何让其健康地成长?

2. 教师功利性较强导致职业倦怠

社会分化带来的负面影响使得小部分思想政治教师不再单纯地为教育事业"甘为孺子牛",而是以工资或者教学环境为目标向往更好的地方。追求更好的待遇本没有错,但部分低收入的思想政治教师会认为工资与付出不成正比,因此出现了教学松懈的现象;或者认为教学条件不好产生厌倦学校的情绪。思想政治教师的该种职业倦怠其实是思想政治教师在长期压力体验下所产生的情绪、态度和行为的衰竭状态，但对于此种现象的发生不能任其发展，思想政治教师要学会自我调节和控制，不能因此而忽视对学生的教育和管理。

第三章 新时期高校"课程思政"的建设与发展

本章为新时期高校"课程思政"的建设与发展，主要说明新时期"课程思政"的含义和特征，新时期高校课程思政的建设情况，以及新时期背景下高校"课程思政"的教学目标、教学内容以及教学模式和方法。

第一节 新时期高校"课程思政"概述

一、"课程思政"的理解

结合"课程思政"的政策来源依据与政策社会需求、时代背景，我们应运用马克思主义理论和方法，紧扣普通高等院校立德树人根本任务，紧密结合立德树人思想所包含的政治方向与社会主义事业接班人的培养目标，在确立这一根本性的、方向性的重要前提后，再来得出"课程思政"在新时期的特定、本质内涵。我们将"课程思政"的内涵定义为："课程思政"就是普通高等院校为了切实贯彻立德树人根本任务，以实现培养社会主义建设者和接班人的根本目标，在对学生传授学科专业知识的同时，广泛开展以拥护中国共产党的领导为核心的政治认同教育，为学生建构一个与思政理论课同向同行的课程环境。

面对普通高等院校全员、全过程、全方位育人战略要求的提出和实际思政教育过程中面临的现实性难题，"课程思政"作为新的思政教育理念成为普通高等院校教师和学者关注和研究的重点。"课程思政"的概念同其他一切新事物一样，都经历了一个从无到有，逐渐走向完善的过程，因此，要详尽掌握"课程思政"的意蕴价值及其精神内核，还需要对其发展历程进行简单梳理。我们可以将"课程思政"生成的逻辑起点追溯到"学科德育"理念。2005年，在上海市推行的"学科德育"教学改革中，教育主管部门要求将德育内容和中小学的各门课程相关联,将德育功能的发挥诉诸学校的各类课程当中,同时每位教师承担起德育责任。2010年,上海市在"整体规划大中小学德育课程"的实践探索中,寻求德育课程一体化设计方案,旨在实现大中小思政课程的有效衔接;发挥第一课堂的主渠道作用、第二课堂的文化与实践育人作用,拓展网络教育的运用范围及切实提升网络教育的教育内涵;实现学校、家庭和社会"三位一体"的综合育人效应。

二、"课程思政"的内涵

(一)明确了思想政治的育人价值

实施"课程思政"的过程中,可以在课堂教学中继续开展一般道德层面的德育教育,但重点要强调当前高等教育立德树人根本任务所体现的应是坚决拥护党的领导、培养社会主义事业接班人的政治目标,把这一关系到"为谁培养人"的根本命题作为"课程思政"培养时代新人的主要价值追求,这是与"课程德育"理念有着本质上的区别的。高等教育立德树人之"德"主要是围绕大学生的政治方向培养,而德育指的是一般意义上的个人道德、职业道德、社会公德等。德育教育对全社会成员均有教育意义,也就是公德和私德是针对全体人民的共同倡导和一般道德要求。而"课程思政"所体现的立德树人为"大德",是建立在公德和私德基础上的高级专门人才,无论是职业院校的应用型人才还是普通本科院校的专业型人才,无论是专科生、本科生还是研究生,都必须具备的政治方向、政治品德,这就是"思政"的本质内容和价值意义。

(二)对高校思政教育提出新要求

在高等教育现实环境中,师德师风一般就是指教师的职业道德、个人品德,也就是传统意义上的师德只强调公德和私德。特别是一些普通高等院校中一些行业应用性较强的专业,一部分教师直接来源于社会从业者,比如医学类、艺术类等专业;还有很多普通高等院校的教师都有出国学习、从业的经历。缺少教学经验、教师执业培训不到位、对教师职责理解不到位等原因导致在课程教学实施过程中,部分教师认为只要不产生教学事故,把专业知识讲解清楚,课堂内外都注意教师形象,守住师德底线,这些就是课程思政教学的切实贯彻。也就是认为,不违法、不违规、不违背基本道德就是良好的师德师风,也有普通高等院校的教学管理者认为教师只要把课上好,就是在切实贯彻课程思政。但实际上,在实施课程思政的过程中,达到以上要求远远不够。高校思政教师必须切实贯彻立德树人的核心理念，加强对教育教学方法的改进，促进思想政治和各学科的整合，以促进大学生全面发展。

三、新时期"课程思政"的特征

（一）涉及范围较广

"课程思政"强调将思想政治工作落实到每一门课程中去，全面实现"三全育人"模式，努力为我国高等教育发展创造新局面。现阶段，"毛泽东思想和中国特色社会主义理论体系概论""思想道德基础与法律修养"是学校开展思想政治教育的主要课程，其课时数量在全部专业人才培养方案课程设置中只占了很小一部分，且均以大班课形式进行授课，学生听课效果较差。相比之下，专业课在专业人才培养方案设置中占比比较大，因此，在专业课程中实施"课程思政"，就会成为一个巨大的优势。专业课程不仅门类广泛众多，而且在人才培养过程中受重视程度较高，且均以小班课形式进行授课，学生反响很好。各类专业课都有其自身独特的特点，依托专业课平台实施"课程思政"，一方面，可以形成协同效应，提升学习思想政治教育的积极性，另一方面，可以有效地形成思想政治影响力，全面提升"三全育人"效果。

（二）渗透性较强

为了实现"课程思政"立德树人目标，思想政治教育工作不能仅仅局限于具体的思想政治理论课，因此，必须加强各学科的协同与合作，不失时机地在专业课程教学中开展与专业教学内容相关联的思想政治教育，例如，自然科学中科学原理、科学发现的讲授中，必然涉及科学精神、探索精神、献身精神等，不少自然科学的理论同样适用于人文社会科学及人类的处世原则。这些渗透在专业课程中的思想政治教育资源，就是开展"课程思政"的丰富资源，它们深度地融入各学科的专业知识之中。"课程思政"不是强制性的理论灌输，而是通过"润物细无声"的方式在专业课程的教学过程中巧妙地渗透思想政治教育元素。就此看来，"课程思政"本质上是对一种理念与价值的培育与输送，具有一定的渗透性。

（三）形式内容新颖

"课程思政"是为了适应新时代所呈现的新特点而进行的积极探索和创新性发展，在传统的以知识传授为主导的教学基础上，强调在专业知识传授过程中价值观输出的重要性，将思想政治元素和各类课程专业知识在课堂教学活动中进行有机结合，提升学生的思想政治素养。通过教育实践形成教育新理念，进而弥补专业课程在育人环节的不足。探索课程思政的创新性发展要牢牢把握不同学校的突出特点，形成各自的正确经验，将思政课程与其他课程紧密联系、协同发展，帮助并引导学生选择正确的成长方向，提升学生的辨别能力，推动学生整体水平的提高。近年来，许多高校紧密结合地方特点，因校制宜，坚持教材创造、制度创新，走出了一条符合本校特色的"课程思政"之路。

（四）具有较强融合性

"课程思政"将专业课程的内容与思政元素相结合。在设计教学内容时，专业课程的教师根据专业知识的特点、行业的具体情况，以及学生的未来职业发展计划，挖掘学科知识中的育人要素，并通过多样化的教学方式将其整合到课堂教学过程中，引导学生在学习专业课知识的同时提升思想政治素养，将专业知识能力目标和素养目标相融合。专业知识能力目标是提高学生在实践中运用理论知识的能力，并鼓励他们熟练掌握操作技能。素养目标则是在专业课程渗透"课程思政"元素，培养思想政治素养，提升职业道德，使学生成为合格的现代职业人。

第二节 新时期高校"课程思政"的建设

一、新时期"课程思政"发展现状

目前普通高等院校对"课程思政"建设做出了有益的探索，积极提倡在教学实践环节适当引入"课程思政"育人理念，并且在多方支持下形成了一系列示范课程，但在整体规划、实际运行和评估体系等维度给予的制度支撑相对薄弱。育人体制机制呈现出非规范化甚至是缺位的现象，使得"课程思政"协同育人难以真正落到实处。

（一）制度建构存在不足

在推进"课程思政"实际教学的过程中，尚存在相关制度建构效力不足甚至是缺位的情况。首先，长效学习机制和集体备课制度需要进一步切实贯彻和完善。"课程思政"协同育人作为一种新的思政教育育人模式，教学主体特别是专业课教师有一个适应和学习的过程。专业课教师受其学科专业背景的影响，绝大部分尚不具备科学系统的思政教育理论基础及有效的教学方法。因此，一方面，专业课师资队伍真正融入"课程思政"建设要将长效学习机制贯穿于始终，通过制度化的学习形式不断强化专业课教师对"课程思政"的理解和执行能力；另一方面，鉴于专业课教师以往形成的固定的教学范式和程序，他们在课堂教学中往往注重培养学生价值判断能力和价值形塑能力，为了保证专业课能够辐射到思政教育内容而提前做好教学准备，这一点尤为必要，对于如何在专业知识传授过程中精准把握思政教育切入口需群策群力，创设集体备课制度，发挥教师群体的集体智慧。其次，合作对话机制建设力度有待加强。对于普通高等院校思政课教师而言，他们承担了全校范围内的公共课教学任务，并且还承担着所属学科专业的教学和科研任务，他们参与"课程思政"建设的时间精力有限。对于各专业课教师而言，他们更加缺少主动融入"课程思政"的自觉意识。因此，激发课程的育人合力需要加强教学平台建设，促进对话交流与资源共享。最后，"课程思政"教学的保障制度薄弱。从现实维度来看，无论是专业课教师还是思政课教师对于"课程思政"的专注度都尚待提高，其中不乏有人将"课程思政"视为自身教学科研以外的附加事物。除了大力倡导教师教书育人的责任感和使命感，亦可从奖励机制的角度，既给教师提供相应的保障，又为"课程思政"注入发展动力。由于当前普通高等院校对"课程思政"的相关保障配套机制考虑欠缺，还未能完全解除广大教师的后顾之忧，应该以相应的奖励措施对教师投入"课程思政"建设加以支持与鼓励，为他们提供专项经费扶持，以加大优秀示范课程的开发力度和提升"课程思政"课堂教学的积极性、成就感。

（二）外部社会环境的不利影响

外部社会环境对普通高等院校"课程思政"建设同样存在一定的影响，主要体现在市场化体制改革下强化经济基础优先的思维、信息化发展加速的多元文化的冲击两个方面。这一点在访谈调研时也得到回应，后文的研究将分别从上述两个方面进行分析。

1. 过度追求经济发展的影响

经济的快速发展对大学生的世界观、价值观造成了一定程度的影响，导致部分大学生更加注重个人价值的实现，而忽略了整体维度的价值。在这种模式下，学生的行为都具有明显的利益特征，实现利益最大化才是其奋斗的目标，而不是有效促进建设社会主义现代化强国等目标。经济利益追求与树立正确价值观并不违背，相冲突的是以个人为中心的经济利益最大化的追求容易产生示范效应，忽略了其作为社会主义建设接班人应承担的时代使命和历史责任。根据访谈调研发现，部分教师反映当下这种个人经济利益最大化的社会环境已经开始流向普通高等院校校园，部分大学生为了实现个人短期内的经济诉求，占用学习时间进行网络直播，甚至出现低俗、媚俗的直播现场；还有部分大学生在经济利益面前过分膨胀,享乐主义、拜金主义的情绪开始占据其生活空间,出现厌学、沉迷游戏等不良行为,最终导致这部分大学生只重视个人利益,忽略实际情况,出现更多的社会问题和道德问题。这种环境对于普通高等院校"课程思政"建设势必产生不利的影响,部分学生在"课程思政"建设过程中对遇到的思政内容会产生强烈的抵触情绪。

2. 多元文化产生的冲击效应

多元文化对普通高等院校课程思政建设产生的冲击效应主要是指西方文化对马克思主义理论的主导地位和权威属性的冲击,导致部分大学生的价值观出现选择困难。

(1)多元文化导致个人偏向追求个人利益最大化。多元的文化多是以个人为中心,追求个人在自由、个性、偏好、独立等方面需求的实现,忽略了个人的批判意识和自省能力,更加忽略了集体的利益,导致大学生价值观容易扭曲,给普通高等院校"课程思政"建设顺利推进造成困难。

(2)多元化冲击制约部分大学生正确道德品德的构建。一是因为立德树人的内涵是培养大学生的大德、公德,是为社会主义服务的,但当下多元化的文化导致部分大学生对共产主义的信仰产生怀疑,因此会重塑个人关于马克思主义的认知,直接制约了道德品德构建。二是多元文化的多元传播途径对正确的道德品德构建的制约。因为在信息化和网络化时代,多元文化的传播多以互联网、新媒体等途径传播,导致大学生在接受碎片化的海量信息的同时,缺乏理解、缺乏分析、缺乏研究继而直接接收,在受到个人情绪的影响后就会产生偏向性的价值观,间接地制约了正确道德品德构建。

(三)教学评估有待完善

教学评估同样是整个教学实践过程中的重要一环,依据细化的评估标准,通过专业的、具有针对性的评价话语进行反馈是提升教学效果的重要步骤。目前"课程思政"教学评估的核心问题是专业教学评估小组面临重组、评价标准亟待制订和跟进。现行的教学评估以学科专业教学过程和结果为评价依据,有专门的教学质量管控机构、评估法及评估标准。面对"课程思政"教学改革的深入推进,需要建构与之匹配的评价机制。其一,"课程思政"教学评估任务实施的主体模糊,缺乏专门的评估机构规范开展相关工作。因为"课程思政"蕴含了思政教育有机融入专业课教学这一新的总体教学要求,评估操作主体既要有权威机构的支撑,又要具备给予"课程思政"有效评价的能力,这正是目前"课程思政"主体所欠缺的。"课程思政"教学评估的主体责任由谁承担,学校原有的教学质量管控部门是否有能力开展有效的"课程思政"评估有待进一步明确。因此，组建专业的教学评估工作小组，将德高望重的专业教师和经验丰富的思政教师纳入其中尤为必要，这将在一定程度上改善评估主体模糊、互相推诿的状况。其二，原有的教学评估体系和标准与当前"课程思政"建设实际不相符。在当前宏观的学术评价体系下，呈现出重科研、轻教学的畸形状态，这客观上挤压了"课程思政"的展开空间，甚至直接导致"课程思政"教学环节的缺失。"课程思政"建设涉及专业课程教学中的思政教育效果评价，即要评估学生正向价值判断和价值形塑的能力及内生动力如何。因此，这不同于以往仅在专业领域进行评估，还应从学生身心成长和价值取向等维度进行综合考量。一方面，要对"课程思政"进行教学过程性评价，即教师在专业课教学中是否具有开展思政教育的意识，以及采用的"课程思政"教学方法是否实现了专业知识与思政教育的自然衔接。另一方面，对于教学效果的评估既要着眼于学生对专业知识的掌握和运用能力的考评，又要建立起学生情感态度转化、价值选择和信仰形塑方面的考查指标。"课程思政"致力于将专业课中的思政教育内化于心、外化于行，所以"课程思政"教学效果难以拥有一个量化指标，无法通过直接的学业水平测试赋予分值，当前的教学评估标准给"课程思政"教学评估带来了较大的困难，需要拟定新的标准并及时运用跟进。

综上，在推进"课程思政"协同育人进程中，面临着如何将专业课教学和思政教育进行精准衔接，实现"课程思政"教学目标；如何集中教育主体力量发挥协同育人效应；如何创新"课程思政"协同育人体制机制等现实难题。这些问题都是"课程思政"在现行普通高等院校教育环境下面临的挑战，分析把握其协同育人困境为"课程思政"协同育人提供具有针对性的建设方案有重要意义。

（四）相关主体责任不明确

"课程思政"育人体系蕴含着一个多元主体集合，包括学校党委及其领导下的各学院党委、教学管理部门和学生工作组织，应当将这一新教学理念的实施置于学校战略高度，从顶层设计的总体规划视角明晰各个主体的工作责任范畴，即尽可能设计好"课程思政"队伍建设的目标并搭建好总体建设框架。一些在整体规划方面有了一定的成效，比如上海作为"课程思政"改革的先行者为各普通高等院校提供了"党委统一领导、党政部门协同配合、以行政渠道为主组织切实贯彻"的顶层设计思路，在党委统一领导下成立"课程思政"改革工作小组，并且划定了专门的办公场所规范切实贯彻相关工作。但从全国范围内普通高等院校整体规划来看，还存在顶层设计碎片化的问题，如何打破职能部门壁垒，明确各部门在"课程思政"建设过程中的责任也是当前需要突破的瓶颈。显然，普通高等院校内部结构分明、分工明确，各个职能部门各司其职以保障普通高等院校各项工作科学有序开展，但"课程思政"理念下构建的全员、全课程思政教育模式需要各职能部门的协同配合。然而将"课程思政"工作介入各个部门会引发原有职能部门工作的系统性调整，涉及很多具体环节与"课程思政"进行衔接，相关部门工作的切实贯彻需要以顶层设计的总体规划维度为起点，将各个职能部门纳入到"课程思政"教学改革系统，诸如教务处、教师发展中心、人事处等职能部门职责的明确规划。因此，在分工如此细化的体系下，普通高等院校内部各部门界限感强烈，各部门不会自发地承担起"课程思政"建设的主体责任，若想将它们共同纳入"课程思政"工作进展之中，还需抓好顶层设计，明确划分各职能部门有关"课程思政"建设的相关任务。

（五）课程思政执行不到位

普通高等院校课程思政建设管理存在缺位还体现在组织力度方面，这里的组织力度多是指在学院层面、党组织层面、普通高等院校社团层面，这些层面的组织力度存在较大的提升空间，而针对学校党委层面的组织力度已经执行得比较到位。通过访谈调研发现，大部分教师表示普通高等院校课程思政建设组织呈现"上强下弱""上急下缓"的特征。普通高等院校课程思政建设各环节各岗位发力不一致，导致高层"竭力吆喝"，但基层"不见端倪"，其主要原因还是基层课程思政建设的重视程度不够，导致组织力度不够，本应组织基层教师参加特定的培训学习因其他教育教学事项挤占，本应组织学生参加的有关"课程思政"建设的社会实践由于教育教学安排不合理推迟或者取消，总体上规划安排欠缺，统筹能力亟待提升，导致出现组织力度不强，延缓了普通高等院校课程思政建设的步伐，降低了普通高等院校课程思政建设的阶段性质量。

二、新时期"课程思政"的体系构建

（一）"课程思政"组织架构

各普通高等院校明确了普通高等院校党委实施课程思政的主体责任和领导地位，包括学校党委负责人，即普通高等院校党委书记是第一责任人。如北京第二外国语学院党委书记顾晓园认为"课程思政"教学改革是"一把手"工程。大连工业大学党委书记葛继平对普通高等院校"课程思政"实施工作做了直接布置，包括：第一，明确内涵；第二，分步推进；第三，明确责任；第四，完善政策。

在普通高等院校内中级层面的"课程思政"实施组织方面形成了三种模式：第一种是学校教务处担负着重要的甚至是引领性的作用；第二种模式截然相反，

由马克思主义学院发挥协同引领作用；第三种模式是由学校党委或党委的工作部门如宣传部统领，二级学院或二级教学单位自行组织推进，并驾齐驱。大体上虽有三类不同组织体系的不同观点，但至少提出了普通高等院校课程思政该由哪个部门牵头、承担的问题，避免了职责、权责不分。还有其他建议如建立"教师工作部"专门负责教师及课程思政的切实贯彻管理。

（二）"课程思政"制度建设

围绕国家关于推进切实贯彻"课程思政"教学改革的有关政策，众多普通高等院校纷纷出台了本校的"课程思政"实施方案等制度文件作为本校"课程思政"的顶层设计。安徽建筑大学"课程思政"实施方案中明确了加强组织领导、加强协同联动、强化工作考核、提供经费支持等要求。湖南工学院"课程思政"实施方案中也提到了加强组织领导、加强协同联动、强化工作考核三个方面。温州大学推进"课程思政"实施方案中也提到了相同的三个方面，最后一个方面是激励机制，与安徽建筑大学实施方案中的经费支持有共通之处。大体上所有普通高等院校制订的本校"课程思政"实施方案在这几个方面是相同的，这也从侧面体现了普通高等院校"课程思政"在校级层面的制度建设显得过于笼统，趋于同质化。

二级院系是切实贯彻"课程思政"教学改革的主要部门、关键部门。哈尔滨理工大学软件与微电子学院制订的"课程思政"实施方案围绕工作目标、实施办法、保障与激励等做出了具体安排。然而，除了部分普通高等院校的独立设置学院（下属公有民办学院）之外，很难再了解、掌握到其他普通高等院校的二级院系层面出台的"课程思政"实施方案材料，但关于切实贯彻本校的"课程思政"相关教学活动、评比等所制订的操作办法却比较丰富。

（三）"课程思政"评价体系

普通高等院校"课程思政"教学反馈与评价的主要依据为学生群体对教师实施"课程思政"的评价，主要通过网上测评、调查问卷、教学信息员反馈三个途径。各普通高等院校采取的途径通常还有通过教学督导、教学管理听课等教学监测队伍的信息反馈。也有学校开展了全校层面的课程思政切实贯彻专项检查，通过量化、细化评价指标来检查教学文档如课件、教学大纲等，通过开展学生座谈来收集学生层面的"课程思政"实施情况及效果测评。如集美大学就由教务处组织专项检查小组到各学院实地检查，内容包括自查报告、研究与交流材料、教学大纲修订、教学计划和教案（PPT）及应用案例等。

当前，国内各普通高等院校实施"课程思政"教学改革的主要情况可以归纳为以下几个方面：

第一,都能明确将立德树人作为"课程思政"实施的根本任务,但对"课程思政"的实施目标即"德"的方向、内涵尚未形成统一理解。

第二,确立普通高等院校党委为切实贯彻课程思政的主体责任,但普通高等院校内部中层的管理部门设置、分工、权限划分等组织结构各不相同。

第三,学校层面都制订了实施方案作为制度推进措施,但下属二级院系的切实贯彻制度尤其是保障制度需要加强。

第四,都组织了讲座报告辅导,但培训工作缺少系统化,覆盖面较窄。尤其是指导者、主讲者的资质、能力需要界定,从而达到"课程思政"实施目标、方向的统一。

第五,"课程思政"科研方面体现在各课程自主展开研究,缺少必要统筹,尤其是缺少思政理论方面的指导,普通高等院校应避免将错误的、主观的、片面的科研理论用于教学实施。

第六,在课程思政教学改革效果评价方面尚缺少覆盖面较全的有效观察途径,也就是教师有无在日常教学中切实贯彻"课程思政"教学,效果如何,评价方法与路径仍需探讨。

(四)"课程思政"实践探索

1.)以科研出成果

完善普通高等院校特殊的工作机制,尤其是教师职业发展体制,鼓励教师在切实贯彻"课程思政"教学的同时,特别在意将本课程实施"课程思政"教学的做法形成学术论文等作为科研成果。这一做法既有学校促进的因素,比如组织课题申报和科研立项,也有教师注重自身成果的积累而主动改革实践开展学术提炼。

2.)以活动为形式

积极开展如"课程思政"教学讲课竞赛或说课比赛、"课程思政主题活动月"、教学案例征集、集体备课等活动。这些活动的特点是形式丰富、参与性强,虽然具有短期性,但能形成现实层面的"结果""成果"作为"课程思政"教学改革实施的体现,可用于工作总结、经验介绍、成果展现及上级检查等。

3.)通过会议布置工作

学校、二级院系、教学管理部门通过各级各类会议来强调"课程思政"的切实贯彻和推进,有专门、专题会议的形式,也有在其他会议内容中穿插布置和工作强调,这一做法每一所高等院校都会实施,具有普遍意义。关键在于会议召开以后的切实贯彻监管,以及下一管理层级通过会议传达上一级的会议精神过程中有没有表述清楚并传达到位。因此，会议布置工作具有必要性，但应避免下一级以"开会"来完成上一级会议精神的切实贯彻。

第三节 新时期高校"课程思政"教学实践

一、新时期"课程思政"的教学目标

课堂教学目标反映了教师在实施课堂教学前对学生的期望，以及学生在接受教育之后达到这些期望的程度。在设计课堂的教学目标时，预期的学习效果是教师关注的重点，同时对于教学过程有着决定作用。首先，教育目标的设计必须满足学生的需求，关注学生的接收能力、认知能力和学习能力之间的个体差异；其次，教学目标的设计应考虑学科发展的需求，包括学科的理论知识和实践能力；最后，教学目标的设计应考虑社会的需求，教学目标要紧扣社会的发展。

根据课程标准编制要求，结合学生认知特点，针对不同专业课程的特点，需对课程的知识、能力、素养这三大目标进行明确。"课程思政"理念在专业基础课中的实现，依赖于课堂教学目标的准确设计。设计课堂教学目标应结合专业课程的理论知识和能力培养特点，有效地结合职业素养需求，使课程思政得以有效实施。

系统地设计专业课程思想政治教育教学目标，能有效克服专业课程在教学目标设置上"各自为战"和重复（内耗）的问题。教学目标的确立需要学校"课程思政"领导小组专家、专业负责人、专业课程负责人、思想政治理论课教师，基于"课程思政"首席教师负责制，从以下三方面开展合作：第一，立足专业课程的课程布局和课程特征，发掘富含思想政治教育元素的"璞玉"，需要在马克思主义理论学科专家的协作下，由专业课程负责人通过科学研讨，形成专业课程的思想政治教育教学目标框架。第二，解决专业课程的思想政治教育教学目标与思政课程目标的有机协同问题，"课程思政"与思政课程的"同向同行"，必须体现在教学目标设定上，只有目标一致，才能各司其职并形成"合力"。因而，双方的课程负责人、马克思主义理论学科专家应将专业课程具体的教学安排（进度）与思政课程的具体安排进行协调统筹，落实具体专业课程的思想政治教育教学目标。第三，构建具有逻辑性的、体系化的专业课程的思想政治教育教学目标，必须基于集体协作，解决好几个问题：思想政治教育主

题在专业课程群分布（结合课程安排的顺序）中的内在逻辑问题，知识点分布及层次的问题，不同类型课程的教学目标问题，等等。

单次课的思想政治教育教学目标设计。依据"专业课程思政"教学大纲，研制形成具体章节的教案，确定每节课的思想政治教育教学目标，以及与其对应的教学评价体系。对课程思政教学目标的具体分解，第一，是否可以"有机融入"必须注意，课程思政教学应依托课程，因此应注意在目标设定上关注课程知识点自身的思想政治教育负载空间和张力。在此前提下，要注意对"有机融入"的关注——这种"融入"并不是模糊的，而是一种可描述、可控、可调、可评价的"融入"。也就是说，单次课的思想政治教育教学目标的设定必须基于"学情"，具体呈现在教案中。第二，是否可以实现？鉴于对不同章节思想政治教育元素挖掘深度的不同，课程自身所需采取的课型及教学方法的差异，单节课的思想政治教育教学目标应"因地制宜""因时制宜"，而不应该僵化。第三，是否可评价？要以"评价"为导向，从知识、能力、情感、态度、价值观维度进行描述，要对目标达成的层次进行分级和描述。

教学目标的实现是需要由每个细小的课程目标达成来实现的。所以将每个教学目标的实现联系在一起，才能够实现教育目标的达成。明确教学目标，在教学目标的呈现上就需要充分调动学生的热情，为学生树立起一个可以达到的目标，由此增加学生的个体主动性和主观能动性。然后就是在对教学目标类型的确定上，要查看好每一个教学目标下的多个课程目标是否具有逻辑性和连续性，能够激发学生进行一系列的学习。

（一）掌握核心知识

专业基础课程知识目标设计的目的是使学生通过课程的理论学习，掌握专业的核心理论知识，形成良好的认知习惯。由于高校学生生源层次的多样性，教师在设计知识目标时应结合实际情况。如中职生源的学生因在中职阶段已对专业基础有了一定的认知，因此知识目标设计应在此基础上进行深化；高中生源的学生因在高中阶段只接受文化课程的学习，因此知识目标设计应以专业基础知识为主，根据学生的学习情况，逐渐深入。

（二）提升专业能力

对于专业课程而言，理论层面的知识是人才培养的核心及基础所在，学生通过对知识的理解和创新，通过课程实践获得专业技能，得到操作能力的提升。学生通过实践学习，获得符合社会需求的专业技能。同时结合"课程思政"理念，教师可以适当引导，通过行业模范案例的介绍，企业操作规范的学习，使学生在实践操作中，潜移默化地形成敬业的精神。

（三）提升综合素养

素养目标是指通过课堂教学工作，在传授理论知识和操作技能的过程中，期望能够引导学生建立的个人素养和职业道德品质。素养目标的实现情况是检验"课程思政"效果的直接因素，因此，在设计素养目标时一定要立足课程本身，结合理论知识要素和专业特点，对专业基础课程中的育人元素进行有效凝练，在教学过程中通过各种方式进行渗透，让学生在课堂上能够自然地得到思想引领，从而实现课程的素养目标，这是高等院校培养高素质技能人才所必需的要求。

二、新时期"课程思政"的教学内容

新时期"课程思政"教学内容设计应坚持马克思主义的指导，进行专业基础课内容的设计。

（一）理论内容

专业基础课理论内容设计要在传授学生专业理论知识的过程中，引导学生增强爱国主义精神，加深对所学专业的认同，形成良好的职业品质。首先，专业基础课理论教学内容设计的基础是保证学生掌握知识，部分学生理论知识掌握较差，教师在选取理论教学内容时应结合学生生源层次特点，考虑学生的接收能力和行业需求，使学生能够在课堂教学活动中掌握基本专业知识。要挖掘专业基础课中的核心知识点，发挥课程育人效应，使学生积极地投入课堂学习中，从而更好地学习课程内容。实现学生在学习专业的过程中，得到知识的有效掌握。其次，专业基础课理论教学内容设计要结合学科、专业和课程的特点，从历史变迁、当前形势和专业发展出发，提升学生的社会责任感和使命感，激励学生寻求个人发展机遇，树立远大理想，为国家和社会的发展做出贡献。最后，专业基础课程理论教育内容的设计要立足专业本身，鼓励学生在学校认真学习，将爱国精神转化为实际行动。

（二）实践内容

专业基础课实践内容设计要有创新意识，结合院校特色和社会主义发展的特点，同时结合艰苦奋斗的精神，引导学生立志成为爱岗敬业的技能型人才。应挖掘专业行业中的知名企业发展故事，结合企业文化，让学生了解每一个成功背后付出的努力，鼓励学生好好学习专业技能，养成自强自律、艰苦奋斗的职业品质，这是每一位高校学生实现个人价值的最佳路径。最后还要重视学生能力培养，抓好专业技能教学和应用实践能力，使学生成为专业技能强、个人素质高的人才。

三、新时期"课程思政"教学模式与方法

课堂教学法是指教师在课堂教学活动中为了完成特定的教学目标、提升学生的学习效果而采用的各种活动方式的总称。"课程思政"理念下的课堂教学方法利用现代化的教学技术进行创新,实现教学效果的显著提高。通过教学方式的创新,有效地促进课堂互动,使课程知识越来越清晰,思想引领越来越深入,课程思政的效果更加显著。根据高校专业基础课教师的实践经验,目前在专业基础课中实施"课程思政"理念主要采取以下三种教学方法。

(一)加强小组合作

小组学习法是将学生合理划分为不同学习小组,为完成相应的目标而构建的学习模式。目前项目化教学大多采用小组教学形式。通过高校的实践证明,语言类专业课程可采取分组对话进行课堂练习,提高学生的口语表达能力;工科实践课程因实验室操作设备有限,分组教学可以使每位同学得到训练,充分利用了教学资源;艺术设计类专业课程通过小组教学,可充分调动学生的创造力,提高设计作品质量。小组教学法使学生积极参与课程活动,引导并帮助学生进行科学有效的探讨。

(二)利用经典案例

案例教学法是利用根据真实典型的事件所编写的情景,通过课堂讨论、分析、研究等教学活动,完成学生对其内涵的认知,从而完成教学目标的一种方法。案例教学法的设计实施分为三个阶段:首先,专业基础课教师应根据课程教学目标、知识内容、学生特点等方面来挑选合适的课堂教学案例,比如医药类专业可选择疫情防控期间的真实案例,使学生加深对所学专业的使命感,通过教师引导使学生明确自己的职业规划,为国家的医药建设做出自己的努力;电子类专业可以选择学生熟悉的华为公司案例,从企业文化、创始人经历、品牌故事等方面的导入,来加深学生的专业认同。教师应提前熟悉案例内容,为案例设计启发性的问题,了解案例涉及的背景及道德规范,明确案例核心观点。其次,在课堂教学环节,专业课教师掌握合适的时机导入案例,引导学生进行案例学习。以此为基础,教师提出相关问题并引导学生开展讨论。最后,教师应鼓励学生概括出案例中蕴含的知识点及道德原理,一方面,学生的发言可以检验他们在研究案例过程中的学习效果,另一方面,可以发现他们在分析过程中的表现和收获。根据学生的发言,教师应做出总结,点评学生在讨论和发言过程中的优点及不足,同时以简明清晰的方式揭示案例中蕴含的理论,通过提炼让学生进一步体会案例中的道德内涵。

(三)创设精彩情景

情境教学法是指在课堂教学过程中,教师可以根据特定的情感色彩或形象创设具体的场景,带动学生的感受,引导学生理解课程内容的一种教学方法。例如课堂游戏、角色扮演之类的形式都包含在教育内容的具体情境中,使学生可以自然地获得价值引导。课程思政教学中,必然会涉及一些基本的思想政治教育知识点的讲解,这些知识点在思想政治理论课中也有涉及,但脱离了情境无法使学生理解。对于专业课教师而言,应厘清这些思政内容与学生目前的认知情况、生活经验和社会关系之间的关联,更好地推进思想政治教育。例如"管理沟通"课程开展期间,其中有一节讲会议沟通,可将教室布置成会场,由学生分组进行模拟会议实践活动,专业课教师通过点评将知识点和课程思政内容进行串联。实践证明,学生在模拟的环境中更容易接受知识的灌输及价值观的渗透。

第四章 新时期高校思政育人体系建设研究

本章为新时期高校思政育人体系的建设与发展，主要说明新时期高校思政育人工作的理论基础与政策依据，以及新时期背景下高校思政育人体系建设的时代特征与价值。

第一节 高校思政育人体系概述

一、高校思政育人体系的概念及内涵

（一）高校思政育人体系的概念

2017年教育部发布了《高校思想政治工作质量提升工程实施纲要》，明确指出高校思想政治工作的基本任务，也就是充分发挥课程、科研、文化、管理、服务、实践、网络、心理、资助、组织十方面工作的育人功能，又称"十大"育人体系。本书研究界定的"思政育人"，是指学校利用思想政治教育渠道，通过包含课程育人、网络育人、心理育人等十大方面的综合型育人体系，对高校学生进行全员参与、全方位实施、全过程投入的综合性教育的实施过程。

（二）高校思政育人体系的内涵

厘清思想政治教育的内涵意蕴，是探究高校思政育人体系整体构建的基本前提。近年来，高校思政育人体系作为一种新的理论名词和研究趋势，在思想政治教育领域方兴未艾，也在高校思想政治工作中拥有越来越高的呼声。高校思政育人体系成为高校思想政治教育追求的目标之一，为高校思想政治工作改革、发展与创新提供了一个全新的视角。

1. 以正确的方法论为指导

高校思政育人体系建设以全员育人、全过程育人、全方位育人作为方法论。从方法论的视角来进行解读，高校思政育人体系建设也可被视为一种工作格局。所谓的高校思政育人体系工作格局，是所有对思想政治教育产生影响的因素，通过一定的活动或机制联系起来从而形成的一种合力体系的描述。简而言之，就是整合社会和高校中一切可能的力量来推进高校学生思想政治工作，使高校思想政治工作的机制、体制和运行形态转化为一体化的育人格局。高校思政育人体系工作格局强调一个"大"字，实质上也是对高校思想政治工作整体、系统、协同的实践概括，具体表现为人员之"广"、场域之"大"、过程之"久"。

首先，人员之"广"就是多主体参与。高校思政育人体系工作格局较传统的高校思想政治工作明显的一大进步，就是思想政治工作者不再局限于高校思想政治理论课教师、辅导员和班主任，而是将全体高校教师、领导干部乃至后勤服务人员和学生干部都纳入高校学生思想政治教育中去。工作部门由思想政治工作部门等一线部门拓展到高校教学部门、行政部门、管理部门和后勤服务部门等。这就大大增加了高校思想政治教育的有生力量，提高了广大教职工和学生的主观能动性。高校思想政治工作是一个分工合理、联系紧密、有机协调的全员性工作体系，高校所有师生员工都可以而且必须作为教育者而存在。

其次，场域之"大"就是工作平台得到拓展。除思想政治理论课外，所有的课程都应该承担育人工作；除理论课程外，所有的实践活动都应该承载育人责任；除学校教育外，家庭和社会也必须肩负起育人大任。这就将高校思想政治工作的平台和范围大大扩展，使思想政治工作不拘泥于课堂、校园，而是放眼整个国家与社会。

最后，过程之"久"就是坚持全过程育人。高校要做好思想政治工作非一朝一夕之功，不仅涉及学校工作的各个方面，而且也贯穿于学生成长的整个过程。思想政治工作要想取得良好实效，就必须纵向到底，从新生入学到毕业，各个阶段各有规划、各有侧重，甚至工作之后也能产生一定持久的影响。这就是"大思想政治教育"整体性和系统性的体现。

高校思政育人体系格局追求的是高校思想政治工作全面和动态的平衡，个体系统（高校教师与学生）良性互动，群体行动（单位与部门）协调一致，整体系统（各个影响因素）相得益彰。

2. 以人为出发点和归宿

毋庸置疑，教育的根本目的是培养人和塑造人。无论是在东方教育中还是在西方教育中，教育一致被定义为发展人性。人性的发展在心理学中是知、情、意三者统一的发展，具有不可割裂性，这也注定了教育同样具有不可割裂性。我国倡导的教育是学生德、智、体、美、劳全面发展，这是一体的教育观，是教育过程中五个不同的方面，而不等同于五种教育。因此，教育始终都只是一种教育。高校思想政治教育通过对受教育者有目的、有意识地引导，从而达到提高他们思想道德素质的目的，这是教育的一个方面，决不能独立于教育活动之外。而传统的思想政治教育在实践中出现的"各自为政、互不相干"的现象与"一种教育观"的思想背道而驰。

人是教育的出发点和归宿。高校思政育人体系建设同样以人为出发点和归宿，也就是"以人为本"。这里的"以人为本"放在高校思想政治教育的语境中，就是以学生和高校教师为双重主线。传统的思想政治教育观一方面忽视了受教育者的主体性、差异性和能动性，一味强调高校教师和课堂的权威地位；另一方面忽视了广大教职工的主体性，将以人为本直接和以学生为本等同起来。

高校思想政治教育归根到底也是培养人的问题。高校思想政治工作的主体对象是高校学生，切实关注高校学生的所思所想，回应和满足学生现实困惑和精神需求，着力促进高校学生的全面发展是其应有之义。但与此同时，我们也应倡导以高校教师为本。这里的高校教师是从广义上而言的，不仅包括思想政治工作者，还包括高校的管理者和服务者。高校思想政治教育主要提高高校学生的思想水平、道德品质和政治素养，实现构建受教育者精神世界的功能，必然要求高校教师的精神世界要积极健康向上。高校思政育人体系建设不仅主张"以人为本"的哲学价值取向，而且力争达到全员、全过程、全方位育人的理想状态。

3. 注重系统化的思维

从系统论的维度来观照高校思想政治工作，会发现它是一个多角度、全方位、系统化培育学生的育人工程。但这种结构复杂的育人工作在实际中往往难以达到最优效果。因此，"大思想政治教育"在这一层面上可以理解为是高校思想政治工作的一种应然状态，它并不是一个具体的模式或者方法，而是高校思想政治工作所要追求的理想状态。有理想就有现实，高校思想政治工作的现实困境也在呼吁着新的时代的到来。

高校思想政治工作在实际中往往存在着系统建设思维缺乏、功能定位模糊不清、评价体系不全等一系列的问题。具体而言，要么重专业课轻思想政治理论课，要么给予思想政治理论课太多的功能和价值定位，或者是工作队伍方面结构不合理、能力不足……这些都使高校思想政治工作陷入了一定的困境中。为此，高校思政育人体系形成的重点就在于专业化、体系化、立体化、制度化和创新化。思想政治工作队伍要进一步专业化，即拥有强健的师资力量。为此要加强工作队伍的培训和指导，严格管理、提高标准、注重评价。课程建设要进一步体系化，真正实现全课程育人。这就要充分发挥多学科的优势，专业课智育与德育双修，让思政课和其他课程互相协调渗透，形成不可分割的整体。育人方式要进一步立体化，多方式、多渠道、多载体育人。让思想政治教育不仅入课，还要入社、入网；不仅"三育人""五育人""七育人"，更要"十育人"；不仅要学校育人，还要社会育人、家庭育人。领导机制、评价机制、监督机制、激励机制等各种机制进一步制度化。以制度规范行为，保证党对高校的正确、科学的领导，实时监督反馈各项育人工作各个环节的实施状况，强化责任担当，提高思想政治工作的实际质量。

随着时代的发展变革和社会大环境的逐渐改变，思想政治工作也要进一步创新，既因时而变又因时而新。创新是事物发展的不竭动力，高校思想政治工作要想立于不败之地，就要时时刻刻注重创新。以新时代的新思想来引领前进的方向，以新资源供给来增强前行的动力，以新技术来拓展育人方式，建立健全系统化育人长效机制。

二、高校思政育人体系的内容

（一）目标方面

思想政治育人目标是构建育人体系的最终目的和方向归宿。高校思想政治教育工作是我国教育体系的重要组成部分，其作为影响人、改造人的社会实践活动，理应遵循新时代教育方针，牢牢把握"四个服务"的原则，始终坚持立德树人的教育任务，以人为本，以高校学生的现实需要为出发点和落脚点，不仅要在学生的头脑中、思想上武装科学的理论知识体系、正确坚定的政治信念，更主要的是要以灵魂塑造引领学生的全面发展，培育德智体美劳全面发展的社会主义接班人和建设者。

（二）主体方面

高校思政育人主体是开展育人体系的人力基础和基本保障。学生在对思想政治教育信息的接受过程中，受各种社会关系的制约，学生一切的行为习惯、思想观念都可能成为影响思想政治教育工作成效的因子。思想政治教育工作不是单单依靠专职高校教师、党务工作者就可以实现的，高校所有的教职工（包括高校教师、管理人员、服务人员、辅导员等）都承担着育人、育才的重要使命。"环境是由人来改变的，而教育者本人一定是受教育的"。教育者的专业程度、师德水平、政治站位和道德修养都对高校学生起着很强的表率作用，是育人体系中的关键主体。此外，高校学生不仅是思想政治教育的作用对象，也是思想政治教育工作的直接参与者，是育人体系中的核心主体。一方面，思想政治教育工作要从学生入手，围绕学生实际开展。另一方面，同辈群体影响的力量不容忽视。因此要改变以往单向度的教育模式，调动学生自身的内在积极性、创造性，实现自我管理、自我教育，引导学生在交互中自觉、主动地强化自身的学习意识和能力。

（三）统筹要素

高校思政育人体系"处处在育人"的客观环境、载体、方式有着必要前提。思想观念在方式和状态上具有非线性的特点，开展思想政治教育工作，要从其学科本质特点出发，打通课内和课外、现实与虚拟、校内和校外的脉络、显性实物和隐性文化的不同空间方位，融合理论教育和实践引导、线上和线下的多种载体方位，创新心理育人、管理育人、资助育人、组织育人等多重路径，统筹各个环节、各个机构的育人资源，确保各项影响因素发挥其积极正向的作用，营造无处不在的思想政治生活氛围和气息，形成由上而下、由内而外的立体化育人空间。

（四）开展过程

思政育人过程是体现高校思政育人体系蕴含规律性、持续性和针对性的必要条件。任何事物的发展都是量变和质变的统一，不管是教育本身还是学习发展均具有过程性，这是在不断与外界进行信息交换和互动中实现的，这就要求思想政治教育不仅要贯穿高校教育教学全过程，还要贴近学生成长、成才的全过程。育人体系一方面体现在高校思想政治教育工作要从学生入学到毕业的各个阶段，针对本科、研究生的不同年级和学习接收能力的差异，制订既符合思想政治教育的内在逻辑，也符合人的发展规律，有侧重点的、能解决学生的现实需求和期待的阶段性目标和内容。另一方面体现在高校思想政治教育工作要实现与中小学段、社会发展需要的有效对接，减少不必要的重复性教育输出，体现教育工作的渐进性，提高教育工作效率，形成长效的育人机制。

三、高校思政育人体系发挥的作用

构建思政育人体系是为应对当前高校思想政治教育新情况、新问题而进行的积极探索。构建思政育人体系，归根结底是要形成高校思想政治教育的合力，增强思想政治教育效果。而思想政治教育合力指的是在一定的时间和条件下，各种思想政治教育力量及思想政治教育系统内部各种要素之间的相互联系、彼此作用所产生的综合结果。在高校中，青年学生是受教育的主体，青少年阶段是人生的"拔节孕穗期"，最需要精心引导和栽培。把思政教育办得越来越好，我们就一定能培养好担当民族复兴大任的时代新人，培养好德智体美劳全面发展的社会主义建设者和接班人。

（一）育人做到润物无声

例如，在中华人民共和国成立70周年之时，很多高校开展了"告白祖国"的系列活动，生动地展示了"小我融入大我，小家融入大家，青春献给祖国"的主题社会实践的丰硕果实，展示了当代大学生的爱国情感、强国志向、报国行为。这一系列活动，体现了思想政治教育润物无声的良好效果。

思想政治教育，事关立德树人的根本任务，不能将其仅仅理解为开设一门基本思想政治理论的知识课程。高校思想政治教育，事关为国家培养下一代有用的人才，要融入青少年的终身学习、全方位受教的过程中来看待，坚持用党的创新理论武装头脑，扎根于社会主义核心价值观教育的全过程，无论何时何地，为党育人的初心不能忘、为国育人的立场不能改。

从某种角度来讲，思政教育就是帮助学生认识人生应该在哪用力、如何用心、做什么样的人的一种教育工作。因而，必须坚持唯实以求，不能搞花架子；坚持唯效是图，不能走形式。要着力推动思政教育改革创新，不断增强针对性、时代感和吸引力，将思政铸魂融入素质教育全过程，才能保证学生在不同的成长阶段，思政教育"不缺席、不掉队"。

（二）真正做到塑造"完整的人"

当今社会的变化对当代大学生的思想产生了很大影响，大学生思想政治教育对于塑造大学生有着极为重要的作用。高校是培养高层次人才的基地，是进行马克思主义意识形态教育的重要阵地。要确保人才培养质量，确保中国特色社会主义事业后继有人，大学生思想政治教育必须加强三观教育、生命观教育、心理健康教育、职业道德教育、人文教育。

1. 大学生"三观"教育

"三观"是指世界观、价值观和人生观，是制约人生行为和方向的三大精神因素，或者说是人生的三大精神动力。大学时期的青年正处于世界观、人生观和价值观塑造的关键时期，因此帮助他们树立崇高的理想信念，树立起正确的"三观"是高校思想政治教育要完成的重要内容。在高校培养大学生形成正确的"三观"教育的过程中，学校要鼓励大学生以正确的"三观"践行崇高的理想信念，引领大学生寻找自己人生的正确方向。同时引导学生要在正确的"三观"引领下,提高自身综合素质,在大学期间不断获得成长、不断累积自身综合能力,将所学所知应用到社会中,专注专业领域,"一门心思"在专业上取得突破。当今时代各种文化交流频繁,大学生很容易就受到腐朽的思想的影响,高校应在大学生产生错误的思想观念之前或错误思想正在形成之时,帮助其用正确的"三观"武装头脑,并树立追求远大理想、不断奋斗的精神及爱国主义思想。

2. 大学生生命观教育

大学生的生命观教育的主要目的,就是为了让大学生明白生命的重要性和珍贵性,让大学生感悟并懂得珍惜生命,且能够让自己的生命发光发热。高校在对大学生进行生命观教育时,可以基于生命的有限性进行敬畏教育、基于生命的超越性进行意义教育、基于生命的创造性进行能力教育,即了解人的生命载体和肉体的存在都是有期限的,每个人的生命既不可替代又不可逆转,凸显生命的可贵性。让学生在不断超越中,点燃生命激情,激发生活活力,提升生命境界,实现生命价值。生命观教育必须立足于大学生个体的生活之中,因为生命是存在的、发展的。"体验是人的生命存在的方式,是人追求生命作用、实现生命价值、焕发生命活力、走向生命超越的方式。"大学生的生命观教育一定要重视大学生生命情景体验,让大学生切实体验到生命的各种境况并领悟生命的价值。

3. 大学生心理健康教育

心理健康既是一门学科,也是一种实践活动,又是一种心理状态。心理健康是探索和研究人的心理健康的形成、发展、变化和规律的一门学科,也是思想政治教育中很重要的一个环节。当前大学生心理健康状况总体向好,乐观向上的学生占主流。但少数学生受多种因素影响,仍存在一定程度的消极心理,比如浮躁、抱怨等。

相对往年,教育界探索、丰富了更多学生群体的心理健康教育路径,建议高校心理健康教育应顺应新形势,可结合娱乐音乐等元素进行设计,发挥艺术净化心灵、陶冶情操、完善人格的作用。其他对大学生心理健康教育的有效途径包括:宣传心理健康知识、开设大学生心理健康教育课、开展心理咨询、进行自我教育与自我调节等。大学生心理健康教育的作用不再局限于培养大学生心理素质本身,在高校全方位开展思想政治教育的大环境下,心理健康教育承载的价值也日益丰厚。

4. 大学生职业道德教育

职业道德教育是构建社会主义和谐社会的重要途径,也是高等教育科学发展的重要措施。随着社会经济发展对人才要求的提高,以及大学生"就业难"问题的日益突出,大学生的工作态度、职业道德、职业操守的教育问题,也随之成为突出问题。因此,高校在对大学生进行职业道德教育的时候,必须注重时代变化带来的影响。正确的职业道德教育主要包括以下几方面:第一,以爱岗敬业、艰苦奋斗为基础的职业情感教育;第二,以诚实守信、办事公道为核心的职业道德规范教育;第三,以甘于奉献、服务社会为宗旨的职业精神教育;第四,以遵纪守法、廉洁自律为基本要求的职业纪律教育;第五,以社会主义核心价值观为时代特征的职业操守教育;第六,以加强合作、勇于创新为导向的职业理念教育。

5. 大学生人文教育

《礼记·学记》中着重指出,"化民成俗,其必由学""建国军民,教学为先",此即"观乎人文,以化成天下"的人文育人见解。大学生到大学主要干什么?干三件事:学会如何做人;学会培养正确的思维;学会掌握必要的高层次知识与能力。人文素质教育是教学生"学会做人"的教育,在思想政治教育之中至关重要,是促进大学生人性境界提升、理想人格塑造,以及个人与社会价值实现的教育,其实质是人格教育。作为素质教育的核心,人文教育在高校教育中有着不可替代的作用。大学生需要人文教育、需要精神营养、需要"亲切而温暖的"人文关怀。

(三)融入当代大学生远大理想之中

在庆祝中华人民共和国成立70周年大会的讲话中,习近平总书记指出,"没有任何力量能够阻挡中国人民和中华民族的前进步伐。"沧海横流,方显英雄本色,党的伟大事业都是在斗争中诞生、在斗争中发展、在斗争中壮大的。我们急需千百万担当民族复兴大任的时代新人。青年群体是我们祖国的未来,更是中华民族的希望,加强对青年群体的政治引领,重要的是要在经济技术发展的前提下,能够深刻地发挥思想政治教育的功能,引导广大青年把树立远大理想信念和脚踏实做事情有机统一起来,激励其在各行各业发挥主力军作用。

在高校思想政治教育过程中,各思想政治教育工作者应时刻坚持正确的政治方向,筑牢当代青年人的思想根基,通过思想政治教育解决好信仰、信念问题。在新时代的青年成长过程中,难免会产生各种各样的生活或者思想上的困惑和迷茫,也可能有因为各类新鲜声音的传递导致的动摇和不坚定。此时,高校作为青年人教育的主力军,就需要站出来,通过行之有效的思想政治教育方式坚定他们的立场和方向,通过创新改革思政育人模式,将大学生塑造成为政治坚定、思想成熟、科学文化知识和专业知识过硬,德才兼备的合格人才。

习近平总书记在北京主持召开学校思想政治理论课教师座谈会时指出，思政课是落实立德树人根本任务的关键课程。对学校而言，学生在学校学习期间，通过思想政治理论课学习政治、了解政治，始终是高校思政工作的重点。思政育人要求我们应努力发挥和创新思政课育人优势，引导青年人听党话、跟党走，培塑担当精神，引导广大青年做奋斗者。

第二节 高校思政育人工作的理论基础与政策依据

高校思政育人体系中的"育人"就其广义而言，是对育人目标、育人主体、育人过程、育人手段及育人空间的整体统摄和宏观把握，要求高校不仅要让思想政治教育渗透、参与、影响立德树人的各个方面"育全人"，还要调动一切能够为思想政治教育工作发力的积极因素"全育人"。高校思想政治育人体系具体是指在党的领导下，在全体教职工与高校学生双主体的共同努力中，以立德树人为中心，将思想政治教育贯穿、渗透教育教学全过程和学生成长、成才全过程，利用课上课下、线上线下育人空间，体现高校思想政治育人工作在时间上的全过程性、空间上的全方位性和内容上的全覆盖性，充分发挥高校思想政治整体性功能的有机工程，是聚"点"成"面"，引"线"转"体"的全面表述，是价值性、协同性、系统性的内在统一。

一、理论基础

（一）传统文化德政、师法育人思想

中国传统文化是崇尚德育、德政的文化，数千年的中国传统文化中蕴含着丰富的思想政治教育资源。我国古代教育主要是以孔子为代表的儒家学派思想为指导的教育。儒家所主张的"德政"和"仁德育人"是中华民族绵延数千年的精神支柱。孔子提倡的"德治育人"是最早的"思政育人"的体现。《论语·为政》中孔子提出"道之以政，齐之以刑，民免而无耻。道之以德，齐之以礼，有耻且格"。刑罚虽能让人不敢为恶，但道德教化却可以使人耻于为恶，其功效更为久远。孔子认同三字经中的"性相近，习相远"，人刚生下来的时候本性是相近的，但后天的教育和习惯会让人变得不一样，而教育的教化作用正是通过对人的发展施加影响而实现的。这就是思想政治教育在人的身心发展中的巨大作用。

孔子素来将道德教育置于教育首位，他认为为师者最重要的职责就在于先

"立德"。《论语·述而篇》中孔子说:"德之不修,学之不讲,闻义不能徙,不善不能改,是吾忧也。"孔子认为如果不培养品德,不学习知识,知道了道义,却不按照道义去做,有了缺点不改正,这就是老师所忧虑的。同样的为师者要先修德、立德,然后才能育德,德政育人是教育的根本。同样在《孟子·公孙丑章句上》中,提倡以德治国的孟子说"以德行仁者王""以德服人者中心悦而诚服也",强调仁政和德政。这是我国思想政治教育的最初和最著名的两位代表,分别被称为"圣人"和"亚圣"。

"师法之化"由荀子在《荀子·性恶》中提出:"然则从人之性,顺人之情,必出于争夺,合于犯分乱理,而归于暴。故必将有师法之化,礼义之道,然后出于辞让,合于文理,而归于治。"荀子认为,如果世人放纵或顺从自己欲望的本性,就会导致世间纷争或者产生暴乱,国家和社会将陷入混乱。因此,必须要对人们进行后天的教化和引导,而教化的基本方式就是通过教师的传授和法度的规范,这就是现代思政育人工作的来源之一。

朱熹说:"尝谓学校之政,不患法制之不立,而患理义之不足悦其心。"以朱熹为代表的宋明理学家们主张,在学校教育中,要用思想理义来教育学生,应以正面教育为主,以防禁惩罚为辅,通过积极的正面教育,让学生懂得道理,自觉严格要求自己。朱熹主张将道德教育放在所有教育工作的第一位,学校要培养的是"讲明义理,以修其身"的人才。晚清时期,重要的思想家教育家康有为的《大同书》提到"以德育为先""养体开智以外,有以德育为重",明确了思想政治教育的首位性和重要性。

我国现代高校思政育人工作的开展,离不开几千年优秀的中华民族传统文化,传统文化就是现代高校思政育人工作的理论基础,给高校思政育人工作提供了重要的借鉴。

(二)马克思主义理论

1. 马克思主义人的需要观

马克思曾经指出"人们之间从一开始就有一种物质的联系,这种联系是由需要和生产方式决定的"。马克思主义从生存的角度提出,需要是人类的本性,而需要的满足,就要依靠实践来完成。郑永廷认为"思想政治教育是一种具有目的性具有超越性的实践活动",也就是说人的实践活动的目的是解决人的需要问题,而高校思政育人工作作为人类教育中具有特定目的性的实践活动,根源就来自人类寻求学习的本性和内在需要。所以说,高校思政育人工作实际上就是人的精神和物质需要的结果。高校思政育人工作是一种精神需要的本能作用于思想之后的实践活动,它的目的就是对大学生进行提高教育,促进大学生认识自我,促进大学生进行自我发展,促进大学生的精神领域、思想和物质生活都得到提升。

2. 马克思主义实践观

在《关于费尔巴哈的提纲》中,马克思明确指出"全部社会生活在本质上是实践的",马克思主义强调实践活动在人的形成发展中具有重大意义。环境虽然对人的发展有决定性影响,但是环境本身也可以通过实践加以改变。教育受社会及人自身各种因素的制约,故而教育只有在实践中不断改革,人们才能在实践活动中接收环境和教育的影响。实践是人类有意识的自觉活动,思想政治教育是一种具有鲜明社会性的社会实践活动,高校思政育人工作是人的实践活动的体现,它是把不同时代不同环境下的思想理论有意识的作用于不同的人群,通过实践活动,得出不同的教育结果,培育符合时代要求的人才。思想教育实践活动使人的思想得到不同的改变,从而使人的境界得到提升,这就是思想作用于人的实践结果。

3. 马克思主义人的发展观

马克思主义人的发展观包括体力、智力、个性、思想道德和交往能力等方面,与需要观等观点有机构成马克思主义人学,是指人的全面而充分、自由而和谐的发展。马克思主义认为人的发展主要体现在自由发展、充分发展和全面发展三个方面。随着我党科学发展观的提出,以及党的十九大报告里把"必须坚持以人民为中心的发展思想,不断促进人的全面发展、全体人民共同富裕"定为新时代中国特色社会主义思想的"八个明确"之一后,马克思主义人的发展观作为思想政治教育的理论支撑,再次体现了它的重要性和必要性。因此在高校思政育人工作中,要想让大学生得到全面、自由、充分的发展,必须以马克思主义人的发展观为依托,学生不能只是个人发展,而要全体发展;不能只是单方面发展,而要全面发展。思想政治教育就是高校思政育人工作促进大学生全面、自由、充分发展的有效且必要的途径。

4. 马克思主义以人为本观

马克思提出:"人的本质并不是单个人所固有的抽象物,在其现实性上,它是一切社会关系的总和。"习近平总书记在全国高校思想政治工作会议上指出,思想政治工作就是以学生为本,围绕学生服务。在高校思政育人工作中,教育是人与人之间的互相作用,人及其关系既是高校思政育人体系建构的对象主体,又是育人体系建构的实施主体。在高校思政育人工作中,工作主体是包含所有可以给大学生进行教育的老师,对象是所有接受思政教育的学生,无论出发点还是落脚点都是学生,一切环节都是围绕学生展开。

（三）党和国家领导人重要思想政治教育论述

我国高校思政育人工作体系有着对中华民族几千年悠久传统文化的传承，它是党的思想政治工作体系的重要组成部分，是以马克思主义为指导的中国特色的思政育人体系，是党和国家最高领导人不断适应新形势、新状况、新变化，在继承的基础上总结经验教训，凝练出的马克思主义中国化理论成果，是马克思主义理论的中国化实践，有着党和国家领导人的重要论述作为思想政治教育基础。

1. 毛泽东的思想政治教育理论

毛泽东的思想政治教育理论产生于中国革命时期，是中国革命实践的产物。美国学者罗斯·特里尔（RossTerrill）的《毛泽东传》，以及中国学者靳宏斌的《毛泽东同志教育思想研究》中都认为，"人的因素第一"的思想始终贯穿于毛泽东思想政治教育发展的全过程，并践行于毛泽东一生的革命言行之中。毛泽东说过"掌握思想教育，是团结全党进行伟大政治斗争的中心环节"，也就是说，毛泽东强调党的思想政治教育工作的重点，就是首先要抓住思想的主要内容，引领思想的发展方向。

2. 习近平的思想政治教育理论

习近平的思想政治教育理论，有机构成了习近平新时代中国特色社会主义思想，指导并全面推进新时代高校思想政治教育。习近平总书记在全国高校思想政治工作会议中强调："高校思想政治工作关系高校培养什么样的人、如何培养人以及为谁培养人这个根本问题。要坚持把立德树人作为中心环节，把思想政治工作贯穿教育教学全过程，实现全程育人、全方位育人，努力开创我国高等教育事业发展新局面。"他指出办好中国特色社会主义大学，要坚持立德树人，把培育和践行社会主义核心价值观融入教书育人全过程；强化思想引领，牢牢把握高校意识形态工作领导权。推动思想政治理论课改革创新，要不断增强思政课的思想性、理论性和亲和力、针对性。习近平的思想政治教育理论，"立德树人""三全育人"教育思想，是习近平新时代中国特色社会主义思想的有机组成部分。

二、政策依据

随着社会的发展，公民思想逐步发生变化，大学生思想也呈现出各种各样的复杂性特点，这种状况要求各大高校必须提高思想政治教育工作质量。思政育人工作具有不可替代的作用，所以说思政育人工作成效是检验高校办学水平和办学质量的标尺之一，这是一项长期的、需要不懈努力的大工程。改革开放以来，我国发布了一系列政策、法律、法规，以及讲话、文件、通知等，给高校思政育人工作提供了强有力的政策依据，给予了重要的指导和规范作用，主要有以下几个方面。

（一）高校思政工作"十大"育人体系

2017年教育部发布的《高校思想政治工作质量提升工程实施纲要》明确指出，高校思想政治工作应该坚持立德树人的基本任务，坚持思政育人工作的价值引领，坚持分类指导、因材施教，坚持党对高校思政育人工作领导的四个原则，充分发挥课程、科研、文化、管理、服务、实践、网络、心理、资助、组织十方面工作功能的"十大"育人体系，全面提高人才培养能力。

（二）全国教育大会讲话

2018年教师节，习近平总书记再次强调了思想政治工作在教育中的重要性。教育是国之大事，国之根本，高校思政育人工作是一项系统的教育工程。构建立体多元的思政育人激励体系、协同高校的思政育人工作格局，完善思政育人工作的长效机制，有利于思政育人工作的有效实施。思想政治工作关系着学校各项工作的开展，关系着高校为国家和社会培养建设者和接班人的关键。

（三）学校思想政治理论课教师座谈会讲话

2019年3月18日，习近平总书记出席学校思想政治理论课教师座谈会并指出，思政育人工作是一项系统而且复杂的工程，在高校开设思政理论课要以科学的理论为基础，培养"六个相统一"的人才，落实立德树人根本任务，全力为祖国培养优秀人才。高校应重视思政理论课教师工作，要重视高校思政课程的实践性，加强思政育人教师队伍与学生工作队伍的深度融合。

（四）新时代高校思想政治理论课教师队伍建设规定

2020年1月，教育部第一次部务会议通过《新时代高校思想政治理论课教师队伍建设规定》，教育部强调高校思政育人工作需要各方面力量共同支持和配合思政课教师开展工作，思政育人工作需要调动所有工作者参与的积极性和主动性，提升思政课教学效果和质量。高校要培养一批专职为主、专兼结合的思政教师，高校思想政治教育教师不仅仅要讲好思政课，还要在增强自己"四个意识"的基础上，做好"六个统一"，做好学生思想教育引导工作。

（五）关于加快构建高校思想政治工作体系的意见

2020年5月，高校思想政治工作领域出台了《关于加快构建高校思想政治工作体系的意见》，提出构建一个全面、多样、层进、互补的课程体系，建设一批提高高校学生素质的公共基础课；提出要提升校园新媒体网络平台的服务力，发挥网络思政育人载体作用，把心理健康教育课程纳入整体教学计划，每个学校必须配备不少于 2 名的专业心理健康教师，发挥育人主体作用，坚持育人、育心、育德相统一。

第三节 高校思政育人体系建设的时代特征与价值

不管什么时代，一个社会的发展进步都离不开价值引领的强大感召和激励，科技创新、全球化互动正在改变着我们的生活状态和交往方式，充分发挥社会主义核心价值观的价值引领的作用，是当前应对多元思潮冲击的强心剂，是维护我国一元意识形态的稳定器。在社会主义核心价值观的共建共享下，我国越来越多的公民自觉地建立起强大的"中国信念"，培植起深厚的爱国主义情怀，推动着我国向着中华民族伟大复兴的"中国梦"不断奋进。一个群体内部具有强大的价值导向吸引力，可以强化主体的角色意识，明确责任边界，增强群体凝聚力和自信心。

从思想政治教育的学科特质来看，思想政治教育与其他社会自然科学不同，其实质是在观念、思想、精神层面对公民进行影响、改造的哲学社会科学，是知识内化与行为外化的双重同一。因此，高校在进行思想政治教育工作的每一个环节中，都要充分认识到价值引领的重要性。高校思想政治育人体系的创建，首先需要明确体系中主体需要遵循的共同的价值原则和导向，始终把价值作为贯穿所有环节的内容，牢牢把控正确的教育教学方向，抓住学生与高校教师这两个主体，在"共情"中强化思想政治教育主体对自身身份的认同感，打通各主体间的沟通通道，激活其主体育人力量。"心往一处想"的同时，确保最终形成的思想政治育人体系合乎规范，向着正确的道路和方向迈进，从而保质保量地完成时代、社会、国家、党所要求的思想政治教育工作的目标，构建高校思想政治教育工作的同心圆。

一、高校思政育人体系建设的时代特征

时代的发展赋予了思想政治育人体系建设新的特征。理解思想政治育人体系建设的时代特征，不仅是思想认识的重要环节，也是创新思想政治育人体系建设实现路径的基本要求。

高校思想政治育人体系有着丰富的思想内涵，探究新时代高校思想政治教

育育人体系,就需要结合"培养什么人、怎样培养人、为谁培养人"这一根本问题,从整体上把握高校思想政治育人体系的基本内容与核心要义。

社会主义道德作为先进的道德体系,是以马克思主义为指导的,其核心是为人民服务,集体主义是其基本原则,体现的是无产阶级和广大劳动人民的根本利益和长远利益,是共产主义道德在社会主义阶段的体现。高校思想政治教育育人体系中的核心内容,毫无疑问就是社会主义道德。社会主义道德是以爱祖国、爱人民、爱劳动、爱科学、爱社会主义为基本要求的,内容包含社会公德、职业道德、家庭美德和个人品德等方面。培育社会主义道德,对个人健康成长、社会良性运转和国家长远发展,对实现人的自由而全面的发展有着重要的现实意义。总之,以社会主义道德为高校思想政治教育育人体系建设之根本,是我国社会主义社会的本质要求,也是我国传统价值观念的当代体现,更是高校思想政治教育育人体系的内在规定。因此,必然要坚持树立社会主义道德这一根本要求。

党的十八大以来,党和国家各项事业均取得了历史性、根本性的变革和成就,比历史上任何时期都更加接近实现民族复兴的"中国梦"。习近平总书记在高校思想政治理论课教师座谈会中指出:"我们党立志于中华民族千秋伟业,必须培养一代又一代拥护中国共产党领导和我国社会主义制度、立志为中国特色社会主义事业奋斗终身的有用人才。"这一重要论述揭示了高校思想政治育人体系的精神实质,科学回答了"为谁培养人、怎样培养人"的问题。中国共产党立志于中华民族千秋伟业,有着历史必然性。近代以来,中华民族内忧外患,在民族存亡之际,中国共产党人自觉肩负起历史重托、人民重托,成为中国革命和中华民族复兴的中流砥柱,依靠人民实现了民族独立,走上了社会主义大道。这是历史和人民的选择,也是中国共产党的担当所在。

历史和现实有力地证明,只有中国共产党才能引领中华民族走向未来。而培养一代又一代拥护中国共产党领导和我国社会主义制度、立志为中国特色社会主义事业奋斗的有用人才,这是中国共产党引领中华民族走向未来的重要保障。换言之,高校思想政治育人体系具有基础性的作用,只有借此为中国特色社会主义事业培养奋斗终生的有用人才,才能确保党和人民的事业后继有人,才能从根本上确保最广大人民根本利益的实现。二者是内在统一的关系。这是高校思想政治育人体系的本质。

把握高校思想政治育人体系的思想内涵,是时代与实践的要求。在我国诸多教育思想中,对德与才的表述不胜枚举,如"三不朽"就将立德置于首要地位,又如"德才兼备、以德为先"的思想等。总体来看,高校思想政治育人体系如何建设、建设的成效如何，其前提要求就是要立德，人无德不立，拥有良好的思想品德是成为有用人才的必然要求。而要培养有用人才，就必然要培养其优秀的思想品德，这是培养有用人才的必然要求。在新时代落实立德树人根本任务，要善于把握德与才二者辩证统一的关系，将"立德"与"树人"真正统一起来。

（一）充分把握目标导向的要求

高校思政育人体系的导向性体现在目标明确方面。导向性，通俗讲即方向性，高校思政育人体系的目标具有明确的导向性，即具有鲜明的理想性和方向性，从而引导受教育者成长、成才。其目标具有明确的导向性的原因是：高校思政育人体系的核心和落脚点是育人。新时代如何育人、育什么样的人及为谁育人，对这个问题的回答必须旗帜鲜明，不能含糊。这是落实高校思政育人体系的逻辑前提。我国是中国共产党领导的社会主义国家，新时代是对我国发展阶段的科学定位，那么高校思政育人体系的目标毫无疑问是培育堪当民族复兴重任的时代新人，培育合格的社会主义建设者和接班人。这是中国特色教育事业的本质要求，是思政育人体系的目标导向所在。这一目标导向不仅体现了新时代国家发展和民族复兴的内在要求，也深刻揭示了新时代个人成长、成才的必然路径。因此，必须要把握这一目标导向的要求。

（二）立足于时代发展的变化

高校思政育人体系的内容具有鲜明的时代性。这里所讲的时代性，是指高校思政育人体系的思想内容立足于时代发展的变化，反映的是时代发展的要求，彰显的是时代发展的需要。就新时代"立德"的内容来讲，不仅要弘扬中华民族传统美德，着眼于立社会主义之社会公德、职业道德、家庭美德、个人品德，更要学习和运用马克思主义中国化理论成果，特别是要将学习和运用习近平新时代中国特色社会主义思想贯穿立德树人过程中。这是新时代立社会主义之德的必然要求。构建高校思政育人体系，就要自觉以习近平新时代中国特色社会主义思想为指导，将这一重大理论融入实践的方方面面。

新时代不仅要培养合格的社会主义建设者和接班人，培养致力于国家治理体系和治理能力现代化的有用人才，还要培育能讲好中国故事、传播好中国声音的，具有全球视野、未来视野的复合型人才。这是立足于新时代发展要求的体现，也是立足于我国发展时空坐标的体现，具有鲜明的时代性要求。就新时代高校思政育人体系的方法论要求而言，一是新时代立德树人更加注重、体现德育在高校教育中的重要地位和作用，更加突出德育在人的全面发展教育中的作用，将促进人的德行成长定义为教育的首要任务，同时也强调了个人品德修养的重要性；二是更加注重和突出劳动教育的地位，特别是注重劳动、劳动教育对于个人成长、成才的深远影响，强调"德智体美劳"的统一。

（三）实现全员、全过程育人

思想政治育人体系建设是一项系统工程，其实践过程具有系统性，主要体现在育人过程的系统性、复杂性和长期性上。21世纪的中国社会是数字化、网络化和智能化的社会，其网络通达便捷，各种思想激荡，对思想政治育人体系建设实践的要求也不断增加。新时代落实思想政治育人体系建设，就要统筹推进育人方式、办学模式、管理体制、保障机制改革，使各级各类教育更加符合教育规律、更加符合人才成长规律、更能促进人的全面发展，实现全员、全过程育人。

在新时代思想政治育人体系建设的实践过程中，把握系统性的要求，从实践过程中系统与要素、要素与要素，以及系统与环境的相互联系、相互作用来探究思想政治育人体系建设的思路所在，真正形成系统化的育人体系，方能构建起全员、全过程的育人模式，更好地满足思想政治育人体系建设实践过程中系统性的要求。

二、高校思政育人体系构建的时代价值

（一）促使人才培养体系完善

高校思政育人体系构建有利于完善高校人才培养体系。在知识经济的背景下，人才是社会发展的第一资源。我国处在社会发展转型的关键时期，对人才的素质、水平、能力有着更高的要求。高校学生是民族、国家的希望，对高校学生的培养是教育主体的共同诉求。习近平总书记在全国教育大会上发表讲话，指出当代高校要"构建德智体美劳全面培养的教育体系，形成更高水平的人才培养体系"，同时还强调高校人才培养体系的创建过程中，要对学科体系、教学体系、教材体系、管理体系几个主要层面做出变革，提升高校育人工作的整体水平和质量，做到思想道德、文化知识及社会实践并重。思想政治教育工作在高校人才培养体系中处于统领地位，高校全方位思想政治育人体系的构建，正是高站位地对高校思想政治工作进行统筹谋划的设计方案，是帮助高校人才培养体系补足短板，强化优势的必然选择，有利于新时代高校人才培养体系在适应社会的矛盾变化中不断进行完善、优化和升级，开创工作新局面、新态势。

（二）有效提升人才培养素质

高校思政育人体系构建有利于提高高校人才培养素质。相关的文件指出，

在高校思想政治工作的加强与改进工作中，要"培养又红又专、德才兼备、全面发展的中国特色社会主义合格建设者和可靠接班人"，为"两个一百年"及中华民族伟大复兴的实现提供人才支持；《高校思想政治工作质量提升工程实施纲要》中更加明确地指出，高校人才培养的总体目标是，"着力培养德智体美全面发展的社会主义建设者和接班人，着力培养担当民族复兴大任的时代新人"。高校作为党的意识形态工作的前沿阵地，在多元文化渗透和冲击的大环境下，更加要将意识形态阵地建设工作落实到位，为高校学生的全面发展指明正确的方向。当前国际国内的形势复杂多变，而高校学生求知欲强、好奇心旺，思想价值观念极易遭受不良思想的侵蚀，不利于健康"三观"的塑造，也会对其的全面发展造成一定的负面影响。在当代高校学生的全面发展及综合素质的培养过程中，只有先行对当代高校学生施加正向的思想政治教育影响，才能为高校学生的全面发展指明正确的方向和道路。此外，高校全方位思想政治育人体系着眼于新时代，从宏观视角将传统思想政治工作进行立体化升级，在不同层面满足高校学生成长、成才的需求，"全育人"且"育全人"，在理论与实践中、在生理上与心理上均切切实实提升其获得感、满足感。因此，高校全方位思想政治育人体系构建的时代意义还体现在，可以为高校人才道德素质水平的提升，以及综合能力的增强提供强大助力。

（三）扩大高校影响力

高校思政育人体系构建，有利于提高高校影响力。建设世界一流大学和一流学科，即"双一流"大学，这是我党在教育领域所推行的一大重要战略，其中将打造具有中国特色和世界影响力的新型高校智库作为重点任务之一推进。长期以来，我国对教育工作都予以高度重视，高校建设工作也初步获取了一定的成果，拥有了世界范围内规模最大、增长速度最快的高等教育系统。但与此同时，世界经合组织所公布的调查数据显示，2018年中国25~64岁人口中受过高等教育的比例为17%，而发达国家的水平基本在40%~50%左右。由此可以看出，当前我国高校人才培养工作仍面临着巨大的挑战，与发达国家之间存在较大的差距，我国高校在世界范围内的影响力仍然较低。应当将立德树人视作高校全部工作成效的检验标准，并将其融入高校建设、高校管理的每一个环节之中，将立德作为教育工作的根本。这一表述充分强调了思想政治教育工作对于高校整体工作开展的重要性与必要性，也间接说明了高校全方位思想政治育人体系的全面构建，不仅对"双一流"大学建设任务的推进具有积极影响，更关键的是有利于走出一条面向世界、面向未来的中国特色社会主义高校发展之路，在提升我国高等教育的整体水平的同时，扩大国际影响力。

三、高校思政育人体系构建的现实意义

现实意义是理解和把握高校思政育人体系建设内涵和实践要求的重要方面。对高校思想育人体系建设现实意义的考察，可以很好地帮助教师，深化对新时代高校思政育人体系建设实践的认识，有利于准确把握新时代高校思想育人体系建设的重大意义。

（一）社会发展进步的切实要求

思想政治育人体系的落脚点在育人，社会发展进步的根源在于人的进步，这是思想政治育人体系与社会发展进步的理论基础。社会发展进步是指社会运动、变化和发展过程呈现的是一种前进的、上升的、由低级向高级演进的历史趋势。人类社会之所以呈现出不断发展的历史趋势，主要根源在于社会内部的基本矛盾运动。换言之，社会进步的根本动力来自生产力和生产关系、经济基础和上层建筑的矛盾运动。这是社会发展进步的根本原因。在这一过程中，人是最核心的要素。宏观地讲，思想政治育人体系实践对于促进社会发展进步的表现主要在促进生产力的发展、促进生产关系的变革，而在生产力的诸要素中，人是最活跃的、能动的要素，特别是用思想知识和科学技术武装起来的"劳动者"最为积极、最为革命。微观地讲，思想政治育人体系建设的实践可以很好地促进科学技术发展、社会交往发展及现代文明发展。这是思想政治育人体系建设实践促进社会发展的具象化体现，也是其现实意义在社会领域中最为直接的体现。当前，我国经济社会发展迅速，人们对建成自由、平等、公正、法治的美好社会更加向往、更加迫切。新时代高校就是要着力回应人民对于社会发展进步的现实需求，要将思想政治育人体系的现实意义与促进社会发展进步更好地统一起来。

（二）实现民族复兴的重要举措

习近平总书记在党的十九大上指出："培养造就大批德才兼备的高素质人才，是国家和民族长远发展大计。功以才成，业由才广。坚持党管人才原则，坚持尊重劳动、尊重知识、尊重人才、尊重创造，实施更加积极、更加开放、更加有效的人才政策，引导广大人才爱党报国、敬业奉献、服务人民。"实现民族复兴，需要强大的智力支撑和人才支撑，而立德树人的重要意义就在于对人力资源、治理资源的涵养孕育，这是立德树人是实现民族复兴重要举措的现实

依据。通俗地讲，立德树人所立之德是社会主义道德，所树之人是社会主义合格建设者和接班人，这与民族复兴的价值理念与实践要求是相一致的。换言之，民族复兴的价值理念与实践要求统一于个人立德成才的实践，贯穿社会主义现代化建设的进程中，其内在要求为培养民族复兴夙愿建设者和接班人；而新时代实现民族伟大复兴，同样对立德树人实践提出了新的、更高的要求，这是立德树人与民族复兴的辩证关系所在。勤力实现民族复兴，不仅为立德树人提供了明确的价值导向，也可以很好地帮助国家统一思想共识、凝聚社会力量。新时代实现中华民族伟大复兴，就需要进一步强化高校立德树人的重要作用，将我国人口优势更好地转化为人力资源优势，不断提升国民综合素质，为实现民族复兴积蓄力量，更好地服务于民族复兴的伟大实践。

（三）我国高校的发展需求

思想政治教育是高校工作的重要主题，也是评价高校工作成效的根本尺度，是高校的发展需求。高校的发展需求，是指其得以立足存续的关键、根据。思想政治育人体系之所以是我国高校的发展需求，是因为高校肩负着为党育人、为国育才的重要责任，其地位与作用不容小视。一方面，思政工作是高校工作的根本要求，也决定了为党育人、为国育才的基本内容，即德育的全部实践。新时代我国高校发展，只有紧紧围绕思想政治育人体系这一根本任务，才能真正发挥自身的重要作用，进而也能实现高校自身的长远发展。另一方面，评价高校工作的成效，要把握思想政治育人体系这一根本任务。思想政治育人体系既是高校工作的鲜明主题，必然也是检验高校工作成效的标准，这是由我国高校的工作任务和工作目标所决定的。换言之，办好中国特色社会主义高校，思想政治育人体系的建设是最为根本的评价标准，是促进和带动高校其他工作发展的统率，也是真正培养一流人才、建成世界一流大学，以至高校能在经济社会发展中发挥积极作用的重要保证。

（四）学生个人成才的重要保障

思想政治育人体系作为学校的重要任务，贯穿于学校教育的方方面面，对个人成才起到了重要的保障作用。其表现为良好品德养成、知识技能习得、完善人格塑造、身心发展促进等多个方面。学校教育是个人成长、成才的重要手段，也是个人社会化的重要途径。学生阶段是人生发展的关键阶段，也是最具可塑性的阶段，"青少年阶段是人生的'拔节孕穗期'，最需要精心引导和栽培。""教育的作用在于摆脱和弥合片面分工给个人所造成的片面性，为个人的全面发展创造条件，使全体社会成员的才能得到充分发展。"学校思想政治育人体系建设的实践，本质就是学生成长、成才的引导与栽培，包括良好品行的培养、知识技能的传授、健全人格的塑造、身心发展的促进等多个方面，其价值旨归在于促进个人的全面发展，这与个人成长、成才的内在诉求是一致的。可以说，学校教育在个人成才的实践中扮演了至关重要的角色，其作用不可或缺、不可替代。新时代高校思想政治育人体系的建设，就应善于把握其对个人成才的现实意义，客观地认识到学校教育的重要作用。

第五章 新时代高校思想政治工作与素质教育的探索与实践

高等学校担负着培养社会主义事业建设者和接班人的重任。加强和改进思想政治工作以及实施素质教育是高校贯彻落实社会主义核心价值观，完成肩负的历史重任的关键。笔者在深入调研的基础上，分析新时期高校思想政治工作和素质教育面临的机遇和挑战，提出在新形势下高校加强和改进思想政治工作、实施素质教育的创新思路和措施。

高校思想政治工作是对师生特别是青年学生的思想、道德观念等进行引导、教育、塑造，不断提高师生的思想政治素质和精神品质的主要途径。高校全面推进素质教育，是体现以人为本的教育理念，培养德、智、体、美等全面发展的具有创新精神和实践能力的社会主义建设者和接班人的根本途径。二者是关系到高校坚持社会主义办学方向、推动高等教育改革与发展健康顺利进行的重要保证，是关系到高校能否完成肩负的历史重任、关系到党和国家前途命运的大事。因此，我们必须站在社会主义核心价值观的高度，从培养社会主义事业建设者和接班人全局出发，来充分认识新形势下加强和改进思想政治工作，全面推进素质教育的重要性和紧迫性。

基于上述认识，笔者先后对东北农业大学、哈尔滨工程大学、黑龙江大学和哈尔滨工业大学就"新形势下高校党的建设、思想政治工作、德育工作、素质教育以及教师队伍建设"等问题进行了专题调查研究。通过研究，对这些高校在新形势下的思想政治工作、德育工作以及实施素质教育情况有了一些初步了解。笔者将在对四所高校思想政治工作、素质教育状况深入调研的基础上，分析新时期高校思想政治工作和素质教育面临的机遇和挑战，提出在新形势下高校加强和改进思想政治工作、实施素质教育的创新思路和措施。

第一节 思想政治工作与素质教育的关系

正确引导和帮助青少年学生健康成长，使他们能够德、智、体、美全面发展，是一个关系我国教育发展方向的重大问题。教育是一个系统工程，要不断提高教育质量和教育水平，不仅要加强对学生的文化知识教育，而且要切实加强对学生的思想政治教育、品德教育、纪律教育、法制教育。这不仅为我国的社会主义教育事业指明了方向，而且为各级各类学校全面贯彻党的教育方针，努力推进素质教育提出了明确要求。在认真学习江泽民同志这一重要讲话精神的基础上，结合自己的认识，笔者对素质教育与思想政治工作的关系问题，有如下几点思考。

一、全面理解素质教育的内涵，坚持教育的社会主义方向

素质教育的宗旨是培养社会主义现代化事业需要的"四有"新人，目标是造就德育、智育、体育、美育等全面发展的社会主义建设者和接班人。素质教育在注重知识传授的同时，更加注重对学生能力的培养和良好品格的塑造，更加注重学生德育、智育、体育、美育等方面的协调发展和全面提高，更加强调教育的根本任务和目的是造就又红又专、德才兼备的"四有"新人。

坚持社会主义的办学方向是素质教育的灵魂，是考核学校实施素质教育是否成功的重要标准。提高全民族的思想道德素质和科学文化素质是社会主义学校的总的要求，离开了这个总的要求，我们的学校教育就会失去方向。加强社会主义精神文明建设，全面提高学生的思想、道德、文化素质，必须在加强智育的同时，不断加强德育、美育、体育。否则，就不是全面发展，就不能保证学生全面素质的提高。因此，全面推进素质教育，必须明确我国教育的社会主义性质，坚持正确的教育方向，认真贯彻党的教育方针，始终把培养"四有"新人作为教育工作的基本出发点和根本立足点。

二、正确认识素质教育的要求，坚持把德育工作放在首位

人的素质主要包括思想道德素质、科学文化素质和身体心理素质，这几方面都很重要。但思想道德素质是核心，居于首位。思想政治教育，在各级各类学校都要放在主要地位，任何时候都不能放松和削弱。思想政治素质是最重要的素质。不断增强学生和群众的爱国主义、集体主义、社会主义思想，是素质教育的灵魂。《中共中央国务院关于深化教育改革全面推进素质教育的决定》

也特别指出:"实施素质教育,必须把德育、智育、体育、美育等有机地统一到教育活动的各个环节中,学校教育不仅要抓好智育,更要重视德育。"纵观世界各国的教育调整和改革,尽管存在社会制度、意识形态和民族文化的差异,但都普遍重视对青少年的思想道德教育。学校应该永远把坚定正确的政治方向放在第一位。这是邓小平教育理论的核心。

《中共中央关于进一步加强和改进学校德育工作的若干意见》中指出:"现在和今后一二十年,学校培养出来的学生,他们的思想道德和科学文化素质如何,直接关系到二十一世纪中国的面貌,关系到我国社会主义现代化建设战略目标能否实现,关系到能否坚持党的基本路线一百年不动摇。"面对各种国际挑战,我国的教育必须认真贯彻党和国家的教育方针,全面认识素质教育的要求和内容,把德育工作放在首位,实现学生德、智、体、美等诸方面的协调发展。进一步加强和改进德育工作,是学校教育必须认真研究的课题和任务。由于一些学校(包括高等学校)在德育内容上还不适应时代和社会发展需要,教育方法僵化、呆板,不适应广大青少年学生的学习要求;形式和渠道过死、单一等,严重困扰着学校德育工作,从而大大降低了教育效果。解决这些问题的根本出路在于:学校党组织应加强对德育工作的领导,以扎实推进邓小平理论"二进"为中心,加大政治理论课和德育课的教育改革力度,积极进行教学内容和方法的研究与探索,进一步拓展学校德育与学生生活和社会实践的联系,从实际出发,针对学生的思想特点,按照德育总目标和教育、教学规律,有计划、有步骤,分阶段、分层次地实施,努力提高德育工作的实效。坚决克服形式主义和教条主义倾向,使学生生动活泼、主动地得到发展。高等学校应率先在这方面取得突破。

三、积极探索素质教育的方法,坚持教书与育人的结合

素质教育的提出,主要是针对基础教育中"应试教育"和高等教育中"过窄的专业教育"的弊端。强调全面提高人的素质,提高社会适应能力,培养和谐发展和具有可持续学习能力、创新能力的人才,是素质教育的重要特征。面对当前国际国内新的形势,我们的教育思想、教育体制和结构、教育内容和方法,同社会主义现代化建设发展的需要不相适应的矛盾,已经和正在日益显露出来。教育是知识创新、传播和应用的主要基地,也是培育创新精神和创新人才的摇篮。这非常明确地点出了目前教育上存在的不足和矛盾。

面对新的形势,教育在体制、结构、人才培养模式以及教育教学内容与方法等诸多方面相对滞后,"为应试而教,为应试而学"的倾向影响了青少年的

全面健康发展，不能够很好地适应社会主义现代化建设和提高国民素质的迫切需要。深化教育改革，全面推进素质教育，加快培养具有创新精神和创造能力的高素质人才，已成为我们在未来竞争中赢得主动权，抢占制高点的关键。素质教育要求注重给学生以智慧和启迪，注重启发思考，激发学生的学习主动性和创造精神，使学生对现实和未来具有较强的适应性。素质教育反对"死读书、死教书"，要求教师不仅要能教书，而且还会育人；不仅能给学生以知识，而且还能给学生以获取知识的方法。素质教育要求学校给学生创造良好的学习氛围、学习条件，使学生的个性、特长得以发展的自由空间，保证学生的自我学习、自我管理、自我塑造、自我实践、自我发展的时间，让学生接受科学思维的训练和科学方法的熏陶。不但如此，学校还应用积极进取、勇于探索、不怕挫折、锲而不舍的献身科学与真理的精神引导学生。

通过素质教育，高等学校应把培养具有较强的社会适应能力、心理承受能力、人际关系协调能力、自我获取知识能力的全面发展的人才，作为自己的努力目标。素质教育要求切实注重对学生适应性、和谐性和可持续性的培养。据此，我们必须彻底"转变那种妨碍学生创新精神和创造能力发展的教育观念、教育模式，特别是由教师单向灌输知识，以考试分数作为衡量教育成果的唯一标准，以及过于划一呆板的教育教学制度"。坚持以人的全面发展为本，注重人格、人品、个性、知识、技能、良好身心素质的协调、健康发展，努力改革人才培养模式，积极实行启发式和讨论式教学，激发学生独立思考和创新的意识，以培养学生的思想道德品质、社会实践能力、科学创造能力为重点，切实提高教育教学质量。学校的领导和教育工作者，特别是广大教师都必须清醒地看到自己身上的责任，及时做好教育管理，教育教学职能、内容，以及工作方式、方法的转变，正确处理好教书与育人、传授知识和培养能力、人格塑造与专业培养等诸方面的关系，重视发挥各方面、各学科课程的育人功能，真正保证"教书育人、管理育人、服务育人"的实现。

第二节 素质教育中的高校思想政治工作

面对新的机遇和挑战，高校思想政治工作如何适应并积极推进素质教育，如何增强思想政治工作的现实性、针对性和实效性，笔者认为应从以下几个方面着手。

一、充分发挥思想政治工作的渗透性和导向性功能

全面推进素质教育,必须要求高校思想政治工作注重渗透性和导向性的有机结合,注重把思想政治工作贯穿于素质教育的全过程,渗透到各个环节。长期以来,相当一些同志对思想政治工作的认识过于片面,认为思想政治工作的主要任务就是德育课程建设和党团组织活动,因此形成了就思想政治工作抓思想政治工作这样一种"孤军奋进"的被动局面,这种状况远远不能适应全面推进素质教育的需要。应当看到,学生的全面发展是一项系统的工程,思想政治工作应当体现在提高学生全面素质的全部工作之中,学生思想政治素质的提高是基于学生素质全面提高的基础之上的。因此,应当把思想政治素质教育放在人才培养的全过程中去系统地考虑,既要通过加强思想政治工作提高学生的思想政治素质,还要渗透、融合在专业素质、文化素质和心理素质教育之中。

二、转变高校教育管理模式和高校思想政治工作的模式

过去,高校教育管理模式不同程度地存在着重智育轻德育、重专业轻人文、重教育轻管理的倾向,不利于人才培养目标的实现。为提高学生的综合素质,高校应按照素质教育的要求调整管理目标,充分发挥课堂教学的育人功能,使高校的思想政治教育形成教师和思想政治工作者齐抓共管的局面。我国高校思想政治工作的模式一直采用的是集中型,即集中的组织、集中的教育、集中的活动和统一的要求。这种模式不能适应全面推进素质教育的要求,不利于学生的个性发展,不利于培养学生的创新精神、创新意识和创新能力。应当认识到,用集中的办法解决共性问题和达到一般要求,用分散的办法解决个性问题和做到"因材施教",这两者的有机结合,才有利于人才的全面发展,才能达到全面推进素质教育的目的。因此,高校思想政治工作模式应当由集中型向集中和分散相结合型转变。

三、高校思想政治工作应当加强对学生创新精神和实践能力的培养

面对世界科技飞速发展的挑战,我们必须把增强民族创新能力提到关系中华民族兴衰存亡的高度来认识。素质教育的核心是培养具有创新精神、创新能力的人才。理所当然,思想政治工作要着力培养学生的创新意识、创新精神,塑造其创造型人格及其与之相关的适应环境、承受挫折等能力。

掌握正确的思想方法，还能帮助学生正确对待青春期生理、心理的突变。青春期精力过盛，要把这种过盛的精力引导到学习、劳动和班级集体的活动之中。对此学校可以开展各类学习竞赛、技能比武、兴趣小组、文娱活动、爱校劳动等活动。青少年学生的充沛精力，不释放在积极的方面，就会释放在消极的方面，甚至释放在违法违纪方面。通过长期的有序的积极引导，学生就会形成正确的思维。

四、养成良好的行为规范

良好的行为规范就是合乎道德规范的行为，是指人们在一定的道德认识、道德情感、道德意志的支配和调节下所表现出的对他人、对社会的具体反应，它是一个人道德水平高低的主要标志。道德行为是在实践中逐步培养起来的。从某种意义上来说，一个学校学生的整体的行为规范程度是衡量这个学校德育工作效果的一把尺子。因此，抓学生的行为规范养成教育是德育工作的有效抓手。从知至行是一个复杂的道德形成的心理过程，要经历以情感和意志为中介的内化和外化两次飞跃。这其中只要个体在情感、意志的任何一个环节上出现障碍，飞跃就难以实现。同时，也要把创新方法及创新思维的训练体现在思想政治工作之中。要教育学生认识我国社会主义现代化建设还正处在艰难的创业时期，引导学生树立艰苦奋斗的精神，激发学生努力创新的动机，培养适应时代需要的创新精神。高校思想政治工作要注意培养学生的实践能力。培养学生的实践能力要以社会实践为切入点。社会实践是素质教育的大课堂，学生亲自参加精心组织、富有成效的社会实践活动，不仅是思想教育的有效途径，更是锤炼学生实践能力的最佳途径。在开展社会实践中，一是要突出实践的教育主题，引导学生围绕主题来开展活动；二是要提升实践层次，尽可能与课题研究结合起来，形成调研成果；三是要拓宽实践内涵，把参加实践同服务社会结合起来。

五、高校思想政治工作评价体系和学生测评体系的指标应当向多维转变

全面推进素质教育，对学校及学校内的院系思想政治工作的评价就不能局限于"两课"建设、党团组织建设和活动等一些思想政治类的指标，而应当同时评价素质教育各方面工作中的思想政治工作的渗透力和有效性。对学生思想政治素质的测评，不仅要测评学生思想政治课学习情况、参加党团组织活动的情况和社会工作的表现情况，而且还要测评学生全面发展、勇于创新的表现和

效果。把这些因素有机结合,才能比较全面准确地反映一个学生的思想政治素质状况。目前,部分高校对学生进行德智体美等综合素质的测评,并进行反馈和督导,对培养学生的综合素质具有导向作用,也是对学生个体素质进行定量考核的有效方法。高校要结合学校自身发展状况,建立和完善学校、职能部门和院系班三级评估体系,评估工作要注意体现个人价值与社会价值的统一、个体与群体的结合、质与量的平衡。

六、高校思想政治工作要努力提高学生思想道德素质的自我塑造能力

素质教育重在教育学生学会做人、学会生活、学会学习。同样,高校思想政治教育的重点在于教会学生怎样做人,即培养学生正确的思想道德品质的自我塑造能力。这种能力包括两个方面:一是价值观念的判断评价能力与选择能力,它相当于人体的免疫功能;二是价值观念的内化能力,它好比人体的造血功能。有了"免疫"功能,才能正确判断是非,抵制各种形形色色的思想诱惑,并从中选择对自身成长有益的与社会主义主流合拍的价值观念;而有了"造血"功能,才能将正确的价值观念内化为人生的信念,并将其作为人生道路上的航标定位。大学生在成长的过程中,很易受到各种外界因素的干扰,这有社会的原因,但更主要的是青年学生自身的可塑性强、自我塑造能力差的缘故。因此,学生的思想政治教育决不能停留在一般的道德和知识的灌输上,而应当把工作重心转移到思想道德素质的自我塑造能力的提高上。

七、高校思想政治工作要在方式、方法和手段上变革创新

为适应全面推进素质教育的要求,高校思想政治工作者要围绕素质教育这个现代教育的大课题,在继承和发扬优良传统的基础上不断更新和改进,要充分利用当代高新技术,开拓高校思想政治工作的新空间,使高校思想政治工作在方式、方法和手段上更具有时代感。要努力实施从"封闭型"教育方式向"开放型"教育方式的转变;从单纯"说教型"方式向"耐心教育与解决实际问题并重"的方式转变;从传统的教育手段向具有更多科技含量的现代思想教育手段转变。当前高新信息技术特别是信息网络技术发展很快,在社会生活的各个领域都产生了广泛的影响,为思想政治工作提供了现代化的手段,拓展了空间和渠道。特别是许多高校开通互联网之后,其信息容量大,传播速度快,覆盖范围广,又具有高度的开放性、交互性、广泛性、便捷性和匿名性,既难以控

制和管理，又是多种政治力量都想争夺的新阵地和新领域，而且当代大学生又喜欢网上"漫游"。面对这一新特点，高校思想政治工作如果不改进形式和方法，还是停留在原来的"老面孔、老办法"上，不注意增强时代感，必然会在学生中缺乏吸引力。因此高校思想政治工作者，要学会运用现代信息理论和网络技术，主动出击，尽快占领网上思想政治工作的制高点，更有针对性地开展网上思想政治教育。

总之，面对全面推进素质教育的形势，高校思想政治工作者只有提高认识、转变观念、改进工作，才能抓住机遇，为全面提高学生综合素质，做出自己应有的贡献。

第三节 高校思想政治工作与素质教育的基本做法和主要成效

近几年，东北农业大学、哈尔滨工程大学、黑龙江大学和哈尔滨工业大学在全面推进素质教育中，把加强大学生的思想政治工作放在最重要的位置，并结合学校改革发展中师生员工的思想实际，采取切实有效措施，有针对性地开展思想政治工作和素质教育，取得了明显的成效。他们的基本做法和经验如以下内容。

一、切实加强领导，不断完善运行机制

近几年，四所高校都建立和健全了党委领导下的党政工团齐抓共管的思想政治工作体制、思想政治工作目标责任制、联席会议制度、三级学习会议制度。如黑龙江大学成立了由学校党委书记为第一责任人的思想政治工作指导委员会，负责全面统筹管理学校的思想政治工作。东北农业大学在全校教职工中建立健全了三级学习会议制度，并把最终落实放在基层党支部，要求党支部切实发挥作用。通过建章立制，使思想政治工作真正置于规范的教育活动之中，切实保证落到实处。

二、发挥两个课堂作用，深化"两课"教学改革

为充分发挥"两课"对青年学生理论教育、思想教育的主渠道作用。哈尔滨工业大学"两课"教学中强调要与人类文明结合起来，要与文化素质教育结

合起来，通过院士、博导、学者的中西哲学、历史、法学、社会学、自身成长等讲座，引导学生树立正确的世界观、人生观、价值观。在具体教学中，把政治教育与增长学生政治才干、课堂教学与社会实践相结合，不断增强"两课"的实效性和针对性。哈尔滨工程大学加大对"两课"的投入，加强"两课"师资队伍建设，设立教师创新奖；重视"两课"教师社会实践，采取走出去的方式，参观大中型企业，促使"两课"教学更加理论联系实际；黑龙江大学实施"532"工程，深化"两课"教学改革，即"两课"在保证学时数和工作量的前提下，将教学总学时数分解为"课堂教学：读书与写论文：社会调查与实践=5：3：2"，并把这三者分别按一定比例计入教师工作量，列入学生成绩考核之中。

三、建立全方位育人体系，努力培养全面发展的合格人才

哈尔滨工业大学在全员育人工作中提出了"科学理论武装人，课程教学培育人，良好校风熏陶人，校园环境陶冶人，文化活动滋润人，榜样示范引导人，严格管理规范人，服务指导温暖人，党团生活激励人，社会实践锻炼人，自我管理启发人，精雕细刻塑造人"12个方面全员、全过程、全方位育人体系，特别是学校建立并切实落实德育工作责任制及激励机制，形成了五个全员育人系统，即思想教育系统，教书育人系统，服务育人系统，管理育人系统，学生的自我教育、自我管理、自我服务系统，并明确每个系统的职责，这些做法值得借鉴和推广。

四、不断深化教学改革，全面推进素质教育

黑龙江大学经过多年的探索与实践，形成了学校深化教学改革、大力推进素质教育的一整套方案与做法。具体而言，就是实施"534"方案，即"实施五个工程""构建三级平台""推进四项建设"。①实施"五个工程"，构建复合型人才与创新人才培养模式。对文科学生，实施"读书工程"；对理科学生，实施"创新工程"；对外语专业学生，实施"复合型人才培养工程"；在"两课"教学中，实施"532"工程；大学外语教学，实施"因材施教，分流教学"工程。②推进学院制、学分制、现代教育技术改革与建设，构建素质教育的"三级平台"，即推进学院制建设、专业与课程体系改革，为素质教育的培养模式提供基础平台；通过学分制管理，构建素质教育模式，为复合型人才与创新人才培养提供"运行平台"；推进教学手段和教学管理手段的现代化、现

代教育技术的开发和应用,为进一步深化教学改革初步提供"支持平台"。③加快教学改革的四项推进:推进教学内容和教学方法的改革;加快高学历、高水平、高素质师资队伍的建设;推进学风建设,完善考试与成绩管理制度;建立和完善教学评估体系,改变行政化的教学评价评估方式。哈尔滨工业大学实施素质教育,以大教育观为基础,确立大工程观,强调基础课帮助学生树立科学观,专业课帮助学生树立大工程观,"两课"帮助学生形成人生观、价值观。哈尔滨工程大学、东北农业大学在素质教育方面也进行了积极的探索。

应当说,这四所高校近几年在思想政治工作、师德教育、素质教育的工作成效是显著的,思想政治工作做到了队伍没有散、工作没有断、方向没有转,素质教育促进了教育教学质量、人才培养质量的提高。

调查研究表明,四所高校师生的思想状况较前几年有了新的进步,突出表现在对党的高度信任以及强烈的爱国热情和社会责任感增强,师生思想呈现出稳定、健康、积极向上的态势。70%以上的学生赞同个人利益应服从国家利益、市场经济需要雷锋精神、奉献是人生最大的乐趣,超过60%的学生认为在评价一个人的价值标准上,对社会贡献的大小(65%)、人格是否高尚(59%)、对崇高理想的追求(54%)居前三位。

大学生全面发展自身素质、努力成才的愿望和自觉性较强烈,60%以上的同学把在校期间的学习目标定位在成长为宽基础、强能力、高素质的创新人才上。对于毕业后的首选目标是继续深造,考硕士生、博士生。同时也显示学生个性、主体意识有所增强,更富于理性化和情感化,在未来择业一栏中考虑实现自我设计、自我选择和有利于个人发展的达到了58%,另有36%选择了兼顾国家需要与个人兴趣。赞同"我为人人、人人为我"和"现代人应该能挣会花"的接近70%。从总体上来说,师生对于所在学校的党建、思想政治工作、德育工作、素质教育等工作是满意的,满意率接近60%。

第四节 高校思想政治工作与素质教育面临的机遇和挑战

一、思想政治工作在素质教育中具有重要的地位

(一)思想政治工作在素质教育中的重要地位是由社会主义教育的本质决定的

在阶级社会里,教育具有鲜明的阶级性。我国是社会主义国家,社会主

教育必须为社会主义建设培养合格的人才。社会主义教育培养的人才必须有正确的政治方向和政治立场，高尚的思想道德情操，正确的人生观、价值观，有为社会、为人民献身的精神。

（二）思想政治工作在素质教育中的重要地位是由培养社会主义现代化建设人才的教育目标所决定的

社会主义现代化建设需要"有理想、有道德、有文化、有纪律"的"四有"人才。所谓有理想、有道德就是指人的思想政治道德，这主要靠思想政治工作来培养。

（三）思想政治工作要巩固其在素质教育中的重要地位

思想政治工作要始终把坚定正确的政治方向放在第一位，加强对学生进行爱国主义、集体主义和社会主义思想教育。教育学生坚持学习文化知识与加强思想修养的统一，坚持学习书本知识与投身社会实践的统一，坚持实现自身价值与服务祖国人民的统一，坚持树立远大理想与进行艰苦奋斗的统一。

二、思想政治工作在素质教育中的作用

（一）思想政治工作为素质教育保证方向

高校思想政治工作以提高大学生的思想政治素质为目标，思想政治素质教育是当代大学生素质教育的核心，思想政治素质的高低是人才质量的重要体现。社会主义教育的性质决定了思想政治工作的任务是帮助学生树立正确的人生观、价值观和世界观，从而为素质教育指明了方向。

（二）思想政治工作的内容为素质教育提供了理论基础

思想政治工作的内容主要是用马列主义、毛泽东思想和邓小平理论教育学生、武装学生的头脑，使学生具有较高的政治觉悟和理论水平，这是素质教育最基本的要求。

（三）思想政治工作为全面实施素质教育创造条件

首先，通过深入细致的思想政治工作，使学生认识到自己肩负的重任，增强素质意识，为全面提高自身素质提供动力。其次，通过深入细致的思想政治工作，教育学生树立正确的人生观、价值观，掌握马克思主义的基本观点，充分运用辩证唯物主义和历史唯物主义的观点分析解决问题，为素质教育提供科学的方法和途径。

三、素质教育对思想政治工作提出了更高的要求

（一）素质教育要求思想政治工作要更新观念

素质教育要求思想政治工作要转变教育观念，形成与素质教育相适应的思想政治工作模式。要提高学生的全面素质，高校的思想政治工作必须首先实现自身观念的更新，只有符合素质教育的要求，才能发挥出自身的优势；否则，思想政治工作就会僵化，就会缺乏生机和活力，就不能发展，更不会有所作为。在素质教育中，做好学生思想政治工作，培养学生现代化的思想和观念，把学生的智慧、积极性和创造性充分地激发出来，努力掌握科学文化知识，对全面提高学生的自身素质具有积极的促进作用。

（二）素质教育要求思想政治工作手段要现代化

思想政治工作必须结合学生关心的热点，结合学生的具体需要，结合专业知识的学习来开展工作。在方法上要坚持多样化、多渠道。在手段上，要充分利用先进的科学技术成果，充分利用电影、电视、计算机信息网络等媒体，进行全方位的教育，提高思想政治工作的实效性。

（三）素质教育对思想政治工作队伍提出了更高的要求

素质教育的成效，与思想政治工作队伍的水平紧密相连。思想政治工作队伍是进行素质教育的一支重要力量，是协调学校、社会和家庭等各种教育力量的枢纽。素质教育中要求思想政治工作队伍必须具有正确的政治立场，敏锐的政治意识，具有坚实的马列主义理论基础和广博的知识面，同时，要掌握现代化的科技手段，熟练操作计算机教学辅助设备。这是每一个思想政治工作者所必备的素质。

我们在充分肯定高校思想政治工作和素质教育取得显著成绩的同时，也必须看到新形势下高校思想政治工作和素质教育面临的机遇和挑战，面临的一系列新情况、新问题。从总体上看，面临的机遇和挑战主要来自五个方面。

1. 当今国际局势总体上趋向缓和，政治多极化和经济全球化趋势将进一步发展，以美国为首的一些西方国家竭力推行霸权主义和强权政治，采取多种攻势遏制我国的发展和强大。特别是千方百计地用资产阶级意识形态和价值观对我国人民特别是青年进行渗透、腐蚀，企图摧毁青年一代的社会主义理想信念、民族自尊心和道德情操。随着经济全球化的发展和我国加入WTO，西方各国思想文化将不可避免地对我们的主旋律文化带来巨大的冲击，将潜移默化地扭曲、侵蚀和消磨我国青年的马克思主义世界观、人生观、理想信念、道德伦理、民族认同感，这种意识形态的入侵和占领，要比军事入侵和占领更具危害性。

2. 科学技术的迅猛发展，知识经济已初见端倪，经济和科技结合日益紧密，科技和知识的载体——人才的竞争在今后的经济发展和竞争中也将处于越来越重要的地位。科技的大力发展，大大推动了社会生产力的发展，将引起社会的经济结构、组织结构、运行方式、管理模式以及社会成员生活方式的深刻变化，人们的思想观念也正在发生着巨大的变化，特别是信息网络技术的迅速发展，使信息的传播手段得以拓展，信息的传播速度日益加快，人们的知识视野极大扩大，这为改进思想政治工作和推进素质教育拓展了空间，增添了新渠道和现代化手段。但由于互联网上信息庞杂多样、精华与糟粕并存，色情、暴力、邪教信息、反党反社会主义的言论，以及危害学生健康成长、危害社会稳定的各种谣言等大量存在，这又会对高校的思想政治工作和素质教育产生极其不利的影响。不少学生整天迷恋于网络，严重影响了正常学习，受网络的影响，部分学生道德素质下降，人际交往疏远，情感淡漠，更有甚者，严重影响身心健康。如何应对科学技术发展带来的挑战，如何应用新的传媒，趋利避害，拓宽渠道，提高时效性，增强影响力，已成为高校思想政治工作不能回避的艰巨任务和现实课题。

3. 我国经济、社会形势的深刻变化。随着社会主义市场经济的逐步建立以及改革进入攻坚阶段、发展处于关键时期，经济、社会生活发生深刻变革，社会经济成分和经济利益、社会生活方式、社会组织形式、就业岗位和就业方式等日益多样化，使人们包括高校师生员工的活动方式、交往方式、思维方式和价值取向发生了很大变化。

4. 高等教育改革与发展的不断深化。随着高等教育管理体制改革的推行，高校之间的调整、合并，使得高校的学科日益融合渗透，学术氛围更加趋向综合化，校园文化更加多样化。部分调整合并高校的师生思想情绪还存在这样那样的问题。这些都有待学校党的建设和思想政治工作去积极适应和努力解决。特别是高校扩招及后勤社会化的推进，学生原有的学习、生活方式及管理方式都发生了变化，这就给学校日常管理和思想政治工作带来了新的课题。

5. 素质教育的全面推进及劳动就业方式的变化。近几年，各高校围绕实施素质教育开展了大量卓有成效的工作，但从培养具有创新精神和实践能力的高素质人才要求来看，学校的人才培养模式、管理模式、教学内容及课程体系、教学方法亟待进一步改革，教育质量、人才培养质量亟待提高，这都要求学校的党建和思想政治工作提供强有力保证。劳动就业制度改革，大学生毕业不包分配、面向市场、双向选择、自主择业，这已逐步被大学生和社会各界接受，操作过程也逐步走向规范化，但由于种种原因，近年来，大学生就业愿望与实际情况的矛盾依然突出，使部分在校生感到前途渺茫，学习积极性不高，政治热情下降。另外随着招生收费制度改革，上大学交费已逐步为人们所认可，社会上的贫富差距拉大自然在高校形成学生的贫富差距，一部分学生家境贫困，学习、生活有较大困难，虽然学校采取多种方式给予资助，但学生因此而产生的自卑感、心理压力，影响着这些学生的学习、思想和生活。这是市场经济中不可避免的现象和问题，我们应高度重视。面对新的形势、新的机遇和新的挑战，我们还必须看到，学校的思想政治工作、素质教育还存在一些薄弱环节和问题，这些问题在全国其他高校也不同程度地存在着，主要表现在以下几个方面。

（1）对于新形势下加强和改进思想政治工作，实施素质教育的必要性、重要性、迫切性认识不足，不同程度地存在着"一手软、一手硬"的现象。往往重视教学、科研、管理等工作，而忽视了思想政治工作的地位和作用，责任不是太明确，工作不是太落实，党政各部门尚未完全形成共同做好思想政治工作的局面，每个部门应当抓什么、怎么抓，各自承担什么责任和如何考核还不十分明确，没有必要的制度保障。思想政治工作常常是说起来重要，做起来次要，忙起来不要，往往游离于日常教学、科研、管理之外，不能及时发现并有效解决广大师生深层次的思想认识问题。

（2）思想政治工作、德育工作与素质教育没有有机地统一起来，协调一致。应当说，素质教育与思想政治工作培养人才的目标是一致的，只是囿于传统的教育教学、德育工作、思想政治工作、党建工作条块分工过于僵化，协调合作不足，造成各唱一台戏、相互不协调的局面。思想政治工作不能有效渗透于学生的科学文化知识学习和综合能力素质培养，教师只注意专业课、基础课文化知识教学，忽视教书育人。推进素质教育，往往认为是行政的事，是教学部门的事，而思想政治工作、德育工作又是党委和政工干部的事。

（3）对素质教育存在片面性认识，对思想道德素质在大学生全面素质中的主导作用认识不够，片面强调技能教育，使学生在提高自身素质的过程中，舍本求末，不重视思想道德素质，不重视基础理论学习，而过分追求一般技能的学习（如汽车驾驶、计算机应用等），使学生浮于知识表面，发展受到很大影响，与高素质人才要求有很大距离。部分学生存在着专业素质偏低，知识面较窄，人文素质欠缺，实践能力较差的问题。同时部分大学生的体质也存在着不容忽视的问题，正如一位高校领导所说，大学生看球的多，踢球的少；化妆的多，健美的少；讲营养的多，讲锻炼的少。在我们的调查中，可以看出大学生的全面素质状况，大学生对于自身的理想信念、社会责任感、道德水平、艰苦奋斗精神、协作精神、科学精神、奉献精神、心理素质、学术素养、实践能力，认为强、较强的占 35%～40%，认为一般、较弱、很弱的占 60%～70%，特别是对于道德水平、社会责任感、艰苦奋斗精神、协作精神、创新精神、奉献精神、心理素质、法律知识、实践能力，认为较弱、很弱的占 30% 以上。问卷中对素质教育的综合满意率 50%，略强，其中对创新能力和实践能力认为一般和不满意的近 60%。

（4）学校思想政治工作覆盖不到位的问题还一定程度存在，薄弱环节也相当突出。表现为教职工思想政治工作相对薄弱，优秀青年知识分子思想政治工作乏力，教师师德教育需进一步下大力气加强。教职工深层次的思想问题、兴奋点比较难找，教职工思想政治教育形式单调、效果较差；一些教研室、党支部思想政治工作处于维持局面；对于青年学术带头人、骨干教师等一批优秀知识分子，缺乏细致的、深入的思想政治工作。

（5）大学生的思想政治工作的内容、方法和途径还不能适应学生思想倾向和价值观的变化。目前学生思想政治工作，问题看到的多，研究的多，但方法不多，途径不多，有效的教育实践不多。所取得正效益被负效益消解，学校教育被社会影响消解，形象地说：5+2=0，即学校 5 天正面教育，加上 2 天休息，总教育效果为 0。由于各种负面效益影响，一些青年学生缺乏远大理想信念，对基本理论问题有模糊认识，社会责任感差，不同程度地趋向功利，注重自我价值取向多元化，学生心理素质、承受能力比较弱，特别是一些独生子女大学生，顺境多、逆境少，捧的时候多、批评时候少，缺乏独立的人格，心理素质差；部分学生由于学习、就业、经济等压力的增大，心胸狭隘，逆反心理和对抗心理强，嫉妒心重，性格脆弱、自卑，挫折承受能力差。学校的心理健康教育机制还不能满足学生日益复杂的心理矛盾的需要。青年学生虽然入党积极性高（党员人数达到在校生的 10% 左右），但动机复杂，功利性较强。研究表明：大学生入党主要动机是信仰共产主义，为他人和社会多做贡献的占 45%；作为自我发展创造条件的占 39%；其他动机占 16%。针对这些问题，思想政治工作应在内容、方法、途径上不断创新。

（6）思想政治工作队伍建设有待进一步加强。随着高校招生规模扩大，政工干部工作职能的转变和工作范围的拓展，使政工干部人数相对不足。传统的教育管理模式已转变为教育、管理、咨询、服务、保障为一体的新模式，这就要求政工干部必须懂教育、会管理、有学问、有专业。从目前状况看，政工干部队伍的素质还不是太高，特别是第一线的辅导员，大多是近几年毕业生，年纪轻、资历浅、经验不足、理论水平不高，综合素质与现代技术和信息了解程度有的甚至还不如高年级学生，且高高在上，与学生无共同语言。这造成了他们在学生中难以有较高的威信，影响了政工干部的形象和作用的发挥。研究中，对政工干部很满意和比较满意的占50%左右，一般、不满意和很不满意也占50%。特别是学生对在学校学习、生活、成长中遇到困难或问题，最愿意找谁倾诉和帮助解决，50%以上同学选择朋友，而选择班主任、辅导员仅7.9%，任课老师0.5%，党团组织2.2%，心理咨询人员0.8%。这一方面说明政工干部的作用发挥不够，另一方面也说明政工干部的素质、工作方法、工作内容都要提高和改变。另外，由于对政工干部的认识以及考核、评价、职称评定等还存在一定的问题，造成队伍不稳定、流失现象严重，对于这些问题，我们必须高度重视。

第五节 加强和改进高校思想政治工作实施素质教育

面对国际、国内形势的发展和变化，面对新的机遇和挑战，针对思想政治工作、素质教育存在的问题，结合学校的实际，我们认为在新形势下，加强和改进思想政治工作，以及实施素质教育应当紧紧围绕培养社会主义事业的建设者和接班人这个根本任务，从社会主义核心价值观的高度，把握思想政治工作、素质教育创新的立足点和着力点，以思路创新为前提，以教师队伍建设为关键，以素质教育为核心，以制度建设为保证。就此提出如下思考和建议。

一、以思路创新为前提，着力实现思想政治工作

思想政治工作是一门科学，科学的生命力在于创新。因此在新形势下，高校加强和改进思想政治工作、实施素质教育必须大力提倡和鼓励创新，要正确处理好加强和改进、继承与创新的关系，加强与改进，重在改进，继承与创新，重在创新。必须针对上述存在的问题，确立新的思路、新的方法和新的运行模式，应着眼于"五个结合"，从"五个做到"入手，重点注意"三个问题"。

（一）五个"结合"

一是结合国内外形势的发展。思想政治工作要与时俱进，紧密结合经济和社会发展的形势，不断充实内容，丰富内涵。当前及今后必须以"理想信念教育"为核心，在习总书记的指导引领下，对大学生深入进行党的基本路线、基本纲领和马克思主义世界观、人生观、价值观教育，进行爱国主义、集体主义、社会主义和艰苦创业教育。引导广大师生树立建设中国特色社会主义的共同理想，坚定对马克思主义的信仰，坚定对社会主义的信念，增强对改革开放和现代

化建设的信心，增强对党和政府的信任。二是结合高等教育的改革。要结合学校招生、就业制度的改革，继续通过学生就业指导中心、心理咨询中心等，积极开拓思想政治工作的新途径、新阵地，开展增强大学生的市场经济观念、创新意识和就业意识的思想教育，帮助他们调整好自己的心态，以良好的精神风貌和较好的综合素质迎接各种考验和挑战。三是结合学校的中心工作。思想政治工作要强化中心意识和服务意识，其内容的设置、方法和手段的运用，都要围绕并结合学校的教学、科研及人才培养等中心工作来安排和考虑，这是思想政治工作的切入点和着力点，要努力把师生员工的力量凝聚到实现学校的工作目标上来，凝聚到实现改革发展稳定的各项任务上来。四是结合师生员工关心的问题。要善于从利益动因上分析师生员工的思想变化，针对教职工密切关心的职称、住房、进修提高等问题，针对学生关心的学习、就业、生活（伙食、住宿）等问题去做思想政治工作，以提高针对性和实效性。五是结合具体业务工作去做，把思想政治工作渗透到高校各项具体工作中去，使思想政治工作贴近师生、贴近工作实际、贴近思想，变思想政治工作与业务工作"两张皮"为"一张皮"。

（二）五个"做到"

一是把思想政治工作做到基层一线，即做到教研室、党支部，做到学生班级、学生社团、学生宿舍中去。教研室、党支部主要对教师进行献身教育、敬业爱岗精神教育，进行师德教育；做好学生班级、学生宿舍思想政治教育，主要是通过创建文明班级、文明宿舍等方式，启发学生自我教育、自我提高，特别应关注由于实行学分制造成的班级概念弱化，由于后勤社会化造成的学生宿舍社区化问题，探索新的管理教育路子。二是把思想政治工作做到师生员工心里。师生最反感的思想政治工作是不解决实际问题的空洞说教。思想政治工作要同解决师生员工实际困难，与为师生办实事结合起来，要经常到师生中去，听取他们的意见、呼声，了解、把握他们的心理需要和存在的实际问题，在开展思想教育时，既要讲道理、解决问题，又要办实事，多做得人心、暖人心、稳人心的工作，对于一时难以解决和办到的事，应及时向师生耐心地讲清道理，以取得他们的理解。三是把思想政治工作做到矛盾比较多的地方。思想政治工作的重要职能是化解矛盾、凝聚人心，应当使工作深入学校内部管理体制、住房、工资、职称评定、后勤社会化等一系列改革引发的诸多利益矛盾中，释疑解惑，理顺情绪，提高教职工的积极性。应当引导学生缓和自我期望值高与招生就业等改革实际状况之间的矛盾，引导学生化解因就业竞争、经济困难和学习压力所形成的思想矛盾、心理矛盾，引导学生树立正确的人生观和价值观。四是把思想政治工作做到比较薄弱之处。高校思想政治工作中存在的一些薄弱环节，主要是教职工尤其是优秀青年知识分子思想政治工作、师德教育、学生思想政治工作队伍建设、学生思想政治工作等。五是把思想政治工作做到问题产生之前。要定期分析形势，研究对策，全面、及时、准确地掌握师生思想发展状况，认识其走向，预见其趋势，增强主动性，提高自觉性，使问题在风起青萍之时得到解决。

（三）重点注意"三个问题"

一要注意吸收新的科研成果，利用现代科技改进和武装思想政治工作的手段和载体，当前尤其要高度重视利用互联网，通过发挥网络宣传的强大优势，趋利避害，加强对信息网络的监控和管理。学校可组织力量在网络上开辟"理论教育"网站、"育人指导"网站等，增强思想教育的辐射力、吸引力和感染力。二要注意积极建设健康、高雅的校园文化，提高校园的文化品位。办好校报、广播、有线电视、墙报等，正确把握导向，唱响主旋律；要根据大学生的成长规律，体现不同的特点和层次性，组织好文化、学术、体育、科技、娱乐等活动，使校园文化健康高雅、丰富生动，充分发挥校园文化的育人功能。三要注意坚持以人为本，努力探索变"说教式"为"引导式""号召式""激发式"，变"我打你通式"为"参与互动式"的做法，注意吸收和借鉴历史学、心理学、社会学、教育学、美学等相关学科的科研成果，改进工作方法，可采取平等讨论方法、吸引师生广为参与的方法、师生自己教育自己的方法、批评与自我批评的方法，把思想政治工作做得入情、入理、入耳、入脑、入心。

二、以教师队伍建设为关键，强化全员育人意识，构建研究型育人队伍

（一）强化教书育人意识，积极构建全方位研究型育人体系

针对教师队伍建设中的薄弱环节，特别是部分教师的"重教书、轻育人"的倾向，以及政工干部居高临下、与学生无共同语言的问题，我们建议高校应强化教书育人意识，积极构建全方位研究型育人体系。教师作为高校教育教学和人才培养的主体，应该承担起教书育人的职责，努力成为研究型育人队伍的主体。既要研究科学，努力成为优秀科学家，同时又要研究教育的规律、特点，要善于、勤于研究学生的理念、学生的学习心态。"两课"教师要通过教学研究，把理论教育和人生观、价值观教育结合起来，帮助学生树立正确的人生观、价值观；"基础课"教师要通过教学研究，把知识传授与科学观的树立结合起

来,帮助学生树立科学观;"专业课"教师要通过教学研究,把专业知识讲授与事业观的树立结合起来,帮助学生树立事业观。高校教师只有进行深入的研究,才会有心得、有体会,才能把自己实施的教育切实内化为学生成长的动力,才能在思想上、道德品质上、学识学风上,为人师表,率先垂范,既教给学生知识、培养他们的能力,又教会学生如何做人。政工干部队伍要把思想政治工作、德育工作作为一门学问、一项事业,去研究、去探讨、去奋斗、去实践,要认真研究理念,研究社会形态对人的影响,研究学生的思想、行为、发展的特点、规律,了解他们的思想状况和心理需求;应该努力学习现代科技知识,包括政治、经济、哲学、历史、文学、艺术、网络技术等,努力提高自身的政策理论水平和全面素质;力求与学生有共同语言,在进行"教育、管理、咨询、服务"中,平等对待学生,作学生的朋友。这样才能在学生中有威信、有地位,工作才能有影响力、有感召力,才能与学生心心相印,保证思想政治工作的实效性。学校的管理人员、教学辅助人员及其他专业人员应当认真研究如何以教学和培养人才为中心,做好本职工作,成为研究型的管理育人队伍。后勤服务人员等也应当为保证教学和培养人才提供条件保障和全方位的服务,做到服务育人。最终形成一个纵向到底、横向到边、齐抓共管的全员全方位研究型育人体系。

(二)高度重视优秀青年知识分子的组织发展和思想政治工作

在学校里,青年学生心目中最崇拜的是知识渊博、人格高尚、高素质的人,特别是优秀青年知识分子,与青年学生没有代差,成长的环境、条件与现代学生大致相同,因此,他们与学生之间会有更多的共同语言,他们的成才对青年学生的成长具有榜样的力量、具有示范的作用。然而,多年来,由于各方面原因,出现优秀青年知识分子中的党员比例还比较低,且逐年下降,思想政治工作乏力的现象,一定程度上影响了他们的形象。对于这些问题,高校应加大对优秀青年知识分子教育培养力度,本着积极稳妥的原则,既坚持标准,又不求全责备,努力把他们吸收到党内来,最大限度地把他们团结在党的周围,使他们成为青年学生成才的楷模、学习的榜样,成为体现中国先进社会生产力的发展要求和先进文化的前进方向的重要组成部分。

(三)推行"三级联系制"和"导师制"

针对思想政治工作队伍中存在的任务重、人员少、年纪轻、能力平、素质弱等问题。我们建议在高校中可实行"三级联系制"和"导师制",即校领导每人联系1~2个院(系),中层干部每人联系几个班级,教师每人联系15~20

名学生。学生一入学就确定导师,做到四年联系不断线,导师亦可由在校博士生、硕士生担任。导师主要对学生进行帮思想、帮学习、帮生活,进行成才引导、心理疏导,做学生的良师益友。这种做法既可以增强各级领导、广大教师的育人意识、责任意识,又为思想政治工作队伍注入了新的活力,增强了战斗力。

三、以素质教育为核心,突出创新精神和实践能力培养

高校全面推进素质教育的根本目的是培养高素质的人才,重在促使青年学生创新能力、个人潜力的充分发挥,综合素质的全面提高。但由于如前所述的对素质教育的片面认识,造成了在素质教育中存在着不少问题和误区。着眼于此,我们建议全面推进素质教育,应当从以下四个方面入手。

第一,尽快实行完全学分制。针对全国大部分高校在实行学年学分制下存在的培养目标、培养模式相对比较单一、学生选课的自由度相对较小等问题,应尽快实施完全学分制。这样可以加大教学制度的灵活性,增加学生学习的自主权,给他们提供适合自己特点的全面发展的机会,切实让素质高、能力强、有创新意识的学生脱颖而出。同时,对教师也是一个较好的竞争和激励机制。教师一方面要教学生,另一方面也要接受学生的选择,这就要求教师必须不断更新知识,改革教学方法和手段,提高教学质量,多开课,开好课,满足学生的需求。当前,实行完全学分制重点应放在观念转变,完善选课制、优秀学生重点培养制度及强化实践和创新能力的培养上。观念转变就是要转变把人的全面发展视为群体平等发展的观念,转变对学生的"包下来、管下去"的观念,激励学生发展个性,使每个个体的潜能最大限度地发挥,树立学生是学习主体的思想;完善选课制,主要是把选课机制真正引入教学过程,学生能自主按要求选读课程,选择不同的任课教师;鼓励在校学生直接参与科学研究和科技开发,学校实验室应尽快实行"全校、全天"开放。通过学分制的推行,逐步形成一个由主修专业、辅修专业、双学位、优秀本科学生直接攻读硕、博士等构成的优秀生重点培养体系。

第二,建立新型学生综合素质评价体系。传统的观点评价一个学生好坏,主要是看学习成绩,而思想品德、创新精神和实践能力的评价指标不明确,造成评优、推荐研究生等过程中,往往只注重学习成绩,而忽视其他方面。在这种导向下,青年学生的思想道德品质、创新精神、动手能力的培养就受到极大的影响,这些对人才培养是极其不利的。新的学生素质综合评价体系,应从学生德、智、体、美等方面进行评价,不仅看学生的考试分数,还要看素质的全面发展,不仅要看身体健康,还要看心理健康,不仅看学习能力,还要看创新能

力和动手能力等，应当包括思想道德素质、科学文化素质、科技创新素质、身心素质几个方面，其中思想道德素质是灵魂，科学文化素质是核心，科技创新素质是主干，身心素质是保障。要按照上述几个模块，确定系数，尽可能对每一个模块进行量化评价。

第三，进一步深化"两课"教学改革，引导大学生不断提高思想道德素质。"两课"教学的重点是"三进"，"三进"的重点是"进学生头脑"，而进学生头脑，首先是先进教师头脑，只有进了教师头脑，"两课"教学才会丰富、才会生动、才会有效果。一方面，要通过积极组织教师开展社会调查、参观大中型企业，让他们了解国情、民情、社情，帮助教师牢固树立科学的世界观、人生观、价值观，切实提高他们的思想道德素质和业务教学水平。另一方面，要在"两课"教学中贯彻理论联系实际，注重提高实际教学效果的原则，在保证学时数和工作量的前提下，可将教学总学时数分解为"课堂教学：读书与写论文：社会调查与实践 =5：3：2"，并把三者分别按一定比例计入教师工作量，列入学生成绩考核之中，这种做法可有效地克服传统的"两课"说教式、灌输式的方式和考试就背观点的套路，同时把学生读书、写论文、社会调查与实践作为"两课"教学 50% 的内容来改革，可以使学生有更多的时间去读书、领会、参与社会实践，进而在读书中增长知识和才干，在社会实践中提高思想认识和能力，最终使自身的思想道德素质真正得到强化。

第四，突出创新精神和实践能力培养，全面推进素质教育。学校要确立"注重创新，勇于实践"的人才观，积极创造宽松的环境，营造创新的氛围，激发学生独立思考和创新的意识，培育学生科学的批判精神和探究、发现能力，开发学生各自的创新潜能。可通过设立创新学分、科技实践学分以及创新奖学金，鼓励学生创新。应加大实验教学的改革力度，突出"方法""技能""创新"训练，突破实验课教学跟着课程走，建立由验证性、设计性、综合性以及创新性实验组成的实验教学体系。可实施"大学生研究创新计划""大学生社会实践计划"，形成强化实践和创新能力培养的新体系。实施大学生研究创新计划，主要是通过引导大学生参加科研方面的训练，锻炼学生的实际才干和协作精神，促进学生创新能力的培养；实施大学生社会实践计划，主要是引导大学生走出校园、走向社会，深入实际，了解情况，增强学生的实践能力，提高他们的全面素质，最终使大学生努力成长为"厚基础、宽知识、强能力、高素质、会创新"的现代人才。

四、以制度建设为保证,推进思想政治工作和素质教育法律化、制度化建设

高等教育承担着实施科教兴国战略,培养社会主义事业建设者和接班人的历史使命,必须在依法治国的方略下,实行依法治教。思想政治工作、素质教育是高校实现人才培养目标的根本途径,属于教育范畴,也必须依法治教。从一定意义上说,法律制度对于师生具有压力、动力、助力和约束力,一个好的有效的法律制度会以强制性和直接性把师生引向有"素质"的行为,它比空喊多少遍"加强和改进思想政治工作、推进素质教育"的口号有效得多。

《高等教育法》是高等教育的基本法。因此,高校加强和改进思想政治工作,全面推进素质教育必须以《高等教育法》为准绳,充分运用这一手段,把师生的教育、管理规范法规定的权益、职责和管理制度规范在学校各项规章制度上把思想政治工作、素质教育的内容和要求完全融于法规之中、道德之中、规章制度以及岗位职责之中,使自律与他律,内在约束与外在约束有机结合起来,使师生切实明确《高等教育法》《教师法》规定的权利和义务。对于高校的教师,要依法从教,自觉履行法律规定的义务,忠诚于人民的教育事业,切实提高自身的思想道德素质和综合素质,努力成为先进思想文化的传播者、先进科学技术和优秀精神产品的开拓者、学生健康成长的引路人。

对于高校学生,要依法求学,按照法律明确规定的义务,遵守纪律、法规,遵守学生行为规范和学校的各项管理制度,尊敬师长,刻苦学习,增强体质,树立科学的世界观、人生观、价值观,具有良好的思想品德、宽厚的基础、较强的能力和较高的素质。这是高校每一位教师、学生所必须积极履行的法律所规定的义务。高校的思想政治工作、素质教育应当与此结合起来,以此来要求、规范教师和学生,做到依法治教,使思想政治工作、德育工作、素质教育工作法律化、制度化。

总的来说,高校改进和加强思想政治工作,实施素质教育,机遇与挑战并存,机遇大于挑战,希望与困难同在,希望大于困难。因此,高等学校必须进一步增强责任感、使命感和紧迫感,勇于应对挑战而不是畏缩不前,善于抓住机遇而不是丧失机遇,敢于直面困难而不是畏难停滞。只要我们牢牢坚持以培养社会主义事业建设者和接班人为根本,积极主动适应形势发展的要求,深入仔细地研究国际国内的新形势、新变化、新情况、新问题、新要求,探索新形势下面向21世纪做好思想政治工作、实施素质教育的规律、特点和办法,我们

就一定能够把高校的思想政治工作、素质教育搞得更好,一定能够为科教兴国战略的实施、为社会主义事业的健康顺利发展培养合格的建设者和接班人。

第六章 新时代大学生思想政治教育队伍建设创新

现代社会是一个思想较为开放的社会,大学生的思想极易受到多方面的影响。若要在此背景下更好地完成思想政治建设工作,首先就要求思想政治工作者本身应该具备较高的综合素质,坚定的思想以及较强的业务素质。只有这样才能抵抗社会中各种不良思想的影响,才能为大学生树立一个良好的榜样,才能为大学生排解各种思想问题,提高思想政治工作效率。为此,高校思想政治工作者必须要不断地学习,提升自己的综合素质和业务能力,正确领会党和国家的相关政策方针,坚持正确的政治观念,努力学习各种先进思想政治理论,掌握科学的思想政治工作方法,充分利用现代科技技术,以便于开展更为全面的思想政治工作。

第一节 高校思想政治教育工作队伍的内涵

一、大学生思想政治教育队伍的构成

大学生思想政治工作队伍是由专职、兼职人员共同组成。专职人员主要来源于本校教师和干部,兼职人员主要通过组织动员一些教师和高年级大学生、研究生来担任。专兼结合的大学生思想政治教育队伍基本结构,是我国高校思想政治教育队伍建设的优良传统。

学校党政干部和共青团干部是大学生思想政治教育的领导者和管理队伍。高等学校实行党委领导下的校长负责制,党委统一领导大学生思想政治教育,对学生思想状况和思想政治教育工作状况进行分析,制订总体规划,进行全面部署和安排。校长对大学生德智体美劳全面发展负责,统筹思想政治教育与教学、科研、社会实践的关系,对思想政治教育工作进行检查评估。学校党政领

导干部包括专职从事和负责大学生思想政治教育的干部，也包括学校各级党政领导和各级职能部门干部。专职从事和负责大学生思想政治教育的干部包括学校分管大学生思想政治教育工作的党委副书记、学生工作部（处）从事大学生思想政治工作的干部、院（系）党委（总支）负责大学生思想政治教育的副书记和学校各级共青团干部。党政干部和共青团干部对大学生思想政治教育进行宏观上的规划、组织和协调，以保证大学生思想政治教育的正确方向。

高校思想政治理论课教师承担着对大学生进行系统的马克思主义理论教育的任务，是马克思主义理论和党的路线、方针、政策的宣讲者，社会主义意识形态和精神文明的传播者，要不断提高马克思主义理论素养，提高科研能力和教学水平，做坚定的马克思主义者，做教书育人的表率。高校哲学社会科学教师是学科的建设者和课程的实施者，是教学科研的组织者和管理者，也是校园文化的营造者和建设者，提高他们的素质对大学生的健康成长、对坚持和巩固马克思主义在意识形态领域指导地位，对建立具有中国特色、中国风格、中国气派的哲学社会科学体系至关重要。

辅导员和班主任是高等学校教师队伍的重要组成部分，是高等学校从事德育工作、开展大学生思想政治教育的骨干力量，也是大学生健康成长的指导者和引路人。加强辅导员和班主任队伍建设，是加强和改进大学生思想政治教育及维护高校稳定的重要组织保证和长效机制，对于全面贯彻党的教育方针、把大学生思想政治教育的各项任务落到实处，具有十分重要的意义。要从战略和全局的高度，充分认识新形势下加强辅导员和班主任队伍建设的特殊重要性和紧迫性。

广大教职员工都负有对大学生进行思想政治教育的重要责任。要制定并完善有关规定和政策，明确职责任务和考核办法，形成教书育人、管理育人、服务育人的良好氛围和工作格局。教师要提高师德和业务水平，爱岗敬业、教书育人、为人师表，以良好的思想政治素质和道德风范影响和教育学生。学校管理工作要体现育人导向，把严格日常管理与引导大学生遵纪守法、养成良好行为习惯结合起来。后勤服务人员要努力搞好后勤保障工作，为大学生办实事、办好事，使大学生在优质服务中受到感染和教育。

二、大学生思想政治教育队伍的特点

大学生思想政治教育队伍建设旨在加强和改进大学生思想政治教育，具有明确的目的性、较强的综合性、突出的专业性和深刻的实践性等特点。

（一）明确的目的性

作为承担大学生思想政治教育主要力量的大学生思想政治教育队伍，其队伍建设的主要目的就是要促进大学生思想政治水平的提高，培养德育为先、德智体美劳全面发展的中国特色社会主义事业的合格建设者和可靠接班人。大学生思想政治教育队伍建设紧紧围绕这一目的展开，只有通过队伍建设，才能切实提高队伍成员的素质、能力和工作效率，更有效地教育和影响大学生，解决部分大学生中存在的政治信仰迷茫、理想信念模糊、价值取向扭曲、诚信意识薄弱、社会责任感缺乏、艰苦奋斗精神淡化、团结协作观念较差、心理素质欠佳等问题，从而提升大学生的政治素养、思想水平和心理素质，促进大学生全面发展，为中国特色社会主义事业培养坚实的后备力量。

（二）较强的综合性

就大学生思想政治教育三支队伍，即学校党政干部和共青团干部、思想政治教育理论课教师和哲学社会科学课教师、辅导员和班主任来说，开展大学生思想政治教育工作，任何一支队伍单兵作战都是不科学的，不能达到思想政治教育的综合效果。因此，大学生思想政治教育队伍建设的综合性首先就是指三支主体队伍职能的综合性。在队伍建设的过程中，要充分考虑到各队伍的优势和不足，进行资源合理优化配置，促进三支队伍相互配合、相互作用，形成大学生思想政治教育的强大合力。此外，大学生思想政治教育队伍建设的综合性表现在队伍建设所依托学科理论的综合性上。队伍建设要在马克思主义指导下以思想政治教育为核心学科依托，但是仅仅掌握思想政治教育学科的理论是远远不能适应大学生思想政治教育的发展和需要的，这就要求综合其他相关学科，例如教育学、心理学、政治学、社会学、伦理学、管理学、组织行为学的相关理论，综合进行。

（三）突出的专业性

大学生思想政治教育队伍建设的专业性主要表现在队伍成员的政治素养和角色定位方面。一方面，队伍成员具有较高的政治素养。高校思想政治教育队伍承担着宣传马克思主义理论和党的路线、方针、政策，传播社会主义意识形态和精神文明，用马克思主义中国化的最新理论成果武装大学生、用优秀文化培育大学生的主要任务。这就要求他们必须具有坚定正确的政治方向，必须有坚定的理想信念。另一方面，队伍成员具有明确的角色定位。三支主体队伍中，学校党政干部和共青团干部是负责领导、组织、协调宏观把握工作的；思想政治理论课教师和哲学社会科学课教师是负责对基本理论、知识的传递和培养的，是一种显性教育；而辅导员和班主任主要负责日常的思想政治教育工作，在对学生活动的组织中、生活的关怀中、就业的指导中展开工作，产生一种潜移默化的影响。明确角色定位，才能明确工作职责范围，做到术业有专攻。

（四）深刻的实践性

实践的观点是马克思主义首要的和基本的观点，实践是认识的基础，是认识的来源，实践是检验认识正确与否的唯一标准。大学生思想政治教育队伍建设是在深刻的实践基础上进行的活动。首先，队伍建设来源于实践。正是由于大学生思想政治教育实践的不断发展，与之相适应才产生了大学生思想政治教育队伍建设。其次，队伍建设服务于实践。大学生思想政治教育队伍建设的直接目的就是更好地服务于大学生思想政治教育的实践，从而增强教育的实效性，切实提高大学生的思想政治水平。再次，队伍建设接受实践的检验。大学生思想政治教育队伍理论建设的成效如何，不是由队伍成员主观来评判的，最终还是要由思想政治教育的实践来检验。最后，大学生思想政治教育队伍活动本身就是一种实践。党政团干部的决策实施工作是实践，思想政治理论和哲学社会科学课教师的教学活动也是实践，而辅导员和班主任作为日常思想政治教育的骨干，经常与学生沟通交流，开展各类活动，他们的工作更是一种实践。

三、大学生思想政治教育队伍建设的基本内容

（一）思想建设

大学生思想政治教育队伍思想素质的水平影响大学生思想政治教育的实际效果。其思想建设的重点是坚持科学的指导思想，加强理论学习和社会实践，通过外部灌输和自我修养，提升思想水平。坚持以中国特色社会主义理论为指导，坚定中国特色社会主义制度自信、道路自信和理论自信，坚定社会主义办学方向，坚决拥护中国共产党的领导，坚持以人为本，在工作中做到"育人为本，德育为先"。

（二）组织建设

组织机构健全、配备人员充足、结构合理的队伍是做好工作的基础和前提。大学生思想政治教育队伍组织建设要按照专职为主、专兼结合、数量充足、相对稳定、合理流动、团结高效的原则，做好各类人员的选聘、培养和管理工作，对人才资源进行合理有效的配置，充分发挥党政干部和共青团干部的组织、协调和领导作用，保证大学生思想政治教育队伍后继有人，保持队伍的延续性。

（三）业务建设

业务素质是思想政治教育者有效开展思想政治教育工作的基本条件。这支

队伍是否具备精湛的业务能力，是高校思想政治教育能否有效开展的关键因素。业务建设主要是要加强对队伍成员的培养培训，采用脱产学习、岗位轮换、出国学习考察、挂职锻炼、参加社会实践活动等形式，切实提高队伍成员的实际水平和工作能力，提高他们的语言表达能力、处理危机能力、随机应变能力、教学科研能力等。

（四）作风建设

大学生思想政治教育队伍要坚持解放思想、实事求是、理论联系实际，本着贴近实际、贴近生活、贴近学生的原则，经过有组织的教育、培养、锻炼、管理和加强自身的修养，使整个大学生思想政治教育队伍在日常的工作、学习和生活中，形成正确的思想作风、积极向上的学风、扎实的工作作风和良好的生活作风。

（五）制度建设

制度建设是带有根本性、全局性、稳定性和长期性的问题，要制定和完善适应大学生思想政治教育队伍建设和发展的各项法律法规、方针政策和规章制度体系，全面规范和指导大学生思想政治教育队伍建设工作，使大学生思想政治教育队伍的选拔、培训、管理、激励和保障等建设工作有法可依、有章可循，形成长效机制，实现大学生思想政治教育队伍建设工作的制度化、规范化和科学化。

第二节 高校思想政治教育工作队伍建设的现状

近年来，党和国家高度重视大学生思想政治教育队伍建设工作，从队伍构成、定位、分工、政策保障及培养培训等方面探索创新队伍建设的新格局，推动了大学生思想政治教育队伍建设的稳步发展。

一、明确了队伍的构成、定位和分工

中央明确指出，学校党政干部和共青团干部，思想政治理论课和哲学社会科学课教师，辅导员和班主任是大学思想政治教育队伍的主体。还明确规定了三部分主体的具体分工：学校党政干部和共青团干部负责学生思想政治教育的组织、协调、实施；学校党委要统一领导大学生思想政治教育工作，经常分析大学生思想状况和思想政治教育工作状况，制定思想政治教育的总体规划，对学生思想政治教育工作进行全面部署和安排；校长要对大学生德智体美劳全面

发展负责，把思想政治教育与教学科研社会服务工作结合起来，同时部署、同时检查、同时评估；学校各部门要明确各自职责，密切协作，切实完成相应任务；学校基层党团组织要认真履行学生思想政治教育职责，把加强和改进大学生思想政治教育工作落到实处。这些规定使高校党政干部和共青团干部在大学生思想政治教育工作中的定位更加清晰、职责更加明确。

高等学校思想政治理论课教师是马克思主义理论和党的路线方针政策的宣讲者、社会主义意识形态和精神文明的传播者，要不断提高马克思主义理论素养，提高科研能力和教学水平，做坚定的马克思主义者，做教书育人的表率，做大学生健康成长的指导者和引路人。高等学校哲学社会科学课负有思想政治教育的重要职责，哲学社会科学课教师和思想政治理论课教师一起被纳入大学生思想政治教育队伍主体之中，要求他们根据学科和课程的内容、特点，负责对大学生进行思想理论教育、思想品德教育和人文素质教育。对思想政治理论课教师的定位，从20世纪80年代的"塑造学生思想灵魂的工程师，宣传科学共产主义的战士"发展为"党的理论、路线、方针、政策的宣讲者，大学生健康成长的指导者和引路人"，对其角色定位更加准确全面。目前，高校思想政治理论课教师队伍教师准入资格的高要求，如必须具有硕士学位、必须是共产党员等条件的要求，表明高校思想政治理论课教师队伍素质要求有越来越严格的趋势。而将哲学社会科学队伍纳入大学生思想政治教育主体，不仅扩大了队伍、充实了力量，也进一步提升了高校思想政治教育队伍的层次和水平。

辅导员和班主任是大学生思想政治教育队伍的主体，是大学生思想政治教育的骨干力量。辅导员的工作职责包含思想政治教育、道德品质培养、助学帮困、就业指导、校园稳定等八个方面，按照党委的部署有针对性地开展思想政治教育活动，班主任负有在思想、学习和生活等方面指导学生的职责。辅导员是高等学校教师队伍和管理队伍的重要组成部分，具有教师和干部的双重身份；辅导员是开展大学生思想政治教育的骨干力量，是大学生思想政治教育和管理工作的组织者、实施者和指导者；辅导员应该努力成为大学生的人生导师和健康成长的知心朋友。辅导员和班主任的角色定位，不仅适应了大学生全面发展的要求，也有利于提高辅导员和班主任的社会地位，树立良好的职业形象，增强其职业归属感和事业成就感。2017年8月31日，教育部发布了第32次部长办公会议修订通过的《普通高等学校辅导员队伍建设规定》，该规定从要求、职责、配备、选聘、发展、培训、管理及考核等方面，明确了高校辅导员队伍的建设标准，为高校辅导员队伍的建设提供了具体可执行的依据。

总之，大学生思想政治教育队伍的构成、定位和分工的明确，为队伍建设的科学化和有序化奠定了基础。

二、完善了队伍建设的政策保障

保持思想政治教育队伍的稳定和发展，需要明确政策、落实待遇。各高校要按师生比不低于1∶200的比例设置本、专科一线专职辅导员，每个系的每个年级设专职辅导员，每个班级都要配备一名兼职班主任。职称和待遇方面，除了继续完善思想政治教育队伍的专业职务系列外，还要将辅导员和班主任的岗位津贴等纳入学校内部分配体系统筹考虑，确保辅导员和班主任的实际收入与本校专任教师的平均收入水平相当。对辅导员实行"双重管理"，保证辅导员"双线晋升"，可按照助教、讲师、副教授、教授来评聘思想政治教育学科或其他相关学科的专业技术职务。辅导员作为后备干部，还可以被选拔、调派从事校内的管理工作或者被推荐至地方组织部门。辅导员的配备比例和辅导员的编制、职称评定、职务晋升、岗位津贴、办公条件、通信经费等方面要做更加细致的规定。

三、加强了队伍的培训

（一）对辅导员队伍的培训

2005年，教育部下发了《关于加强高等学校辅导员班主任队伍建设的意见》。提出要大力加强辅导员和班主任队伍的培养培训工作，切实为辅导员和班主任工作及其发展提供保障。2013年5月，教育部下发了《普通高等学校辅导员培训规划（2013—2017年）》，对辅导员培训工作做出了统筹安排。

（二）对思想政治理论课教师的培训

近年来，国家通过全员培训、骨干研修、在职攻读学位、国内考察、国外研修、以项目选人和选人给项目等多种途径进行思想政治理论课教师的培训，着力建设一支"让党放心、让学生满意"的高校思想政治理论课教师队伍。努力造就数百名政治坚定、理论功底扎实、善于联系实际、具有较高教学水平和科研能力的领军人物、中青年学术带头人；培养数千名思想政治理论素质高、业务精湛、具有发展潜力的教学一线骨干教师，以及数万名坚持正确方向、师德高尚、业务熟练、结构合理的专业化教师，为加强和改进大学生思想政治教育，培养德智体美劳全面发展的中国特色社会主义事业合格建设者和可靠接班人做出贡献。

第三节 加强高校思想政治教育工作队伍建设创新的策略

一、促进队伍建设的专业化和职业化

大学生思想政治教育队伍应由精干的专职人员和兼职人员组成,其中以专职人员为主、兼职人员为辅,构建合理的专兼队伍结构。正是由于党和政府坚持专兼结合的原则,才使得高校思想政治教育队伍不断发展壮大,结构不断优化,也才使得全员育人、全过程育人、全方位育人的工作思路在实际工作中得到贯彻落实。

在专兼结合的大学生思想政治教育队伍基本结构中,专职思想政治教育工作者是骨干力量。要实现思想政治教育工作的专业化和科学化,必须以专职人员为骨干,并且通过专业化和职业化建设,培养和造就一批思想政治教育的专家。专业化致力于队伍成员内在素质的提升,职业化立足于外在的资格认证和职业要求。思想政治教育队伍的专业化建设,有助于提高队伍整体素质,使其掌握相关的专业知识和工作能力,确保有充足的时间和精力进行本职工作,提高思想政治教育工作实效。职业化是专业化发展的动力和保障,职业化使其具备崇高的职业理想,掌握过硬的职业技能,树立良好的职业形象,提升社会认同。个人职业取得发展,能够使他们安心本职工作,有助于队伍稳定和健康发展。

我们可以采取以下措施促进大学生思想政治教育队伍建设的专业化和职业化。

(一)培养培训

其一,培训的内容主要包括对大学生思想政治教育队伍成员的思想政治素养的培训、思想政治教育专业理论知识的培训,以及社会学、心理学、教育学等相关专业知识的培训和相关能力素质的培训,重点是对队伍成员政治素养的培训。还应该进行对大学生思想政治教育队伍工作方式方法创新的培训,引导他们树立运用新方法的意识,培育他们合理采用新方法的技能。其二,培训的形式可以采取岗前培训、日常培训、专题培训、学历培训和骨干培训等形式,要突出学历培训和骨干培训。学历培训一般是指对已经从事工作的队伍人员进行统一规划和安排,选送他们去攻读硕士学位或者博士学位,学成归来再继续回到原岗位参加工作,培育思想政治教育方面的专家和学者。骨干培训是指为了保证队伍的稳定性,选择一些表现突出的骨干力量进行社会实践、挂职锻炼及国内外的各种培训，培育一批教育能手。其三，完善培训保障机制。要重视精品教材和课程建设，积极吸收国内外优秀研究成果和实践经验，逐步建立科学合理、绩效突出，以理论学习、技能训练和案例教学为重点的培训教材和课程体系；要继续建立健全思想政治教育队伍人才培养基地，保障大学生思想政治教育者定期系统培训的实现；建立对培训结果相应的考核制度，培训最终的目的是要提高队伍成员的素质，不能简单上课、开会就算结束，在培训结束以后要检验培训实际效果。可以把队伍成员的培训作为其评优评奖、待遇和职称变化的一个标准，以激发他们参加培训的自觉性和积极性。

（二）以辅导员队伍建设为重点

作为大学生思想政治教育队伍之一的辅导员队伍，是大学生思想政治教育的骨干力量，保证辅导员队伍建设的专业化和职业化，必将促进整个队伍专业化和职业化的发展，保持队伍稳定。其一，设立辅导员专业。促进大学生思想政治教育队伍建设的专业化，不仅要继续深化原有学科专业发展，而且要适应新的实践需求，创建辅导员专业，促进辅导员学科发展。教育部可以结合当前大学生思想政治教育工作的实际需要和辅导员队伍建设未来发展需求，将辅导员学科作为思想政治教育的一个分支学科，在原来思想政治教育专业二级学科的基础上，创建能培养具备高水平理论素养和实践能力的高校辅导员专业，进行统一的招生培养，为专业化的辅导员队伍建设提供坚实的后备力量。辅导员专业的设立，将更有针对性、实质性地提升辅导员队伍的专业化和职业化水平，为辅导员队伍工作的开展提供强大的专业学科支撑和组织保证。其二，做好合理分流。未来辅导员队伍如果不能做到合理分流，必将影响这支队伍工作的积极性和创造力，高校应建立多个职业发展渠道，允许不同的人有不同的发展方向，让专职辅导员看到自己的职业前景。一方面，培养一部分科研能力突出、具备敏锐科研思维能力的辅导员成为思想政治教育专家；鼓励一部分善于管理学生事务、善于疏解学生心理问题、能够创新性地开展大学生主题教育活动的辅导员，继续从事辅导员工作，把辅导员工作当作自己的终身职业来对待。另一方面，一部分具备行政管理能力的辅导员，可以推荐其在学校机关部门工作，发挥其行政管理能力。这样各展其能，让他们在工作中获得最大的积极性和成就感，就能更科学、更有效、更全面地引导辅导员的工作，有利于形成辅导员队伍的长效发展机制。总之，让辅导员这个角色成为人才成长和发展的平台，更让辅导员成为一种职业，促进整个队伍建设的稳定性。

二、促进队伍建设的制度化和规范化

（一）建立健全选聘机制

首先，扩大人数规模，按照国家相关文件的要求来配备思想政治教育人员。思想政治理论课专任教师要总体上按不低于师生1∶400的比例配备，专职辅导员和学生按1∶200甚至更高的比例来配备，保证每个院系、班级都有相应数量的专职辅导员。要以优厚的待遇和人文关怀为招聘条件，最大限度和最广范围地吸引有意愿者积极加入队伍中来。其次，规范选拔标准，按照政治强、业务精、纪律严、作风正的要求，坚持专兼结合的原则进行选拔。政治强是指队伍成员要具备的首要素质就是政治素质，必须有坚定的政治信念，拥护党的领导，这就要求队伍成员最好是中国共产党党员。业务精是指必须掌握开展思想政治教育工作的相关专业知识和能力素质，如语言表达能力、危机处理能力、应变能力等。纪律严是指大学生思想政治教育队伍要遵守严格的制度规范，有严明的工作纪律，以此来规范自身行为。作风正是要求队伍成员具有实事求是的作风、密切联系学生的作风、民主公正的作风，树立良好的形象。最后，完善选拔程序，包括笔试、面试、试用等环节。以辅导员的选拔为例，笔试的内容包括与大学生思想政治教育队伍相关知识的运用程度。面试主要是对应聘者的能力进行考查，测试他们职业能力、应对突发事件的能力、心理承受能力及语言表达能力。然后对拟录取者进行试用，根据其实际表现及学生反映进行综合评判，试用期间实行双向选择和淘汰机制。

（二）建立健全考核机制

由于大学生思想政治教育工作的复杂性和特殊性，学校必须制定出一套符合实际、行之有效的考核机制来进行考核。从考核主体来看，应该全面考虑多方面的因素。其主体包括学生、队伍成员自己、同事及上级部门，对队伍成员进行学生评议、个人自评、院系考核、职能部门考核和同级互评，然后综合所有考核人员意见，得出最后考核成绩。从考核内容来说，包括对队伍成员的素质考评，即考查他们的政治、思想、作风、道德等素质；能力考核，即实际分析问题和解决问题的能力，组织协调、教学及科研能力；工作绩效，即考核队伍成员的工作数量、出勤、学生实际思想水平情况等。从考核方法来说，首先，应该坚持定性与定量相结合的方法，根据队伍成员的实际工作特点，对其素质和能力方面进行定性考核、对工作业绩等进行定量考核，要尽量把考核标准量化转化为可以直接或者明确反映其工作业绩的具有可操作性的标准。其次，要坚持过程考核和结果考核相结合，结果考核主要考查队伍成员岗位职责完成情况和工作业绩，过程考核主要是看队伍成员平时的工作状态和表现，是一个动态的过程。最后，要将考核结果与奖惩相结合，对优秀的队伍成员进行表扬奖励，对于考核不合格的应予以批评、提醒，严重不合格者要考虑调离工作岗位或者解聘。

（三）建立健全动力机制

动力机制即激励机制，建立健全的激励机制能够有效提升队伍成员工作的积极性和主动性，营造公平和谐的工作环境。首先，要帮助大学生思想政治教育队伍成员认识和评价自身工作的价值，对所从事的工作产生认同感，能从工作上得到满足和成就，这是解决动力不足问题的关键。其次，要将物质激励与精神激励结合起来。物质激励就是要为大学生思想政治教育队伍成员提供良好的工作环境，提高工作水平和福利待遇，对超负荷的工作要给予补贴，对表现突出的人员进行物质嘉奖。精神激励要通过表彰，授予荣誉称号，提供培训、晋升机会，解决个人发展问题来进行，主要是对队伍成员尊重、成就和自我价值的满足。再次，坚持正激励和负激励并重，对表现优秀的人员要给予及时的奖励，对消极怠工、工作不佳的人员要进行警告，必要时进行一定的惩罚。这就需要健全淘汰机制，对于不能胜任工作的人员及违反纪律、犯错误的人员予以警告、记过、辞退等。最后，国家、学校要有适当的政策倾斜，为队伍建设提供一定的环境保障和制度支撑。相关部门要在教育资源、硬件设施和资金供给方面给予队伍建设大力支持和一定的政策倾斜。就辅导员队伍建设来说，要继续完善教育部人文社会科学研究项目、辅导员专项课题及高校哲学社会科学辅导员专项研究工作，设立辅导员科研基金、规范科研项目管理、完善科研条件保障机制等。

三、增进交流合作以实现主渠道和主阵地的有机统一

大学生思想政治教育包括思想政治理论教育和日常思想政治教育两个重要方面。思想政治教育理论课是大学生思想政治教育的主渠道，思想政治理论课教师是主要教育主体，而日常思想政治教育是大学生思想政治教育的主阵地。大学生日常思想政治工作主要通过师生交流、职业生涯规划指导、学术活动、社会实践活动、心理健康教育咨询、学生社团活动、党团活动、校园网络等教育形式和途径。日常思想政治教育主要是由党政干部和共青团干部、辅导员和班主任开展的思想政治教育活动，辅导员是日常思想政治教育主阵地上的基层指挥员。主渠道和主阵地是相互配合、相互补充的，两者有机统一于思想政治教育实践中。首先，思想政治教育理论课具有明确的教学目标、系统的教学内容

和完整的教学计划，日常思想政治教育可以按照大学生成长成才的规律安排教育内容，构建起完整的日常思想政治教育体系，在内容的选择上要围绕理论课讲授内容进行，实现双方在内容上的衔接。在工作的方式方法上，思想政治理论课教学在讲授和灌输的基础上，也要借鉴一些日常思想政治教育的形式，如利用网络教学、带领学生参加社会实践活动等，以激发学生兴趣，提高课堂教学质量。这都需要思想政治理论课教师与其他两支队伍尤其是辅导员队伍进行有效沟通和配合，形成思想政治教育的强大合力。其次，要为合力育人搭建平台，成立课题研究小组，共同组建课题研究团队。课题小组通过"实践—理论—实践"的良性循环模式，形成合力，提升大学生思想政治教育效果。最后，进行必要的岗位轮换，学校党政干部、共青团干部的工作不应仅仅停留在发通知、发文件、开会、考核这些层面上，必要时可以深入学生工作第一线，担任学生的兼职辅导员、班主任或者兼职学生党支部、团支部书记等。而优秀辅导员和班主任则可以兼职教授大学生思想政治理论课，同样，思想政治理论课和哲学社会科学课教师也可兼职做学生的班主任和辅导员。需要注意的是，大学生思想政治教育队伍相互配合，形成合力，要建立在明确队伍职责的基础上，并不是职能的混乱和无序。各主体队伍首先要明确自身职责，才能真正达到职能的互补与合作。

四、全面提高队伍素质

思想政治教育工作者素质，是指思想政治教育工作人员必须具备的思想、政治、品德、知识、能力、心理等各方面基本条件的总和。大学生思想政治教育队伍成员"都要坚持正确的政治方向，加强思想道德修养，增强社会责任感，成为大学生健康成长的指导者和引路人。在事关政治原则、政治立场和政治方向问题上不能与党中央保持一致的，不得从事大学生思想政治教育工作"。中宣部、教育部《关于进一步加强高等学校思想政治理论课教师队伍建设的意见》指出，思想政治理论课教师要坚持正确的政治方向、理论功底扎实、善于联系实际，成为一支政治坚定、业务精湛、师德高尚、结构合理的教师队伍。

高校学生思想政治教育工作者应该具备以下基本素质：政治素质，即在事关政治原则、政治立场和政治方向的问题上与党中央保持一致，具有较高的政治理论水平、政策水平和优良的政治品质；思想素质，即具有辩证唯物主义和历史唯物主义世界观、正确的人生观、优良的思想方法和工作作风；道德素质，即具有无私奉献精神、高度负责精神、民主平等精神、以身作则的品格，在道德人格心灵境界和情操等方面成为学生的楷模；法律素质，即具有现代的明确的法律意识和理性精神，了解掌握基本的法律常识，并能在工作和实践中依法办事；智能素质，即具有扎实系统的理论知识、文化知识和专业知识，以及运用于工作实际的各种技能和艺术；心理素质，即具有广泛的兴趣、优良的性格、真诚的情感和良好的自制力等；创新素质，主要包括竞争和创新意识、独立性和创造性思维、开拓和创新能力等。

第七章 新时代新媒体与高校思想政治教育整合研究

在新媒体环境下,互联网络正以前所未有的速度向社会的各个领域延伸,而高校校园已成为我国互联网用户最密集的区域之一,网络所传递的信息对大学生政治思想、情感、品质、心理的影响日益深远。这种影响是极其复杂的,既有积极的正面的影响,也有不可忽视的消极影响。相应地,网络的迅速发展既带来了大学生思想政治教育的新机遇,同时也给传统的思想政治教育方法及内容提出了严峻的新挑战。因此,我们要全面地分析新媒体环境对大学生思想政治教育的影响,积极探讨大学生思想政治教育的对策创新,抓住新媒体为大学生思想政治教育带来的机遇,积极应对它所带来的新挑战,努力提高大学生思想政治教育水平。

第一节 新媒体时代大学生思想政治教育概述

新媒体对经济社会发展和人们的日常生活产生广泛而深刻地影响,也给高校学生思想政治教育机制带来了机遇。这些机遇主要包括思想政治教育的时空维度、内容维度和效果维度三个方面的内容。新媒体蕴藏着无比的能量,使思想政治教育的方式与载体获得了提升和创新,为思想政治教育的发展提供了前所未有的机遇。准确把握新媒体时代给高校学生思想政治教育机制带来的机遇,进一步拓展高校学生思想政治教育的时空,丰富其内容,提升其效果,推动高校思想政治教育在新媒体时代的发展和繁荣,开拓高校思想政治工作的新局面。

一、新媒体环境下高校思想政治教育面临的机遇

(一) 新媒体环境下高校思想政治教育的时空维度

1. 新媒体打破了高校思想政治教育的时间限制

新媒体技术的普遍应用不断打破时间与空间的限制，使得人与人之间的交流沟通更加便捷化。新媒体环境下高校学生思想政治教育机制的运行不仅仅局限于课堂教学时间，很多高校的思想政治理论课教师或者学生辅导员在学生课余时间、假期时间以及其他空闲时间利用微信、微博和QQ等信息交流工具和平台发布或转载与思想政治教育相关的内容。他们也可以通过新媒体技术手段随时与学生交流沟通，了解和把握高校学生的生活、学习和思想状况，更有针对性地进行思想政治教育。高校学生也可以通过新媒体技术手段随时搜索与思想政治教育相关的内容。就思想政治教育的时间维度而言，新媒体环境为高校学生思想政治教育机制提供了"全天候"的机遇。

2. 新媒体打破了思想政治教育的空间限制

网络是开放的、自由的，它不再有地域上的界限。无限延伸的网络，使人们足不出户就可以尽览"世界风云"，世界变成了一个小小的"地球村"，真可谓"一网打尽天下"。网络结构的无边无际，极大地拓展了思想政治教育的空间，提高了宣传教育的覆盖面，使受众人数从传统的有限变成了无限，为我们在网络社会传播真理，宣传马克思列宁主义、毛泽东思想、邓小平理论、"三个代表"重要思想、科学发展观、习近平新时代中国特色社会主义思想以及党的各项方针政策创造了前所未有的条件。人们不必按传统方式在规定的时间到规定的场所接受教育，"聆听"教诲，而是可以在任何一个设有终端的地方随时获取所需要的知识，迅速了解国内外已经发生或正在发生的政治、经济、科技、教育、军事、社会生活等各个方面的信息。

交互式远程教育为思想政治教育提供了广泛的传播途径。学校"围墙"的概念将逐步消失，不同地点的学校学生，既可通过网络共享思想政治教育资源，又可在网上自由地向老师咨询问题，与其他同学开展思想交流和讨论。同时，网络使家庭与学校对学生的思想教育连为一体。通过网络，家长可以随时查询子女在学校的思想表现、学习生活等状况，学校也可随时与学生家长保持联系，做到家校结合，共同做好学生的思想政治工作。因此，交互式的远程教育使得原有相对狭小的教育空间变成了全社会的开放性、立体式教育空间，从而使思想政治教育的范围更加广阔。在高校，过去传统的大学思想政治教育往往局限于课堂教育，它对学生的影响占主导部分。网络的出现和发展，把学生带入一

个更为广阔的天地,通过网络,学生了解到社会乃至世界上的各种社会现象、思想观点、文化思潮、学术流派,使得思想政治教育的社会化程度得以大大提高。过去,我们常常说,半年学校思想教育成果,一个假期就被冲垮了。网络拆掉了学校与社会之间的"围墙",学生不再生活在"象牙塔"中。只要我们加以正确引导,思想政治教育的效果将更加坚实。因此,网络思想政治教育工作是大有可为的。

3. 新媒体促进了高校思想政治教育的互动

在网络交往中,交往对象的社会角色往往都是虚拟的,交往对象之间不存在什么心理上的负担。角色虚拟使交往者能够保持相对平等的心态,无直接利害关系冲突的交往位置,有利于交流的双方建立宽松的人际关系。因此,在思想感情的传达上,交往者可以直抒胸臆,容易达到思想上的共鸣,并触及交流的较深层次。同时,网络上的角色也是可以变换的,在浏览网页、选择以及吸收各种思想政治教育信息时,参与者是以受教育者的身份出现的,而在参与网络上的各种信息的制作、发布等网络实践活动中,交流者将自己的思想、观点、看法以及信息传播出去,参与者就又成为教育者。因此,依托以网络为主的新媒体在实施思想政治教育时,教育者与受教育者双方都能较好地发挥其主体性。这样便十分有利于教育的互动。

4. 新媒体促进了高校思想政治教育工作的现代化

网络等新媒体的快速发展,促使思想政治教育在内容、形式、方式方法、手段等诸多方面发生了很大的变化。网络等新媒体所具有的开放性和民主性等特点,要求网上思想政治教育既要坚持网上宣传的主旋律,又要研究宣传形式的多样化问题,以适应网上思想政治教育的需要,改进方式方法,努力增强说服力、影响力和战斗力。从自上而下的单向灌输和被动接受,转变为双向、多向的直接交流的互动;从单调的指示、命令、说教,转变为图文并茂、多媒体并用、生动活泼的思想和情感的交流;从工作周期较长、效果反馈较慢,转变为跨越时空障碍,即时性较强,周期短,见效快。一篇有说服力的好文章,在几分钟内可以得到网民的认可,并很快在网民中传播开来;相反,一句不得体的话,立刻就会遭到网民的攻击。随着网络等新媒体的广泛应用,思想政治工作的科技含量、文化含量以及管理含量都明显增强,思想政治教育工作者的现代意识也得到了相应的提高。

(二)新媒体环境下高校思想政治教育的内容维度

1. 新媒体丰富了高校思想政治教育的机制

新媒体环境在更大范围和更高层次上丰富了高校学生思想政治教育机制的

内容。新媒体环境下高校学生思想政治教育工作者通过新媒体技术手段与高校学生更加便捷地交流，了解高校学生的真实需要，适时调整思想政治教育的内容，更有针对性地开展思想政治教育；高校思想政治理论课教师运用新媒体技术手段收集讲课资料，进一步丰富课堂教学内容，并通过新媒体技术手段更加生动、直观地展示与讲课内容相关的典型案例，增强思想政治理论课的吸引力，激发高校学生的学习兴趣。高校学生也可以运用新媒体技术手段获取更多与思想政治教育相关的知识信息、具有一定影响力的新观点和新思想以及著名高校的网络视频公开课等。

新媒体环境下高校学生思想政治教育机制还要关注我国现实社会和网络社会的发展变化的具体实际，做好高校学生网络舆论宣传与引导工作和网络意识形态工作等。通过新媒体技术手段更加系统、生动地向高校学生积极宣传我国在社会各领域所取得的突出成就，教育引导高校学生明确自身所承担的历史责任，为全国各族人民"中国梦"的实现而不懈奋斗；在网络社会中要正确规范自身的言谈举止，增强网络法治意识，提高明辨是非的能力，坚决同网络社会中错误的思想观点作斗争，积极维护清朗的网络空间。这也是新媒体时代赋予高校学生思想政治教育机制的新内容与新使命。

2. 新媒体拓展了高校思想政治教育的形式

长期以来，高校开展大学生思想政治教育的基本形式是以课堂教学为主，辅之以座谈、讨论、谈心、社会实践等，这在时空上存在着很大的局限性与限制性。在新媒体环境下，思想政治教育可以不受以往的那些局限性和限制性，而是突破了这些不足，通过专门的网络资源，如网站和网页、视频或信息报道等链接到互联网上，这样，教育者就可以方便快捷地帮助大学生上网浏览、阅读大量的信息。为了帮助大学生形成正确的思想意识，可以在网上尽量多地发布正面信息，感染、鼓励大学生，进而达到引导的目的。通过网络还能便捷地交流，及时掌握大学生的思想状况，便于调查和统计。信息的集成性、双向性、可选择性和便捷性是网络所特有的，高校思想政治教育工作与之相结合，就为大学生的思想政治教育提供了一个极具特色的环境。手机的及时快捷也为教育提供了更多的形式和方法，从而让传统的教育形式变得更为多样化、更有合理性、更具快捷性。因此，借助新媒体技术，必将有力地丰富大学生思想政治教育的形式，增强大学生思想政治教育的实效性。

3. 新媒体丰富了高校思想政治教育的内容

以网络为代表的新媒体是当代大学生思想政治教育的一种新的载体形式，丰富了思想政治教育的内容，拓宽了思想政治教育的途径，使传统的大学生思想政治教育内容的定义发生了改变。首先，网络是信息量大、覆盖面广的新媒体，既使思想政治教育的内容更丰富多彩，也使教育者和被教育者都有了很好的选择性。通过一根网线、一个电脑终端，就能达到不出门而知天下事的理想效果，更能通过形象的、直观的、生动的动态信息调动并激发学生的好奇心和强烈的求知欲，达到更好的信息收集、传达和吸收的效果。其次，教育者也是因特网、手机、多媒体技术等的受益者，教育者可以根据自己的不同需求，通过新媒体来检索大量信息，从而利用相关手机或电脑软件对检索到的信息进行快速分析和再利用，使教学工作高效开展。思想政治教育网站能够提供全新的、更具有针对性的关于大学生思想政治教育方面的信息，对思想政治教育者和受教育者均具有十分强烈的吸引力，不论在内容上，还是在形式上，新媒体都能使传统的思想政治教育内容更加丰富。

4. 新媒体丰富了高校思想政治教育的资源

网络上汇集了人类文明的精华，内容广泛而又丰富，并且图文并茂，网络受众可以根据自己的兴趣和需要有选择地尽情浏览，从容地吸纳和传播。人们可以坐在"网"前周游世界，"进入"图书馆、博物馆查找资料、搜索信息、阅读报刊。通过网络可以随时地了解国内外已经发生或正在发生的政治、经济、科技、教育、军事、文化、娱乐等各个方面的信息。网络的发展，为人们拓宽视野，更好地了解世界，在世界范围内吸纳优秀的文化遗产，以宽广的眼界看待中国和世界的发展，提供了极大的便利，为人们自觉学习新知识，培养科学的思维方式，提高自身素质，提供了更大的空间，从而有利于人们思想品德的形成发展。可见，网络等新媒体的发展使思想政治教育的资源更加丰富。

5. 新媒体拓展了高校思想政治教育的方式

传统的思想教育，大多采用读报纸、做报告、课堂讲课等形式，思想政治教育者要花大量的时间、人力、精力去查找资料、撰写讲稿，受教育者则是被动地在一个封闭的空间接受"灌输"。网络等新媒体的运用及普及，大大提高了思想政治教育信息的传播效率。网络等新媒体传播信息容量大、范畴广、速度快、功能多、浏览方便，是传统媒体无法比拟的，便于思想政治教育工作者获取从事思想调查和分析所需的数据、资料，便于形成整合研究，形成教育合力。多媒体技术使网民的多种感官同时感知学习的效果，明显优于单一感官感知的学习效果。特别是虚拟现实技术的应用，为网民提供了色彩艳丽的图片、悦耳的音响、活泼的三维动画及其他多媒体仿真画面，使人犹如身临其境，其效果是传统思想教育方法所无法比拟的。因此，思想政治教育工作者如果能很好地利用这些现代科技成果和先进传播手段，必将促进观念的转变、载体的更新、方法的改进，从而大大提高工作效率。

（三）新媒体环境下高校思想政治教育的效果维度

1. 新媒体丰富了高校思想政治教育的教学模式

新媒体环境下高校学生思想政治教育机制改变了过去单纯以课堂教学为主、以第二课堂和社会实践为辅的高校学生思想政治教育模式，其更加关注高校学生的个性需要，充分尊重高校学生的独立性和自主性，注重运用新媒体技术，为思想政治教育工作者和高校学生建立更加民主、自由、平等的沟通机制。高校思想政治教育工作者通过这种沟通机制与高校学生进行有效的沟通交流，及时掌握高校学生的思想变化和心理健康状况，发现和解决高校学生的心理问题，消除高校学生群体中存在的不稳定因素，提升思想政治工作的实效性，建设和谐文明校园。

新媒体技术为高校思想政治教育机制创造了新的传播载体，改变了传统的"一张嘴和一支笔"单调乏味的思想政治理论课教学方式。新媒体环境下高校学生视野开阔、思维活跃，乐于接受新鲜事物，对新媒体技术充满兴趣并能够灵活运用新媒体技术进行沟通交流，处理学习和生活中遇到的问题。新媒体环境下高校思想政治理论课教师综合运用图片、视频和动漫等高校学生喜闻乐见的方式全方位展现思想政治教育的丰富内容，满足高校学生多方面的需要，切实增强高校思想政治理论课的吸引力和感染力。

2. 新媒体提高了高校思想政治教育的效率

传统的媒体信息传递的速度较慢，思想政治教育的内容不能及时有效地传送给受教育者，导致教育的效率不高。而新媒体比如网络、手机短信、手机网络等形式在信息传播方面就显得十分迅速，使用者可以在任何时间，甚至任何地点内接受、浏览以及查看任何有益的信息以及关于思想政治教育的信息，而教育者同样可以以此方式及时地把思想政治教育的内容传送到每一位受教育者的手中。例如可以把大学生思想政治教育理论课的课件、讲义、案例分析、讨论题等发布到校园网上、班级QQ群里，让教师与学生们展开讨论，从而使思想政治教育课程的思想、内容从课堂上延伸到网络内，从课内延伸到课外，调动学生学习思想政治理论的积极性，增强教学效果。此外，大学生思想政治教育的专门网站还能够实现信息内容在组织上的超文本链接功能，在阅读电子化的理论著作中，任何一个概念、一个事件、一个人物、一部著作等都可以通过超文本链接而及时找到与之相对的非常详细的资料，供学生参考，满足学生在学习过程中查阅资料的需要。这不仅极大地提高了大学生思想政治教育理论学习的效率，而且还增强了思想政治教育理论学习的全面性、综合性以及现代性。

3. 新媒体提高了高校思想政治教育的实效

因特网使地球上任何一个地方的人们可同时在网络等新媒体应用终端上"面对面"地交流，每个人既是信息的传播者，又是信息的接收者。这种交互式沟通，可吸引人们由传统的被动式接受"灌输"教育变为主动参与思想交流，在思想碰撞的火花中选择接受正确的思想观点。在网络世界里，教育者与被教育者是平等的。同时，由于网络的匿名性和隐秘性，大多数人在网上流露的思想往往是最真实的，特别是一些受到普遍关注的社会热点、难点问题，网民们都会在网上发表各自的观点、意见，进行交流、讨论，这些都是网民真实思想的流露。通过网络等新媒体，教育者更能够真实地了解人们的思想情绪和他们所关心的热点问题，通过收集、整理、分析，找出对策并进行有针对性的解答和引导，从而实现思想政治教育由传统的单向传播向双向交流拓展，大大提高教育的实际传播效果。因此，依托网络等新媒体开展思想政治教育具有更强的针对性。

4. 新媒体提高了高校思想政治教育的时效

网络时效性的优势，是信息网络的重要特征。信息高速公路所架设的四通八达的方便快捷的网络，使舆论信息、思想教育信息与其他网络信息一样，通过网络能在瞬间生成、瞬间传播，具有实时互动，高度共享，多路传递，随时随地获取和传播的特性。网络信息的迅速传播，使人类确实感到了"天涯若比邻"。只要在鼠标上轻轻一点，世界另一端的信息，就立刻以每秒绕地球七圈半的速度，通过光纤、电缆或卫星显现在你面前。在因特网上"即时新闻"已成现实，并且正以小时乃至分钟为周期更新信息。人们通过网络，可以随时了解世界各地正在发生的政治、经济、文化等各方面的大事。可见，借助网络迅速、准确的传播方式，有利于及时传播健康、科学、文明、正确的思想教育信息，提高思想政治教育的时效。因此，一方面，我们可以通过网络等新媒体及时了解舆论信息，把握广大网民思想舆论动态；另一方面，还可以利用新媒体开设网络思想舆论阵地，进行广泛、及时的宣传教育，提高思想政治教育的时效，扩大思想政治教育的影响力。

5. 新媒体提升了高校思想政治教育的吸引力

以网络为代表的新媒体是一种极具感染力的信息传播工具，它将文本、图画、图形、声音等信息集成于一体，可在屏幕上创造一种轻松、愉悦的受教育情境，使受众在图文并茂、声情融汇的语境中感知教育信息，从而达到"随风潜入夜，润物细无声"的效果，其影响力度远远大于过去任何一种曾经使用过的传播手段。运用虚拟现实技术，可通过计算机创造一种"真实"的教育环境。当受教育者戴上带有微电视屏幕的头盔和数字手套时，三维的图像、虚拟的声音和触觉的体验可让受众进入一种虚拟世界，产生身临其境的感觉，从而使思想政治教育更具感染力。人们拥有一台联网电脑、一部手机，便可尽情地听、说、读、写、看，既可方便地获取大量信息，又可以与外界自由地进行思想交流，从而极大地激发网民的求知欲和想象力，最大限度地调动网民获取信息的主体性、自主性和参与性。因此，充分利用网络的这些特点于思想政治教育活动之中，使其手段、方法多种多样，生动活泼，将会大大提高思想政治教育的辐射力、吸引力和感染力。

从新媒体信息容量大、资源丰富、传播迅速、交互性强、覆盖面广、形式多元等优势来看，新媒体为促进思想政治教育实现内在效果提供了机遇。这种机遇主要反映在：新媒体丰富的共享资源，为高校思想政治教育工作者开展工作提供了充足的资源；新媒体的快捷性，为高校思想教育工作者大规模地、主动地、快速地传播正确的思想、理论和政策提供了方便，避免了信息传递过程中的衰减和失真；新媒体主体的平等性，促进大学生主动参与对话交流，实现了教育者与学生双方的随时互动交流，使教育者和学生之间的互动更广泛、更深入；新媒体传输的超媒体性，扩大了思想政治教育的覆盖面，将思想政治教育的课堂延伸到学生学习、生活的各个场所，促进了思想政治教育的社会化，使思想政治教育的实效性得到了大大增强。

二、新媒体环境下高校思想政治教育面临的挑战

在新媒体飞速发展的崭新时代，高校学生思想政治教育面临的机遇与挑战并重，新媒体在给高校思想政治教育机制带来了全新的发展机遇的同时，也给其带来了诸多挑战。就新媒体环境下高校学生思想政治教育机制的构成要素而言，新媒体环境主要给主体要素、媒介要素和环境要素都带来了挑战。大学生思想政治教育工作是一项高度复杂的系统性工作，其中的任何一个环节如果发生大的改变，都必然会引发整个系统的协调性问题。在我们享受巨大力量和方便快捷的同时，也引发了诸多社会问题。要准确把握并积极应对新媒体环境给高校学生思想政治教育机制带来的挑战，推动新媒体环境下高校学生思想政治教育机制的良性运行，实现思想政治教育的目标。

（一）新媒体给主体要素带来的挑战

1. 教育主体对新媒体技术所带来的积极影响认识不深

新媒体技术的迅猛发展使得信息的传播速度更快、受众面更广，人们可以更加便捷地从互联网中获取信息，与他人进行信息交流，实现信息共享。在新媒体环境下，高校学生运用新媒体技术从互联网中获取更多的信息资源，但是部分思想政治教育工作者在课堂教学和日常工作中使用的教育教学资料陈旧，学生已经掌握了这些教育资料，甚至有的学生掌握的资料远远超过思想政治教育工作者；有的学生在日常的生活和学习中使用一些思想政治教育工作者所不了解的网络词汇来表达自己的观点。这就导致高校思想政治教育机制的主体要素逐渐丧失在信息资源上的优势。同时，高校学生根据自身需要从互联网上获取与思想政治教育相关的信息，并结合自己的独立思考做出筛选，并非被动地接受高校思想教育工作者传达的信息，这也使得高校思想政治教育机制的主体要素的权威受到挑战。

还有一些高校学生思想政治教育的主体要素没有适应新媒体环境，没有树立互联网思维，不能积极融入思想政治教育的新环境；他们在日常工作中不能根据时代的变化和高校学生的实际需要有效调整教育教学内容，创新教育方法，而是仍然固守传统的、落后的教育教学模式等。这对高校学生思想政治教育主体要素的教育教学观念和工作方式提出了挑战。还有部分高校思想政治教育工作者使用新媒体技术手段的能力以及信息素养还有待进一步的提高，他们对待新媒体技术发展的态度消极被动，只是片面地看到了新媒体技术的弊端，而没有正确地认识新媒体技术在高校学生思想政治教育机制中的重要作用。这也使得高校学生思想政治教育的主体要素学习和运用新媒体技术的能力受到挑战。

2. 新媒体容易引发大学生人际信任危机及人格障碍

手机微信、短信、互联网、移动电视、数字广播等新媒体形式都带有很强的互动性与虚拟性，在新媒体的平台上，大学生们以"隐姓埋名"的方式进行交流，角色的虚拟性与交流的间接性使他们卸下责任感的负担，因而他们的言论也就无所禁忌，也无须为自己言论的真实性负责。虚拟世界的这种人际信任危机可能直接导致大学生在现实生活中的人际交往偏差，忽视自身真诚性，对他人真诚性产生怀疑，从而阻滞其社会人际关系的良性发展。最后，一旦大学生在新媒体平台上的异于现实的表现得到固化，虚拟人格与现实人格频频更替，就可能引致心理危机，甚至引发双重或多重人格障碍。

3. 大学生思想政治教育者的媒体素养不高

新媒体是大学校园的信息化平台，大学生思想政治教育者不仅应对其熟悉掌握，还需懂得如何创新运用，因为这将直接关系到大学生在接受思想政治教育过程中，对新媒体的了解、使用和发展。新媒体环境下的大学生对新生事物往往有着强烈的好奇心和天然的认同感，这使他们成为新媒体首批接收者、使用者及推广者，而思想政治教育者则相对处于信息天平的另一端，在过去较封闭的条件下，他们活动的范围有限，视野、思维难免局限于比较狭隘的时空。就当前的情况而言，他们对新鲜事物的敏锐性不够，缺乏新媒体技术意识，网络技术水平不足，观念更新略滞后于学生发展的需要，甚至部分教师对网络等的熟悉程度还不如学生。因此，高校迫切需要努力建设一支思想水平高、网络业务水平强、熟悉学生特点的网络教育者专业队伍。换言之，新媒体环境对思想政治教育者的媒体素养提出了全新要求，提高新媒体素养将是提升大学生思想政治教育水平的关键要义。

4. 新媒体会影响大学生的价值选择和判断

处于生理和心理成熟期的大学生，自由地参与到无中心状态的交流之中，成为话语主体并作为信息方式中的主体。新媒体的迅猛发展，使得信息传播的路径和形态发生了根本性的变化，出现了"去中心化"的显著特点。无法回避的现实问题是，出于商业利益考虑的网络媒体为了追求"眼球经济"，暴露出"经济人"的逐利本性，严重败坏职业形象、背弃社会责任、突破道德底线。同时，境内外反动势力也不失时机地借助新媒体载体，到处散布谣言、颠倒是非、混淆视听、鼓吹西化，企图达到攻击政府、煽动暴乱、颠覆我国政权的不可告人的目的，这些都严重影响着青年大学生的价值选择和判断。作为年轻人，青年大学生总是喜欢新鲜事物，追求时尚和刺激，但是他们分辨是非、真假和评判善恶、美丑的正确认知和分辨能力还不强，因而容易将上述人为制造的误导视为标准和乐趣而盲目追随，这就给高校学生思想教育工作制造了难题、提出了考验。

5. 新媒体削弱思想教育工作者的主导性话语权

新媒体的"平民化"与"草根性"特点，注定了其使用者具有"反权威性"的心理。这不仅是因为人人都可以通过新媒体手段轻而易举地获取相应的信息，而且是因为青年大学生更趋向于相信自己的独立判断，他们的思想活动和思维模式不再拘泥于传统，常常通过新媒体来表达自己的想法与观点。同时，在新媒体环境下，大学生们以娱乐化和碎片化的阅读方式，解读各种复杂而深刻的社会问题，传统教育所强调的思想深刻性、逻辑条理性、内容全面性则被边缘化。受教育者从习惯性"问老师"，转变成习惯性"搜百度"；从对教师传播的"主流价值观"的深信不疑，转变成"将信将疑"甚至信仰危机；从对学术权威的敬畏与仰视，转变成无所顾忌乃至不屑一顾。在这种情况下，思想政治教育工作者依靠不对称性信息途径获得专业知识、社会阅历、实践经验等比较优势的主导性话语权正在逐渐被削弱。

（二）新媒体给媒介要素带来的挑战

1. 新媒体对高校思想政治教育的方法及内容带来了挑战

新媒体给高校学生思想政治教育机制的媒介要素带来挑战主要是给高校思想政治教育的教育方法和教育内容方面带来的挑战。传统媒体时代高校学生思想政治教育主要通过思想政治理论课教学、主题班会、私下谈话以及第二课堂等方法教育、引导高校学生，方法较为单一、缺乏新鲜感，很难吸引高校学生的兴趣和注意力，所以高校学生思想政治教育的效果并不明显。新媒体环境下高校学生充满活力，富有朝气，思维活跃，乐于接受新鲜事物，能够灵活使用新媒体技术手段获取信息，进行网络学习和沟通交流，充分有效发挥新媒体技术手段在高校学生思想政治教育中的优势。

新媒体环境在给高校学生思想政治教育的教育方法带来挑战的同时，也给高校学生思想政治教育的内容带来挑战。传统思想政治教育内容主要是以思想政治理论课教材为主，进行马克思主义理论教育、意识形态教育以及道德和法律基础知识教育等。而新媒体环境下高校学生思想政治教育在讲授传统思想政治教育内容的基础上，还要关注新媒体环境对高校学生的思想和行为产生的双重影响，教育引导高校学生树立正确的网络法治观和网络道德观等，在现实社会和网络社会中都要遵守相关的道德和法律，学会运用互联网思维解决学习和生活中遇到的问题，这也为高校学生思想政治教育机制增添了新内容，提出了新的时代命题。

2. 不良的传媒带来了消极的影响

市场化进程中的不良倾向弱化了大学生思想政治教育的影响，而这种影响正被互联网日益放大。在我国推进经济市场化的进程中，部分传媒媒介和个人为了一己私利，为了争取更多受众，大多采用迎合受众的方式推销自己的观念。难于全方位有效监管的互联网上充斥着庸俗、猎奇和虚假内容的信息，这些都严重影响了大学生受众的身心健康，削弱了大学生思想政治教育的影响力。

3. 现有的高校思想政治教育显示出了滞后性

大学生思想政治教育面临着崭新的新媒体技术背景，新媒体信息技术的迅猛发展，模糊了真实社会与虚拟社会的界线，过于直接的认知方式从根本上改变了人们的认知体系，大学生的独立性认知在不知不觉中被剥夺，他们被动地接受了"虚拟时空"形式的存在，并渐渐失去理性和自我。然而，面对新媒体的这种挑战，现有大学生思想政治教育的发展速度却远远跟不上新媒体技术发展的步伐，由于相关理论实践研究缺乏前瞻性，大学生思想政治教育的教育环境、教育制度、教育理念、教育形式等维度已严重滞后，从而导致当代高校现有的思想政治教育形式受到严峻的挑战。

4. 新媒体携带的外来思想造成新的冲击

外来文化与日俱增对大学生思想政治教育造成了强烈的冲击。新媒体本身是在全球化的背景下形成的，其具有超越地域、民族、语言、国籍的障碍，更易为受众接受的特点。美国作为国际互联网的发源地，是掌握互联网核心技术最多的国家。有学者指出，"进入交互网络，从某种意义上讲，就是进入了美国文化的万花筒。"这种文化融合对促进民族进步有着积极影响的同时，其负面作用也是显而易见的：国际上处于支配地位的国家不会忽视意识形态领域里的"殖民主义"，某些外国传媒刻意夸大我国的阴暗面，甚至无中生有，造谣惑众。因此，必须采取积极有效的措施保护中华民族文化，确保我国的文化安全，同时针对信息社会的特点改进思想政治教育工作，特别是要加强对年轻的"网上一代"的教育。

（三）新媒体给环境要素带来的挑战

1. 新媒体的网络环境给大学生思想政治教育带来负面影响

新媒体深刻改变着高校学生思想政治教育机制的环境，也使得其环境更加复杂化。改革开放40年来，我国在经济社会各领域均取得了举世瞩目的成就，人民群众的生活水平日益提高，"我国社会主要矛盾已经转化为人民日益增长的美好生活需要和不平衡、不充分的发展之间的矛盾"，人民群众利益诉求的范围不断扩大、层次不断提高，人们的价值观也更加多元化。现实环境的这些变化也会在不同程度上影响高校学生的思想和行为，这会给高校学生思想政治教育机制优化提出新的时代要求，也带来新挑战。

新媒体环境下高校学生思想政治教育机制不仅要关注现实环境的深刻变化，更要积极应对来自网络环境的挑战。高校学生能够灵活运用新媒体技术进行网络信息交流、网络消费和网络学习等，潜移默化地接受网络社会环境的影响。在网络社会环境中，一些不健康的、虚假的网络信息恶意传播，网络诈骗、网络个人信息泄露和网络犯罪等现象不断出现，严重影响了网络社会生态环境，也或多或少地对高校学生产生负面影响，给高校学生思想政治教育带来了更大的挑战。

2. 新媒体的网络传播给大学生思想政治教育带来负面影响

大学生思想政治教育的内容包括世界观、人生观、价值观以及政治、道德与法制观念的教育。中共中央、国务院《关于进一步加强和改进大学生思想政治教育的意见》提出，当前大学生思想政治教育的主要任务之一便是"以理想信念教育为核心，深入进行树立正确的世界观、人生观和价值观教育"。而新媒体环境下，校园信息传播失去了时间、空间的屏障，信息使用发布的自由化程度加深，这便给了诸多腐朽落后的非主流思想文化以可乘之机，这些思想文化妄图扭曲大学生三观，给当前大学生思想政治教育带来了许多严峻的新挑战。透过新媒体传播的消极信息复杂多变，可控性较弱，极易对大学生的道德认知及理想观念形成渗透，并由此令高校思想政治教育的许多前期工作劳而无功。从"火星文"到"脑残体"，从"非主流"到"恶搞"风潮，消极的新媒体信息一次又一次地冲击着大学生的道德与心灵，一次又一次地将大学生推向虚拟王国的狂欢毒池。新媒体信息传播的负面影响的滋生，不仅提升了思想政治教育导引工作的难度，同时也抵消了传统思想政治教育的部分效果，从而给高校思想政治教育者鸣响了警笛。

3. 新媒体的海量信息给大学生思想政治教育造成选择干扰

信息量剧增和信息污染对大学生思想政治教育尤其是正确的价值选择产生干扰。新媒体使海量的信息涌入受众的视野，这种日益膨胀的信息开阔了人们的眼界，同时也为信息的分辨和筛选带来了难度。信息量太多太滥，往往会让人无所适从；信息控制和过滤技术相对滞后，使得许多腐朽的思想如暴力、色情等混杂在正常的信息流中。这些信息污染严重影响了有用信息的清晰度和效用度，不利于大学生对知识的吸收。尤其是对思想觉悟和识别能力、抵抗能力都比较低的大学生来说，这种信息污染更为危险，对大学生思想政治教育形成了不容忽视的挑战。

新媒体的传播方式带有虚拟特征，新媒体的使用者具有较强的隐匿性，造成现实生活世界和网络虚拟世界截然不同的精神体验。人们在现实世界里许多不敢说的话、不能做的事都很容易在虚拟世界找到发泄的场所。在如同大染缸的虚拟世界里汇集了无以计数的良莠不齐的海量信息，受网络群体非理性的刺激和冒险猎奇心理的影响，人们更容易摆脱社会道德约束，突破社会伦理底线。特别是青年大学生正处于心理从不成熟到趋于成熟、人格从未定型到趋向定型的关键时期，他们的世界观、人生观、价值观更容易被具有情绪化、煽动性的信息所动摇和挟持，再加上相关法律法规尚未完善，网络监管困难重重，网络的"超现实性"大大弱化了思想政治教育工作对大学生的道德约束功能，使青年大学生极易沦为传播不良信息的主体，这无疑给大学生思想政治教育工作增添了极大的障碍与阻力。

综上所述，在新媒体环境下，互联网已经成为思想文化信息的集散地及社会舆论的放大器。新媒体对大学生思想政治教育的影响是一把"双刃剑"：一方面在丰富资源、增强自主性、提高效率和增强效果方面，为大学生思想政治教育创造了良好的机遇；另一方面给大学生思想政治教育的控制力、辨别力、引导力和主导力提出了新的挑战。为此，全面分析新媒体环境对大学生思想政治教育的影响，积极探讨大学生思想政治教育的对策创新，将有助于提升当代大学生思想政治教育的整体水平，增强大学生思想政治教育的实效性。

第二节 新媒体环境下高校思想政治教育的实践探索

在互联网一统"天下"的新媒体环境下，加快思想政治教育传统方式向现代方式转变，成为思想政治教育内在的需要和趋势，也成为大学生思想政治教育创新发展的新航向。正是在这种背景与趋势驱动下，思想政治教育迈进了网络思想政治教育的新阶段。

网络思想政治教育的诞生，从某种意义上可以说是互联网发展与思想政治教育"联姻"的产物，是新媒体环境下思想政治教育实现网络化的一个进步标志。

一、新媒体与思想政治教育相结合的实践探索

（一）新媒体环境下大学生网络舆情引导的依据和途径

在信息大爆炸、新媒体称雄的信息时代，互联网＋新媒体平台日益成为社会舆情的敏感区和发源地，其重要性、影响力和渗透力已经远远超越了传统媒体。网络舆情深刻改变和社会舆论生态重塑，对当代大学生的思想、行为和生活产生直接作用和广泛影响，给青年大学生的健康成长和实现党在新形势下的大学生思想政治教育工作目标造成了不容忽视的冲击。

1. 网络舆情改变和重塑社会舆论生态

（1）网络颠覆了传统的信息传播方式。在信息社会到来和网络时代崛起之前，人们之间的信息传播主要依靠人与人之间的口耳相传、文字交流和纸质媒介等方式，呈现出点对点、单向度、被动性、线性的特征。公众掌握和接收的信息极其有限，个人发表意见、发布信息、传播思想的渠道和平台十分狭窄，也决定了信息传播速度、传播范围和影响力的局限性与效度。社会舆论基本处于官方掌控和主导的范围，对一些不利于社会安定团结和有悖国家治理的信息，

政府有关部门可以轻而易举地进行防范、删除、封堵。然而，网络技术以其层级扁平性、多向互动性和交流开放性等特点，使信息传播和交流实现了自由顺畅、高度共享、即时交互的目标。

事实上，智能手机的出现，已经将我们带入另一个世界。在这个世界，信息不再是稀缺物，很难再成为垄断资源。网络消除了参与者身份、地位、阶层等个体性的差异，人人都可以自由、简易、快速地在网络上发布信息，也可以根据自己的兴趣、爱好和关注话题发表观点、搜索信息，并与其他用户就共同关心的话题进行广泛讨论、深入交流。这种无障碍的信息传播模式完全改变了传统信息传播的主客体关系，模糊了信息创造者、发布者、传播者以及接收者之间的界限，传统的"我说你听"传播模式被大家都是"言说者"的传播方式所取代，权力主导的话语权力体系也被解构。网络技术发展和网络工具的普及，改写了信息传播的规则，带来了信息传播方式的彻底变革，颠覆了传统的信息传播模式，解除了政府部门对信息的垄断权和控制权，使得公众信息以及由此产生的社会舆论大面积形成、大范围传播与产生巨大社会影响成为可能。

（2）网络具有很强的舆论放大效应。在网络上，每个人都可以作为信息的制造者、传播者和接收者，并且可以同时兼具三种身份，扮演多种角色。特别是随着自媒体时代的到来，"随手拍"成为常态，"微博直播"日益普及，公民记者大量涌现，标志着整个社会舆论环境已经从"大喇叭"时代转型升级为"麦克风"时代。在"麦克风"时代，无形无色的网络力量无孔不入地渗透到经济社会的各个领域和人们生活的各个方面。在网络上，一则消息、一句评论或一张图片都有可能引爆网络舆情，只言片语、点滴涟漪可以在刹那间波及全球、辐射全世界，引发网络社会甚至是现实社会的轩然大波和广泛反响。正是凭借着便捷性、平民化、普泛化、自主化和快速性等压倒性优势，网络的强大互动功能推动着信息传播朝着社会的广度和深度扩散与渗透。网络舆论以其跨越时空的强大生命力、渗透力演绎了社会舆论世界和现实生活中的"蝴蝶效应"。

（3）网络日益成为社会舆论的"发酵器"和主推手。随着我国网民队伍的日益壮大，网站、网页的成倍增长，互联网已经成为人们生活中不可缺少的重要部分。人们在网上或"指点江山"，或"激扬文字"，或"隔网喊话"……在这样多元而复杂的网络舆论生态下，许多与公众切身利益相关的社会热点难点问题，尤其是社会关注、百姓关切的消息一经"上网"，就会立刻被无所不在、无时不在的网民迅速"围观""转载"和"追踪"。网络上关于某一现象或特定问题所给予的关注、所形成的讨论也随之向现实社会渗透、扩散和影响。很多社会舆论事件往往发端于网络信息，许多现实生活中的集体行动或群体性事件最初都是在网络中酝酿和发酵。可以毫不夸张地说，自媒体时代，每一个人只要有简单的条件（有电脑或手机，能上网发帖、跟帖，会发微博，朋友圈以及短视频平台等）就拥有了个人能够使用和控制的媒体，就可以随意向外界披露信息和发表意见，就相当于手中有了"麦克风"。而网民中有较大影响力或极大影响力的意见领袖，甚至掌握着"核按钮"，能引导产生舆论聚变和裂变，最后酿成舆论海啸。网络对社会公共生活与社会舆论生态的影响随着时间的推移而更加明显、日益深刻。网络不仅完全改变了信息传播的方式和形态，而且彻底颠覆了社会舆论的生成机制和演变格局，一跃成为社会舆论的"发酵器"和推手。

2. 网络舆情的新特点及其对当代青年的影响

由于网络打破信息传播主体的一元化和垄断性地位，网民既不是传统意义上的"受众"，更不是人云亦云、毫无主见的"应声虫"，而是集信息的挖掘者、发送者、接收者、加工者、使用者于一体。每个网民对网络事件的围观、点赞、转载或评论，都有可能直接影响网络舆情的发展方向，甚至影响到现实社会。网络舆情表现出与传统社会舆情大相径庭的新特点。

（1）网络舆情内容丰富但复杂化。网络的开放性为求知欲极强的当代青年打开了知识宝库的大门，网络海量的信息和形式多样的服务功能给当代青年带来了极大便利的同时，也带来了许多问题和挑战。一方面，由于网络公共理性发育不足，尚未形成规范有效的网络参与秩序。网民对网络信息的关注往往止于表面，通常按照自己既有的思维去认识、了解，容易忽略甚至不愿相信事件背后的真相；另一方面，当前正处于社会利益结构重大调整的转型时期，各种社会问题层出不穷，各种社会矛盾趋向激化，各种社会情绪此起彼伏。得意者、得益者、得利者可以在网上尽情潇洒，失意者、失败者、失利者也可以在网络上找到属于自己的"领地"。在网络这个对任何人、任何事几乎都可以容纳的缥缈空间里，既有积极健康向上的意见，又有消极偏激虚假的蜚语，既有理性审慎、科学严谨的态度，又有无理取闹、无中生有的"奇葩"，网络虚假信息防不胜防，各种网络闹剧层出不穷，整个网络秩序呈现出无秩序的混沌状态。甚至"可以发现，互联网中网络暴力现象大量存在，不少网络舆论质量低下，很难找到理性探讨的网络空间"。由于大多数青年尚处于世界观、人生观、价值观从幼稚到成熟转型的关键阶段，极易受到外界思想观念的影响。良莠不齐、鱼龙混杂的网络信息，在使网络舆情趋于复杂化的同时，也深刻影响着青年的价值判断和价值选择。

（2）网络舆情传播迅速，难控性强。当碰到新奇的情况或一个热点事件发生时，网民可以在第一时间于微信"朋友圈""视频号"、微博、QQ群、社交网站等网络平台发表看法、高谈阔论，尽情享受、挥霍网络赐予的言论自由，使其形成网民关注的焦点，使得个体零散的意见快速聚合，不同见解或意识形态的舆论剑拔弩张，就在这种汹涌澎湃的舆论"拉锯"中，迅速形成初具规模的舆情声势。在网络知名人物、"意见领袖"和主流媒体等介入后，网络舆情对事件的影响力度将以指数级倍增，影响范围将呈波浪状向外扩散、放大，很快就形成了"滚雪球式"的传播效果。缺乏理性和价值观的引导，个别的、局部的甚至是不真实的问题，经由网络传播，可以轻而易举地演变为全局性、社会性的问题。但问题并未仅限于此，网络舆情形成后，与现实社会中的舆情交替传播，相互影响，对社会生活中的各个方面产生深远影响。特别是对公共决策、民主政治、社会伦理道德和文化安全等方面产生正面或负面影响。与其他舆情形态相比，网络舆情具有突发性、多元性、交互性、扩散性和偏差性等特点，个人主观判断、情感直觉和情绪化意味浓厚，因此极为容易出现非理性和群体极化的倾向。这对网络舆情的可控性提出了挑战，也增长了青年网络舆情引导的难度。

3. 大学生网络舆情引导的基本策略和实现途径

以"00后"为主体的大学生群体处在一个世界观、人生观、价值观趋于成熟的关键阶段，但尚未最终定型，极其容易受外界因素的影响和形塑，波动性极大。思想文化对大学生思想观念、理想信念和价值取向的影响不可小觑。要实现"两个一百年"奋斗目标和中华民族伟大复兴中国梦，保证中国特色社会主义现代化建设事业后继有人，就要准确把握社会信息化、网络生活化对青年思想和行为的深刻影响，扎实有效做好大学生网络舆情引导工作，使网络舆情引导成为当代大学生成长、成才、成功的重要武器。

（1）抢占网络舆论阵地，牢牢把握网络舆情引导权。当前，社会意识形态领域的竞争、斗争和博弈日趋复杂，各种思想文化交流交融交锋此起彼伏。网络作为各种社会思潮宣扬和兜售其"价值秘方"的重要市场，是各方势力竞相争夺的敏感地带。在网络社会，一些热点话题和敏感问题极易被居心叵测的人利用，通过歪曲事实、挑拨离间、添油加醋等手段，造成"波涛汹涌"的网络舆情。网络舆情对青年大学生的思想、思维、性格、道德和日常行为的影响与日俱增。从这个意义上讲，互联网已然成了宣传思想战线和意识形态领域争夺人心、争夺大学生的主战场。要赢得未来，必须赢得大学生，而只有贴近网络，方可赢得大学生。对此，高校各级党委、各个部门和思想政治教育工作者必须牢固树立阵地意识，及时跟上互联网发展的步伐，做好官方网站、官方微博的建设和应用，积极促进传统媒体和新兴媒体融合发展，通过创建校务微信、思政专家微博、公众微信平台等方式，全面进军新媒体舆论场，主动抢占网络舆论阵地、网络舆论空间，做到平时"润物细无声"，重大问题不缺位，焦点问题不迟钝，关键时刻不失语，牢牢把握网络舆情引导权、主动权。

（2）加强预警机制建设，正确引导网络舆情走向。由于网络信息鱼龙混杂、良莠不齐，因而在网络世界里，既能"乱花渐欲迷人眼"，又如"黑马激起万里尘"。网络在给人们带来便利的同时，也对网络谣言、网络暴力的产生蔓延起到推波助澜的作用。网络谣言扭曲事实真相、颠倒是非黑白、混淆舆论视听，而网络暴力则会破坏社会正常秩序、颠倒社会主流价值。由于大学生网民年龄偏小、认知受限、经验不足，缺乏鉴别网络谣言、抵制网络暴力的定力，极其容易被网络谣言所误导、被网络暴力所俘获。这些"网络病毒"毒性极强、危害极大，并且具有隐蔽性和传染性，一旦"中毒"即被毒害思想、侵蚀灵魂、腐蚀情操，导致大学生道德崩溃、精神颓废、信仰缺失、心灵物化、物欲横行，进而侵蚀社会的主流价值观和道德观，最终掏空国家和民族长远发展的精神根基。因此，做好大学生网络舆情引导工作意义非凡，关键是要建立一套反应灵敏、响应快速、运转顺畅、应对有力的网络舆情预警机制，建设完善网络舆情收集、分析、研判、应对工作机制。通过经常性、不间断获取网络舆情信息，全面分析、科学甄别，合理研判网络舆情中苗头性、倾向性问题。宣传思想战线工作者要增强政治鉴别力、政治敏锐度，对涉及政治立场、社会思潮、重大问题等网络舆情，要及时迅速捕捉热点焦点，掌握全面、准确、详细的信息，做到率先发声、权威发声、引导发声，努力抢占舆论先机、舆情制高点，通过主动回应社会关切、满足大学生网民关注心理，引导网民在互动参与、真诚对话和理性讨论中发现事实真相、辨明是非曲直，消除公众的疑虑和不安，稳定和安抚网民情绪，杜绝网络谣言的产生和扩散，引导网络舆情从无序、混沌的状态朝着正常、有序、可控和建设性的方向发展。

（3）掌握基本规律和方法艺术，提升对大学生网民的网络舆情引导力。在复杂多变的网络舆论生态中，"舆论导向正确的刚性要求，与讲求良好的传播效果和引导效果的柔性做法，力求实现和谐统一"。而要达成这种统一，必须要熟悉网络舆情形成特点、传播规律和掌握驾驭网络舆论的艺术，提高防范和化解网络舆情危机的能力与水平。一是要深入研究大学生网民的网络心理、行为习惯、网络偏好以及大学生网络沟通、联络、交流和聚集方式，通过主动设置议题、利用舆论领袖、增强人性化关怀等手段巧妙、灵活地引导网络舆情，做到网络舆情引导有方、有术、有力、有效。二是要贯彻尊重包容、平等互动的原则。广大思想政治教育工作者与大学生网民进行对话、交流，要坚持理性的精神和谦卑的态度，抛弃高高在上、盛气凌人的姿势，用真诚、坦诚、热诚赢得大学生网民的认可、信任和支持，建立起与大学生网民有效沟通和良性互动的长效机制，努力实现对大学生的引导、吸引和凝聚。三是要善于用大学生的语言、大学生的思维、大学生的逻辑以及大学生乐于接受的方式与大学生网民进行交流，准确掌握大学生普遍关心、高度关注的现实问题，对接大学生网民多样性、多元化的网络需求、心理问题、思想困惑，广泛运用微博、微信、手机媒体等新媒体工具，认真做好解释说明、分析论证和网络舆情引导工作，引导广大学生树立网络文明意识，帮助大学生培育积极向上的价值观。

（4）激发网络正能量，进一步强化社会主义核心价值观对网络舆情的引导功能。做好大学生网络舆情引导工作，必须要高扬社会主义核心价值观的旗帜，传播"好声音"，激发正能量。一方面，要依托网络技术和网络平台，在网络上设论坛、定主题、立专栏，讴歌真、善、美，鞭挞假、恶、丑，传递真、善、美，传递向上、向善的价值观，引导大学生树立和实践正确的利益观、权利观、道德观，自觉抵制庸俗、低俗、媚俗之风，增强道德判断力和道德荣誉感，向往和追求讲诚信、尊道德、守戒律的生活；另一方面，要根据当代大学生的特点、兴趣和爱好等，把文学、影视、音乐、艺术乃至生活，赋予网络的表达形式和展现途径，把社会主义核心价值观的内涵和要求活灵活现、淋漓尽致地充分镌刻在网络作品之中，做到春风化雨、润物无声，最大限度地增强广大青年对社会主义核心价值观的价值认同、情感认同和理论认同度，不断提升社会主义核心价值观在网络舆情中的影响力、渗透力和主导力。

（二）新媒体环境下创新高校校园文化建设的原则与对策

高校校园文化是高校在长期的办学实践和发展过程中逐步创造、不断积淀而形成的具有自身特色的一种特殊类型的社会文化形态，它是高校办学思想、育人理念、理想追求、教学实践、管理机制、行为规范的总和，是高校发展进步的精神基石、动力源泉和核心竞争力。新媒体的广泛应用和日益普及对高校校园文化建设产生新的影响，赋予了高校校园文化新的内涵、特征和发展趋势，通过新媒体传播大量互联网信息等正在逐渐影响着师生们的学习和生活，对高校校园文化的建设既带来了新的机遇也迎来了新的挑战，研究和加强新媒体视域下高校校园文化建设意义深远、势在必行。[1]

1. 新媒体对高校校园文化的影响

（1）新媒体对高校校园精神文化的影响。新媒体具有录音、摄像、上网浏

---

1 郭世华.新时期高校思政教学新面貌[M].昆明：云南科技出版社，2020:62.

览和信息交流等众多功能，随着移动互联网时代的到来，新媒体环境下的高校更容易在网络的海量信息中搜索到自己需要的学习资料和生活信息，真正做到了"足不出户，尽知天下事"，极大地方便了师生的学习生活，大大拓展了他们的视野。在当前中国特色社会主义事业蓬勃发展的新时期，新媒体的广泛发展有利于社会主义主流思想的传播和正能量的传递，能很好地帮助学校开展德育教育，帮助学生树立正确的世界观、人生观和价值观，直接或间接地促进中华民族伟大复兴的中国梦的实现。但是，由于整个世界意识形态及思想环境的多样化和复杂化，使人们对个人利益的要求成了社会生活的基本动力，久而久之便大大地削弱了社会主义核心价值观的主导地位，导致部分老师和学生缺乏爱国主义、集体主义、责任心、奉献精神等；另一方面，由于大多数的学生都处于一个思想尚未成熟的阶段，认知体系比较片面，没能拥有一个辩证全面看待问题的态度，导致负面的思想弥漫整个大学校园，影响整个校园主流文化的发展。

（2）新媒体对高校校园行为文化的影响。大学作为人们心中的"象牙塔"，是培养高层次人才的摇篮，学习是大学生的第一要务，课堂是老师传递知识的主阵地。以往师生的课堂只局限在三尺讲台上，但随着新媒体应用日益普遍，促使高校的教学方式和学习方式等多种校园行为文化发生了深刻的变化。多媒体、视频、图片等技术在课堂上得到广泛应用，课余时间同学们也可以在网络上查阅下载学习资料，甚至通过网上寻找答案排疑解难，极大地方便了师生的学习和生活，大大提高了学习的效率，彻底改变了传统单一枯燥的学习方式。此外，新媒体环境下校园网络的日益发展和新媒体技术的迅速普及，突破了不同国家、地域、民族之间的制度、观念、语言和风俗等传统束缚，把整个世界连成一个小小的"地球村"，世界的时空界限变得日益模糊，几乎消除了社会交往的"社会藩篱"。在大学校园，人与人之间的交往非常频繁，各种活动的组织、恋爱的发展和交际的拓宽都离不开新媒体技术传播，以往人与人之间单纯的书信和面谈已经不能满足现代人交流的需要，特别是随着智能手机的出现和普及，还有QQ和微信的出现，使人与人之间的交往打破了时空的限制，提高了沟通的效率，降低了沟通的成本。但同时，人与人之间的交往增添了许多的陌生感，交往中缺乏了真感情的流露，变得敷衍甚至虚伪。

（3）新媒体对高校校园制度文化的影响。新媒体在校园新闻中的广泛应用和迅速发展，使在传统媒体意义上建立的校报、广播站等逐渐退出了校园文化的中心地位，取而代之的是跟新媒体技术息息相关的一些新兴机构，如校园网、官方微信、官方微博、网络电视台等，这些管理机构正在出现并发展壮大，已经成为校园生活及新闻宣传不可或缺的重要文化平台。这些平台的产生一方面是为了更好地服务学校的教学工作，打破传统的教学模式，丰富教学手段和形式，拓展教育渠道和途径；另一方面是为了保证社会主义核心价值体系得到正确的传播，加强正能量的输送，更好地帮助师生树立正确的"三观"。在这些平台产生的同时，相应的管理制度也要应运而生，逐步形成和丰富适应新媒体环境的制度文化。加强对这些平台的监督和引导以及对新媒体制度文化的建设，才能保证校园文化的主流思想得到发展，保证学校成为社会主义人才培养的基地。

2. 新媒体环境下创新高校校园文化建设的原则

随着新媒体发展步伐的不断加快，加强对新媒体环境下高校校园文化建设是不容忽视的重大问题。新媒体确实给师生们带来了很多的方便，改变了传统的教学模式，提高了学习和交往的效率，但是也带来了很多负面的影响，如果我们不能很好地引导和规范新媒体技术的应用，不仅影响青年大学生的健康成长，而且还关系到我国高等教育事业的科学发展。移动互联网和媒介融合时代，繁荣发展高校校园文化需要牢牢把握以下几项原则。

（1）坚持传承和发展相统一。高校校园文化是高校在长期办学实践的过程中，经过历史积淀而逐步形成的一种特殊的社会文化形态，这种积淀的过程既是传承的过程，也是发展的过程。新媒体的快速发展和普及应用，开辟了高校校园文化建设的新领域：一方面，高校作为创造知识、培育人才的重要摇篮，是传承优秀传统文化的重要平台。高校校园主体可以结合各自学科的不同理念、专业特点、办学特色和历史传统等，运用新媒体手段积极传播中华文化的历史价值、优良传统和知识体系，充分展现高校校园文化的独特魅力和发挥其引领社会风尚的功能；另一方面，新媒体的出现使得发展高校校园文化比任何时候都显得更为重要和迫切。高校应按照高校校园文化的独特价值和发展规律，充分发挥高校师生的思想文化创造活力，广泛运用新媒体打造更多的校园文化精品，推动高校校园文化在传承中创新、在创新中发展，使高校校园文化成为我国社会主义文化"百花园"中的一朵艳丽奇葩。

（2）坚持开放与融合相统一。高校校园文化是一种依托于社会文化又区别于社会文化和其他亚文化的相对独立的文化体系，它随着社会文化的发展而变化。媒介融合的加速，新媒体的应用普及，促使高校对外联系互动的渠道、方式和形式变得日渐丰富且推陈出新，对外开放的广度越广、深度越深，变得越来越便捷、快速而富有效率，构筑出一种全新的文化交流和传播方式，赋予了高校校园文化建设新的内涵和发展方向。高校校园文化与社会文化之间的融合程度、趋同性、互动性日臻明显。例如，高校学者在其微博上发布其对某个社会问题或事件的看法和意见，可以在瞬间把信息传达到其"粉丝"和其他用户手中，广播、电视、报纸等传统媒体纷纷跟进，就会让这一问题或事件在现实生活和网络社会之间掀起轩然大波，进而影响社会管理和政府决策。因此，在移动互联网和媒介融合的时代，高校校园文化建设应该坚持开放性和融合性相统一，努力借助新媒体的强大力量，积极汲取和借鉴一切社会优秀文明成果，古为今用、洋为中用，让高校校园文化绽放绚丽光彩。此外，新媒体对经济社会发展和人们生产生活的影响已经远远超越了纯技术或某一学科的研究范式，必然要求对人才培养和科学研究的理念与模式进行调整，这是社会生活网络化、信息化在高等教育领域中的新确证和新影响。高校应适时调整学科设置和专业结构，敢于打破学科间的壁垒，更加注重不同学科之间的融合与渗透，增设新媒体应用、管理和对经济社会发展影响方面的课程，积极搭建产学研一体化、跨学科融合研究等各类平台。

（3）坚持多元化与主导性相统一。高校校园文化对青年大学生的成长成才具有潜移默化的熏陶作用，对社会主义文化发展进步及社会风尚具有明显的导向和引领作用。在移动互联网和媒介融合的时代，高校师生不仅可以随时随地利用各种终端在网络上发微博、玩微信、聊QQ，参与各种讨论，进行信息交流，还可以在网络上开展各种商业活动，铸就了一种全新网络社会文化。这种文化作为高校校园文化的重要组成部分，致使高校校园文化更加多元化：一方面来自高校不同学科、专业和办学理念的差异和历史传统的不同，形成形态各异、种类万千的文化风格和品位；另一方面也来源于媒介融合造就网络文化的多样性。尽管高校校园文化具有多元化的特征，但是，我国高等教育的性质、根本任务和社会主义办学方向，决定了高校校园文化建设必须坚持主导性，即必须坚持马克思主义指导思想在高校校园文化建设中的主导地位，用社会主义核心价值体系引领高校校园文化繁荣发展，善于占领网络信息传播和网络舆论的制高点，毫不动摇地坚持用社会主义荣辱观引领网络舆情，引导青年大学生知荣耻、明是非、识美丑、辨善恶，坚决抵制庸俗、低俗、媚俗之风，积极营造文明和谐、健康向上的高校校园文化环境，使网络成为宣传党的主张、弘扬社会正气、创造先进文化的重要阵地。因此，坚持多元化与主导性相统一，是新媒体视域下高校校园文化建设必不可少的一个重要原则。

3. 新媒体环境下创新高校校园文化建设的对策

今天，我们正处于移动互联网和媒介融合时代，媒介融合是以计算机技术、移动通信技术和互联网技术等多种技术相融合为基础，众多传播媒介汇集一体发挥多种功能的媒介传播形态。随着媒介技术、媒介业务的融合程度不断加深，新媒体获得迅猛发展，这对校园文化产生巨大的影响。为了更好地营造积极向上的校园文化氛围，要在坚持"三统一"的原则上打破传统思维，根据新媒体发展的规律和校园文化建设的特点寻找新的对策。

（1）完善新媒体应用管理制度，营造积极向上校园文化环境。首先，新媒体在大学校园的广泛应用是社会进步的体现，是高等学校发展的需要，但是新媒体带来的各种思想广泛传播对健康校园文化的塑造带来了很大的冲击，这需要我们在思想上重视新媒体这把"双刃剑"，使之在校园中更好地服务我们的学习和生活。此外，需要我们警惕新媒体带来的负面思想冲击校园健康生活，加强对新媒体应用管理制度的完善，使风险得到有效管控，积极营造高雅和谐的校园文化。

其次，新媒体环境下西方资本主义国家宣扬的各种拜金主义、享乐主义和个人主义思想迅速传播，大大削弱了学校开展德育教育的积极影响，学生的健康思想受到了侵蚀，这需要对信息源头进行监管，阻止、隔离腐蚀的落后文化。同时，建立师生互动的公共平台，并且做到身份公开、信息交流真实，及时发现和过滤各种庸俗、反动和低级的信息，尤其是西方敌对势力进行渗透活动而发布的有害信息，建立起校园网络文化的安全"防火墙"，必要时候运用技术、行政和法律手段及时制止。

最后，在学校层面要加强对新媒体管理人员进行教育培养，完善新媒体管理人员的选拔、管理和考核制度，使之成为一名校园文化主流思想的传播者，同时相应新媒体平台例如校园新闻网站、官方微博、官方微信等需要在相关老师指导下开展工作，规范他们的日常管理制度，把好新闻报道的出口关，提高他们对事情的认知能力，减少负面思想的传播，保证整个校园文化积极向上。

（2）加强媒介素养教育，增强文化自信。媒介素养教育就是指导公众正确理解、建设性地享用大众传媒资源的教育。为了更好地运用新媒体技术，使之成为我们学习和生活的好帮手，必须要加强师生的媒介素养教育，也就是增强师生对网络媒介的认知能力，对网络信息的解读和评估能力、创造和传播能力，利用网络媒介信息发展和完善自我的能力。只有增强了媒介素养教育，才能保证校园主流文化得到发展，保证青少年学生的身心不受西方腐朽思想的影响，保证学校的各项教学工作沿着社会主义方向进行。在提高师生的媒介素养教育中必须坚持"引进来"和"走出去"相结合战略。"引进来"即引进一些新媒体教育的专家和学者通过学术论坛、交流会、报告会等各种形式教会学生如何提高自己对信息的辨别能力，如何抵制腐朽思想的影响，做到更好地运用新媒体技术服务我们的生活和学习；"走出去"即通过引导学生走出校园，走入社会，用心去了解新媒体技术的发展对社会带来的利弊，认真去揭露西方腐朽思想通过新媒体技术毒害人们心灵的真面目。只有坚持"引进来"和"走出去"战略，才能真正提高师生的媒介素养能力，才能帮助学生树立正确的"三观"，真正了解中华民族五千年的灿烂文化，从而增强对社会主义文化建设的自信心。

（3）传播社会主义核心价值观，维护社会的正能量。网络具有开放性、自由性和无边界性的特点，在给人们带来方便和快乐的同时，也为各种谣言和错误思潮的传播"插上了翅膀"，是一把锐利无比的双刃剑。面对世界范围思想文化交流交融交锋形势下价值观较量的新态势，面对改革开放和发展社会主义市场经济条件下思想意识多元、多样、多变的新特点，积极培育和践行社会主义核心价值观，对巩固马克思主义在意识形态领域的指导地位、巩固全党全国人民团结奋斗的共同思想基础，对促进人的全面发展、引领社会全面进步，对集聚全面建成小康社会、实现中华民族伟大复兴中国梦的强大正能量具有重要现实意义和深远历史意义。由于现在的青年学生处于一个思想尚未成熟的阶段，再加上对网络媒介的认知能力，对网络信息的解读评估、创造和传播能力，利用网络媒介信息发展和完善自我的能力都较为薄弱，往往容易受到社会上一些负能量思想的侵蚀，对问题的了解停留在表面，缺乏对新媒体商业属性和政治属性的分析，进而导致主流思想传播受到阻碍，负能量在校园粉墨登场。

"网络垃圾"毒害大学生的思想、侵蚀他们的灵魂、腐蚀他们的情操，冲击、淡化青年大学生的主流价值观和道德观，甚至扭曲马克思主义主流意识形态。社会主义核心价值观是社会主义核心价值体系的内核，体现社会主义核心价值体系的根本性质和基本特征，反映社会主义核心价值体系的丰富内涵和实践要求，是社会主义核心价值体系的高度凝练和集中表达。党的十九大以来，中央高度重视培育和践行社会主义核心价值观。习近平总书记多次做出重要论述、提出明确要求。所以新媒体环境下的校园文化建设一定要坚持社会主义核心价值观，维护社会正能量，教会学生从历史和现实的角度去批判西方腐朽文化，教会学生懂得如何抵制负能量的传播，教会学生如何掌握中华文化的优秀成果，要让学生懂得今天西方国家利用新媒体的技术在极力推行文化殖民主义实行文化霸权主义，必须加强对西方国家腐朽思想的警惕，坚定共产主义的理想信念，保证整个社会正能量的传递。

在新媒体环境下，各种网络信息充斥整个校园文化，影响社会主义建设者和接班人的教育，这不仅迫切需要高校尽快打造一支具有良好媒介素养和新媒体技能的校园文化建设者队伍，更需要校园文化建设者们能够进一步统一思想、形成合力，坚持"三统一"原则，完善校园文化管理制度，加强媒介素养教育，保证社会主义核心价值观成为高校文化建设的主流思想，只有这样，大学校园文化才会更好地迎合移动互联网和媒介融合时代，并呈现出勃勃生机，社会主义现代化的建设才能拥有可靠的保证。

二、新媒体环境下高校思想政治理论课教学探索

新媒体时代的到来对青年学生而言开阔了视野，拓展了知识面，丰富了交流方式，增强了自主性，但同时也对传统思想政治教育造成了一定的冲击，对思想政治理论课教学提出了新要求。所以，加强新媒体环境下的思想政治教学的研究并进行创新显得尤为重要。

（一）新媒体时代加强思想政治理论课教学的重要意义

在我国高校普遍开设思想政治理论课，这是由我国社会主义制度的性质所决定的，是执政党的指导思想和执政理念在高校的传播和贯彻，是培养大学生树立科学的世界观、人生观和价值观的主渠道。因此，正确认识高校思想政治理论课的作用及意义十分重要。

1. 大学思想政治课的定位

这门课的性质是什么？或者说，这门课应归于哪一类课程？该如何定位？比如，从事这门课程教学的老师，当他走上讲台时，可能会认为这是政治课；而下面听课的学生可能会认为这是政治宣传课、政治说教课、政治灌输课；一些校级领导会认为这是上级部门布置下来的硬课程，动摇不得；其他专业课的老师会认为，这种课我也会上，没必要占用这么多课时，还不如让出一些课时给我的专业课；家长会认为这种课应该为那些思想品德不好的学生开设，自己的孩子思想品德没问题，这类课应该免修，甚至学费也应当少缴……

对这些模糊思想的产生作具体分析：高校思想政治理论课是执政党执政理念的主旋律，涉及上层建筑的意识形态领域，属于政治课，这是毋庸置疑的。但是高校政治理论课的教师不是承担一般的传道、解惑和授业职责，他传播的是执政党的指导思想，高扬的是马克思主义的伟大旗帜。在这旗帜下，每个人都是平等的。教师丝毫不具有天生的马克思主义面孔，或者是一副绝对真理在握的样子。师生之间应当进行平等的对话，教师不仅要做到以理服人、以情感人，还要以自身丰富的知识和社会阅历、以扎实的理论功底和理性的思辨能力去获得学生的共同语言。

2. 大学思想政治课的作用

思想政治理论课究竟起到怎样的作用？作用有多大？其实是有不少争议甚至是误解的。圈外人士认为，它关系到大学生的世界观改变、人生价值的选择、

高素质人才的培养；而圈内人士认为，大学生队伍中涌现出的优秀学生代表是思想政治理论课的积极成果。笔者认为，圈内人士不以为意的态度可能只是少数，而圈外人士的期望值过高，也许会失望。学校领导将自己优秀学生的事迹，归功于思想政治理论课的作用，这也使人多少感到有一些往自己脸上贴金的嫌疑。提高大学生的政治素质是一项系统工程，思想政治理论课只是其中的一个重要环节，其实学校的众多社团活动、党团组织、辅导员工作等，都对大学生的世界观、人生观和价值观的转变起到了积极作用。那么思想政治理论课起到什么作用呢？笔者认为包括以下四个方面。

（1）感悟的启迪。"三字经"的首句是："人之初，性本善。"鲁迅说，即使是一个天才，他的第一声啼哭也不会是一首好诗。一个人的成长过程，也是不断感悟的启迪过程。这里的家长、各级学校、社会，甚至一段生活阅历都会起到积极作用。大学生时代是即将走上社会的最后学习时期，但给予积极的感悟并没有结束。思想政治理论课教师应该以自己的人格魅力、品德修养、社会阅历去启迪他们的人生。

（2）知识的传授。感悟毕竟是经验的，经验必须要有理论作为支撑。目前的大学生所学的四门必修课，各自有自身的理论特点，尤其是"原理"课，是从整体上概括了马克思主义的基本原理，是科学的世界观和方法论。原理本身虽然比较抽象，但它由一系列的知识点、概念和范畴组成，具有内在的、严密的逻辑性，认真教授这方面的知识是十分重要的。这就要求教师具有深厚的理论根基、较强的科研能力，还要有高超的授课艺术，这三者是统一的。

（3）信念的确立。大学生是具有激情、富有理想、朝气蓬勃的群体。但他们没有走入社会，人生经历不丰富，一方面对有些事情容易陷入理想化；另一方面又会感到不理解和困惑。尤其是当今社会上一些负面的价值观念和理想判断，经常影响学生们的日常学习和生活，大学校园早已不是一块纯净的世外桃源。信念的确立有助于大学生毕业后走上工作岗位时，能够积极面临各方面的挑战。但在大学时代，通过教师的一系列教学活动，让学生们在比较中选择，在困惑中认清，逐步确立各自的理想信念很重要。我们不可能期望大学生都具有整齐划一的信念，但我们可以积极引导大学生们确立不同层次的理想信念。

（4）行动的引导。无论是怎样层次的理想信念，最终都可以落实到行动中，在行动中得到体现，大学生的日常行为也反映了其整体的思想素质。例如校园社团活动，既有高层次的专家讲座，也有陶冶艺术情操的各类文化活动，更有社会流行的大众娱乐文化，如那些影视明星、歌星的粉丝，在大学生的群体中也大量存在。作为思想政治理论课的教师，有责任引导大学生积极参与高层次的校园文化活动活动，这对提高大学生身心健康是十分重要的。

总之，大学生是国家宝贵的人才资源，是民族的希望、祖国的未来。要使大学生成长为中国特色社会主义事业的合格建设者和可靠接班人，不仅要大力提高他们的科学文化素质，更要大力提高他们的思想政治素质，形成健全人格。只有真正把这项工作做好了，才能确保党和人民的事业代代相传、长治久安。加强和改进大学生思想政治教育，是当前全社会共同关注的一个时代课题。党和国家领导人高度重视高校学生思想教育工作，因此，中共中央、国务院《关于进一步加强和改进大学生思想政治教育的意见》指出，"高等学校思想政治理论课是大学生思想政治教育的主渠道"，应"大力推进多媒体和网络技术的广泛应用，实现教学手段现代化"。

（二）新媒体环境下思想政治理论课教学方法的运用和创新

在新媒体环境下，为了应对混杂在纷繁信息中的负面不良信息的挑战，维护马克思主义意识形态的核心地位和社会的和谐稳定，巩固党的领导地位，思想政治理论课教学必须顺应时代潮流，深化教学改革，积极运用新媒体手段，大力提高教学效果，努力提高大学生思想政治素质，服务于大学生健康成长和顺利成才。[2]

1. 目前思想政治教学存在的问题

目前，一些高校政治理论课的美誉度偏低，处于"三不满意"状态：领导不满意、学生不满意、教师自己也不满意。大学生的思想政治理论课程学习效果令人担忧：一是多数学生觉得当前思想政治理论课的理论知识过多，内容枯燥，难以激发兴趣。二是思想政治类课程缺乏有效的教学方式，大多是纯理论课，造成台上老师捧着教材照本宣科，台下学生打瞌睡、玩手机、看课外书等不良的课堂状态。

2. 积极应对新媒体对思想政治教学的挑战

在新媒体环境下，信息传播自由、获取快捷、内容不可控等特性不仅给人们获取信息带来便捷，而且作为一种有效的潜移默化的思想政治教育形式，对大学生思想政治意识、价值尺度、道德观念的形成有着重要的影响。思想政治理论课作为大学生思想政治教育工作的主要渠道，必须主动适应新媒体环境下的新要求，采取新对策，唯有如此，才能增强大学生思想政治教育的实效性。

（1）与时俱进革新理念

新媒体环境对高校思想政治理论课教学理念的影响主要体现在两个方面：

---

2 曹顺仙，郭兆红.高校思想政治理论课教学的实践与探索[M].合肥：合肥工业大学出版社，2010.

第一，现代技术本身的特点对教学理念的影响。以互联网为例，互联网自诞生之日起，就以其时间的无限性与空间的延伸性彰显一种开放、自由以及平等的创新精神和技术理念，这种理念必然延伸到高校思想政治理论课的教学之中。第二，新媒体的广泛使用对大学生思维特点、价值观念以及行为方式产生巨大影响，这种影响进一步对高校思想政治理论课教学理念的创新发挥巨大作用。因此，大学生思想政治理论课理念创新应体现在以下几个方面。

①虚实互补理念：虚拟社会的形成与发展不断丰富人类自身的发展内涵，使人类虚拟发展成为人类本质的必然组成部分。因此，正确处理好虚拟社会与现实社会的关系成为重大的理论课题。虚拟社会与现实社会是人类生存与发展的必然组成部分，这两大社会的和谐发展促进人类本质的实现。我们"不能因为人的基本生存和需要离不开现实社会，就以现实社会取代和压制，甚至决绝虚拟社会，因为虚拟社会已经不可置疑地成为一个客观存在的社会场域。同时，我们也不能以虚拟社会取代和消解现实社会，更不能远离现实社会，因为人的物质需要、情感等需要在现实社会中完成，再加上虚拟社会只有在现实社会基础上才能健康有序地发展，那种离开现实社会追求在虚拟社会生活的人，不仅不能发展自己，反而限制自己的发展，导致自己畸形地发展"。高校思想政治理论课教师在利用新媒体技术与手段时必须正确把握虚拟与现实的关系，将虚拟与现实的和谐互补作为高校思想政治理论课教学的首要理念贯穿高校思想政治理论课教学的各环节。

②平等交互理念：新媒体使教师的权威地位开始动摇，传统教学中教师与学生的不平等地位以及单向灌输式教学理念受到极大挑战。这种挑战主要基于两方面依据：第一，现代信息技术的发展突破时间与空间的限制，使大学生的思维能力、创新能力得以提升。大学生通过网络等载体可以自由获取大量科学文化知识以及其他各种信息，这导致在某些情况下教师与学生观念的冲突甚至教师的信息量不及学生。第二，新媒体上的资源作为一种公共资源具有共享性，任何人都有在新媒体平台上进行构建和创新的机会。面对这一挑战，高校思想政治理论课教学工作者必须与时俱进，树立平等交互理念。

③双主体理念：双主体理念是在现代建构主义教学观与现代信息技术相结合的基础上提出的一种高校思想政治理论课教学理念。现代建构主义强调学习的主动性、社会性和情境性。现代建构主义教学观强调，教师不是知识传授的载体，不是知识权威的象征；教师应该以学生学习为中心，重视学生对各种现象的不同理解和看法，并以此为依据对学生的看法进行调整，这时教师便由知识灌输者变为学生学习的组织者与指导者。这种建构主义教学使学生的主动性、

积极性和创造性得以充分发挥。新媒体技术为现代建构主义教学理论的落实搭建了良好平台，其中最典型的就是网络教学。网络教学游离于传统教学的物质空间之外，减少了传统教学对学生的肉体与精神的束缚，增加了更多的虚拟因素。它强调以学生为主体，通过多样丰富的媒体呈现真实的环境创设、不受时空限制的沟通交流，正在改变着传统教学中教师和学生之间的关系，使学生能够真正成为知识信息的主动建构者，从而呈现出常规教学所没有的优势。教师在现代建构主义的指导下，利用现代信息技术的巨大优势，可以科学合理地进行课堂教学内容、方式的创设与选择，从而有利于学生的自我学习。

④个性创新理念：高校思想政治理论课教学个性创新理念的提出是基于新媒体技术对大学生产生的影响的积极回应。现代信息技术为大学生创新意识的激发和培养提供了肥沃的土壤。"有时仅仅是一个想法，或仅仅是两种或几种新媒体因素的创意组合，便能掀起一股新的应用潮流，甚至获得风险投资者的垂青。"高校思想政治理论课教师要积极响应这一趋势，树立个性创新的理念：第一，高校思想政治理论课教师必须尊重大学生的个性意识与创新精神，努力激发他们内心深处的思想火花。第二，高校思想政治理论课教师须对大学生的个性意识与创新精神进行积极正面的引导。第三，高校思想政治理论课教师必须积极探索适应新时期大学生个性特点的教学内容和教学方法，使教学内容具有选择性，学习方式具有多样性以及学习形态具有多维性。

（2）巧思妙想制订方案

①方案制定过程更趋便捷化：高校思想政治理论课方案的制订过程是资料的获取、选择和重组的过程；是高校思想政治理论课教师把握学生思想动态和思想疑惑的过程；是教师根据所占有的资料和学生的思想问题进行目标确定和方法选择的过程。新媒体技术的应用在很大程度上克服了传统的教学方案制定过程中的时空限制、经费不足、图书资料有限以及资料陈旧等问题。教师可以利用电脑的易操作性去实行网上备课，可以利用网络信息资源以及网络图书馆，以花较少时间和精力去获取最新信息，还可以通过手机、QQ、微信、微博等新型交流工具及时了解学生思想动态，从而大大提高了教学方案制定的效率，使教学方案制定更趋便捷。

②方案涵盖内容更趋合理化：高校思想政治理论课教师在选择方案的内容时应该确保更加合理化。要想合理化，就必须达到以下要求：第一，"全"，即教师所选取的内容不能零散、残缺不全，而应该是围绕既定目标形成体系。第二，"准"，即方案的内容必须具备客观性，既符合高校思想政治理论课教学的规律和特点，又符合社会和大学生发展的客观需要。第三，"精"，即方案

所涉及的内容抓住主要矛盾，突出重点，具有针对性。第四，"快"，即所选内容必须及时有效。现代信息技术的应用，为高校教师达到以上要求提供了前所未有的机会。教师可以利用网络搜索相关的网络书籍和资料，尤其是前沿性的知识；可以获取社会热点问题以及学生所关心的诸多焦点问题；可以及时了解学生的认知结构与认知需求，从而使自己的教学更具突出性；s可以及时根据反馈信息去调整、丰富自己的教学内容。

（3）灵活运用实施模式

将现代信息技术的交互性、灵活性、开放性、共享性以及协作性与高校思想政治理论课方案实施相结合，可以产生更具时效性的方案实施模式，主要有以下几种。

①基于多媒体教室的课件型教学实施模式：这种教学实施模式是以教师为主导、以课件为前提的演示型教学实施模式，也是当前被教师普遍采用的一种教学实施模式。教师在教学之前利用丰富便捷的网络技术，通过Flash、PowerPoint等多种网络软件把思想政治理论课的教材内容制作成教学课件。课件的内容与传统的备课一样必须包括教学目标、教学内容、教学难点和重点、教学案例分析、教学阅读书目以及教学课后思考题等。同时，这种课件要求集图、文、声、影于一体。在具体的课堂教学中，教师利用计算机和学生进行交互，多媒体与教学内容的结合给学生呈现出一幅生动活泼的画面，有利于激发学生的参与意识和学习意识。

②基于传统媒介与现代媒介有机结合的混合型教学实施模式：在传统的思想政治理论课教学中，教师利用板书向学生传递教育信息。为达到较好的教学效果，教师必须具有真实的情感投入，必须通过板书、仪表、手势、语言、声音等艺术去活跃和丰富课堂教学。但是在传统教学中信息传递量小，而且教师也不可能时刻想出新花样去吸引学生的眼球。新媒体的应用，可以在很大程度上克服这一弊端。现代媒体通过图、文、声、影的合理配合，不仅为学生创设了一个图文并茂、声像并举、能动会变、形象直观的教学情境，而且可以根据学生的喜好和课堂教学的需要及时调整多媒体的呈现方式，把学生的积极性和主动性充分地调动起来。网络教学并不是没有弊端，网络教学使学生和教师、学生和学生之间的隔离成为可能，这样就缺少了人与人之间的情感投入、情感互动以及情感交流。因此，传统媒体教学和网络媒体教学是非替代性的关系，必须使两种教学密切结合，有效整合传统教学模式和网络化教学模式的优长，建构一种混合型教学模式。

③虚拟课堂型教学实施模式：在虚拟课堂型教学模式中，师生无须面对面，

教师和学生人手一台电脑，通过网络介质进行知识的传授和讲解，学生可随时根据自己的观点去向老师提问并就相关问题和老师进行探讨。同时，学生可以在接受这一教师的教学时接受其他课程的教育和学习。以微信教学为例，教师通过创建一个微信群把选修这门课程的学生添加为成员。教师通过语音、视频以及发送文字的形式去讲授这门课程，学生可以在微信群里发表问题和看法，也可以通过微信与老师进行一对一的交流互动而不打扰其他同学的学习和思考。教师通过邮箱把思考题以及考试考核重点群发到各个学生邮箱中，学生则在规定的时间内把教师规定的作业发到教师的邮箱。这种教学使教师和学生都处在平等的地位，教师成为教学的主导者，学生成为教学过程的主体者，从而使双方的参与意识相对提高，教学效果得以充分地体现。

④基于新媒体通信工具的个别辅导教学实施模式：新媒体技术的发展和普及，为高校思想政治理论课个别辅导教学模式的建立和实施提供了契机。比如，现在有很多大学通过QQ进行个别辅导教学，教师通过QQ就可以深入了解每个学生的学习情况和学习问题。教师可以以"朋友"的姿态在QQ上和学生进行一对一交流，了解学生的家庭情况、生活学习以及面临的种种困惑，从而使问题的解决更具针对性。教师还可以就国内外大事或国家政策和学生进行探讨，对学生进行积极引导，这比单纯地灌输教师的观点更具时效性。同时，教师和学生可以通过E-mail发送节日贺卡、动漫以及电影；通过微博相互关心关注；通过微信进行全方位沟通交流，为进一步的思想政治理论课教学的实施打下了良好的情感基础。

（三）构建新媒体环境下的思想政治理论课教学考评体系

1. 教学考评概念

教学考评是教学效果评价的一系列方法制度的统称，主要由考核内容与方法、考试命题与评分、成绩评价与统计反馈等环节构成。高校思想政治理论课的教学考评关系到"培养什么人""如何培养人"的问题，既可以衡量大学生马克思主义理论素养和道德品质，也能够反映教学理念和教学水平。

2. 高校思想政治理论课考评弊端

当前，各高校思想政治理论课教学效果的考评方式各不相同，总体上仍以期末考试为主、平时为辅，这种传统考核方法存在考试内容与教育教学内容脱节的弊端，采用题型固定、内容稳定的标准化试题进行闭卷考试，这样的考试形式不利于学生创新意识的培养和学风建设。此外，还存在重视知识点考核，轻视实践行为的考核等弊端。改革和创新学生成绩考评体系，是高校思想政治理论课的内在要求和提高教学实效性的重要手段以及培养合格人才的重大课题。

3. 高校思想政治理论课考评方式改革及与创新

结合新媒体环境下信息传播方式的改变以及当代大学生及大学思想政治课堂的巨大改变，我们应思考构建一种全新的、适合时代要求的大学思想政治教育考评理念和方式。

（1）转变考评理念

高校思想政治理论课兼具理论教育和知识教育功能，政治性、思想性和实践性都很强，特别是在新媒体环境下，更强调对受教育者高尚品质的培育、创新思维的训练和实践能力的开发。因此，今后我们要改变以往淡化、弱化"创新型"人才培养的考试方式，实现教学考评由"理论型""知识型"向"创新型"的转变；由重理论概念考核向重应用能力考核转变；由重书本知识考核向重社会实践考核转变；由重考核结果向重学习过程转变。着眼于提高学生对实际问题的理论思考能力，对理论知识的实践运用能力；着眼于提高学生的精神境界和道德理想来确立考评标准。

（2）扩大考评体系外延

结合大学生的个性特点，把学生在思想政治理论课教学过程中的参与程度、能力表现等纳入考评范围。对学生参与专题讨论、上台演讲等活动进行评定，将成绩考评和能力的培养融为一体，完善相应的激励和竞争机制，使学生自信、自强、自立等自主性品格在教学中得到充分尊重与完善，不断提升学生分析问题、解决问题的能力及创新的品质和能力。

（3）健全灵活多样的教学考评方法

评价方法的确立与评价者、评价对象、评价目的甚至评价程序等密切相关，是一个相当复杂的过程。高校思想政治理论课教学评价作为一个动态的过程，涉及诸多环节和方面，任何一种评价方法都不可能面面俱到，只有健全灵活多样的评价方法并交互使用，才能确保评价结果的客观性、真实性和准确性。尤其是在新媒体条件下，大学生日益敏感、自尊和自主，灵活富有实效的考评方法更容易为他们所接受和配合，可以采取以下几种方式进行教学考评。

①笔试考核与实践考核结合法。笔试考核具有形式统一、题型多样、覆盖面广等优点，能够有效地检测学生对相关知识的掌握程度。实践考核更直接、更真实，能让学生通过完成实际任务和真实情景来表现其学习成效，既能反映学生的知识和能力，又能揭示出学生的态度、责任心、合作精神等，应加大对实践活动的考察力度，包括调查、参观、看电影、课堂辩论赛、办展览等。

②平时作业与期末测验结合法。这种方法需要增加平时作业在评价中的地位和权重，且平时作业可采取机动灵活、形式多样的方式，如课程论文、读书

体会或者是教学录像的观后感等。在对平时作业的评分上，可分为优秀、良好、一般和较差四个等次，按一定权重进行换算后与期末测验成绩相加。

③理论认知与日常行为结合法。在高校思想政治理论课教学中，经常出现理论认知与日常行为之间相脱节和背离的情况，理论考核高分并未及时转化为思想道德行为的良好表现。因此，高校思想政治理论课教学要把能否做到"知行统一"作为考核评价的重要标准。

④课内表现与课外实践结合法。我们不仅应该重视学生的课堂表现，还应把学生的课内表现与课外实践有机结合起来。课内表现主要由任课教师进行记录和考评，课外实践则由班主任、班干部和学生代表等共同评价。在学期末把每个学生课内表现和课外实践的总成绩按一定权重换算后，将其作为学生总评成绩的重要组成部分。

总之，随着新媒体时代的到来，思想政治理论课的教学应顺应时代变化，善于运用微博等新网络媒体，将线上教育与线下教育有机结合，通过各种途径激发学生的学习兴趣，提升教学的质量，为构建社会主义核心价值体系，培养优秀的社会主义建设者服务。

第三节 新媒体时代高校思想政治教育的话语变革

新媒体给高校思想政治教育提供了全新的环境，它的发展使思想政治教育主体的信息优势丧失，某些传统方式方法失灵，话语权也发生了变化。因此，加强对高校思想政治教育话语研究，系统探讨高校思想政治教育话语权的变化及其缘起，变革和重塑高校思想政治教育话语权，是新媒体时代提高高校思想政治教育有效性的一项迫切任务。

一、新媒体时代高校思想政治教育话语的特征与功能

（一）新媒体时代高校思想政治教育话语的内涵

新媒体时代思想政治教育话语是指思想政治教育活动主体运用新媒体技术，通过多形式、多模态的信息传播而展开的沟通活动，包括说话人、受话人、文本、沟通、语境等要素，以达到指向一定思想政治教育目的的言语符号系统。

本定义的内涵体现了以下三点：

第一，新媒体时代思想政治教育话语已超越了作为社会符号的语言。传统意义上的话语，可以理解为是一种社会符号的语言，而在新媒体时代，话语已超

越了作为社会符号的语言，成为使用两种或者多种符号资源（语言、图像、空间等）完成意义建构的社会实践。语篇的含义也从传统的静态文字语篇扩展到了动态多模态语篇。因此，思想政治教育活动主体只有适应这种变化，才能更好地完成思想政治教育目的的建构的社会实践。

第二，新媒体时代思想政治教育话语传播呈现多形式、多模态。新媒体时代，在信息传递过程中，信息发送者和接收者之间的交流是双向的，大大改善了传统媒体传播信息过程中受众的被动地位，如互联网已经成为接收者与传播者之间一个相当重要的相互沟通工具，"点对多""多对多"等信息交换方式也相继出现。话语在现代新媒体技术的作用下，呈现出多形式、多模态，基于此，思想政治教育话语唯有通过这些新的形式以及不同的模态才能得以体现。

第三，新媒体时代思想政治教育话语沟通更具人性化和契合性。新媒体时代的话语具备了很大的开放性，大众从单纯的受众变成媒体的主体，具有了更大的主动性，如在网络个人博客中，个人掌握着话语权。虽然新媒体对技术有很强的依赖，但在这个时代，信息的获取越来越快捷、方便、自由。因此，在新媒体时代，突出思想政治教育话语的人文关怀和以人为本的宗旨，是实现思想承载性、主体主导性和内容契合性的保证。

（二）新媒体时代高校思想政治教育话语的特征

与传统高校思想政治教育话语特征相比较，新媒体时代高校思想政治教育话语特征是有所不同的，主要有四个特征：

1. 思想开放性

传统高校思想政治教育所传播的思想主要是通过话语来实现的，没有话语也就没有思想。话语具有多种表现形式或者话语方式，任何一种话语方式都承载和传递着一定的思想内容；离开了这种"表达方式"就不会有任何思想体现，无论是表达者还是接受者，都是首先通过话语方式来表达和理解语言信息的。而新媒体时代却使这种"表达方式"发生革命性变化，新媒体在传播时间、内容和方式上都表现出了极大的开放性。新媒体信息的传播可以突破时空界限，跨越千山万水，抵达世界的各个角落，成为真正意义上的"全天候媒体"。新媒体尤其是网络新媒体的广泛传播带来了海量信息，实现了"资讯无屏障"使网络用户可以获取的信息"永不枯竭"。因此，新媒体时代高校思想政治教育所传播的思想，必须体现极大的开放性，它应当善于借助这种"开放性"的"表达方式"来承载和传递着一定的思想内容；可以说，离开"开放性"话语，思想政治教育活动主体的教育思想既无法表达，也无所依附。

2. 主体交互性

传统高校思想政治教育话语,通常是以思想政治教育工作者作为教育的主体的,所采用的控制式和劝导式话语方式与思想政治教育工作者在思想政治教育实施过程中的主体地位是相适应的,表现为"实施主导性"。新媒体时代,新媒体的传播方式是双向的,传播者和受众在信息交流过程中都有对等的控制权或主动权,每个人既是传播者,又都是受众,传播信息和接受信息几乎可以同时完成。由于在网络空间里每个主体都以相互区别的代号平等存在、平等对待、平等交流,因此新媒体时代学校思想政治教育话语的对话方式表征着教育者与受教育者之间是一种民主交往关系,双方拥有平等的话语权,教育者与受教育者可以采取自愿、自由的方式展开对话,并且这种对话不是封闭式而是开放式的,不是控制式或劝导式而是交互性的。施教者只有充分认识到思想政治教育话语主导性的变化,不断调整自己、完善和发展自己,才能更好地发挥自己在新媒体时代高校思想政治教育中的教育和引导作用。

3. 形式多样性

传统高校思想政治教育话语形式比较单调,主要通过课堂、讲座、报告会等形式来实现。新媒体时代,由于新媒体技术的广泛运用,话语表现形式丰富多彩,就互联网而言,就有网络即时聊天、网络博客、播客、微博等多种形式。它们巧妙地绕开现有结构的控制,使得人们对信息的获取越来越快捷、方便、自由。新媒体所具有的多样性话语形式,不仅超越了报纸版面、电视时段、地缘等方面的限制,更突破了高校课堂、讲座、报告会等话语形式的局限,大大改善了传统媒体传播信息过程中受众的被动地位,在时间和空间两个维度都极大地提高了话语传播的可能性和有效性。因此,新媒体时代高校思想政治教育话语必须切实掌握这种"点对多""多对多"等话语形式,只有这样,话语意义才能通过这些新的形式以及不同的模态得以体现。

4. 内容个体性

传统高校思想政治教育话语的内容历来强调两点:一是思想政治教育话语必须与思想政治教育对象的日常生活及利益、需求相契合,具有相应的联系;二是思想政治教育话语的表达要与思想政治教育对象对信息认识、理解的程度相契合。即:思想政治教育话语所指向的思想政治教育目的、所表达的思想政治教育内容都要与教育对象具体的接受能力和接受特征相适应。但是在实际操作时,由于受到各种因素的影响,效果不明显,尤其是对有个性化需求的更难以有效。新媒体技术的运用,也为高校思想政治教育话语带来了两个革命性的变化:一是对等,即 Peer to Peer。在新媒体世界,没有老幼尊卑,人们随时享受到的是对等的关系、对等的权利。由此带给我们的是思想教育主客体关系本质的变化。二是点对点,即Point to Point。过去"一令众应"的指令性话语发送在新媒体世界变成了"个性化"的问题解决,由此带给思想政治教育的是对传统的、相对粗放的工作模式的变革,是注重每个学生的个性需求,强调学生的主观能动性,更新固有的工作理念和方法的变革。新媒体时代高校思想政治教育应当注重话语内容的变革,融图形、文字、声音、动画等为一体,为大学生提供"点对点"的传播服务,尤其是针对不同需要的大学生提供个体性的服务,使得思想政治教育话语内容更具契合性和实效性。

(三)新媒体时代高校思想政治教育话语的功能

新媒体时代高校思想政治教育话语的功能,概括起来主要有6个方面。

1. 载体功能

所谓高校思想政治教育话语载体,是指能够承载和传递思想政治教育话语内容的物体或工具。新媒体时代,新媒体技术为高校思想政治教育和学习交流搭建了一个数字化、网络化和智能化的话语载体。所谓网络化是指利用通信手段把分布在不同地理位置的计算机连接成为一个计算机的集合体,主要是指广域网(Wide Area Network)和局域网(Local Area Network)的充分互联。互联网高度整合局域网上的各种教育和科研上的资源以及整个社会的知识资源,是一个超越时空限制并且完全开放的教育和学习平台。所谓数字化是指利用现代科技信息技术将图像、文本、声音与动画等物理信息以某种数字格式进行录入与存储并进行传播。那些充分共享的数字资源发展成为全社会进行教育和学习的共同拥有的知识财富。所谓智能化是指包含超媒体、人工智能、多媒体与知识库等在内的信息技术,与计算机网络进行统一,从而能够更有效地使用数字资源,进而创造出一种具备智能化的思想政治教育系统和环境。高校思想政治教育作为一种教育活动,需要有一种纽带把思想政治教育主客体有机结合起来。这种纽带就是高校思想政治教育话语载体,或者说是承载和传递高校思想政治教育话语内容的物体或工具,高校思想政治教育者可以通过运用和发挥这些话的语载体功能,把高校思想政治教育的内涵传递给学生,使高校思想政治教育内容和信息作用于学生。没有这些话语载体功能的作用,高校思想政治教育工作者和学生的关系就会断裂,无法实现二者的沟通和互动,教育内容自然无法传输给学生,思想政治教育的效果也就无法显现出来。

2. 导向功能

导向功能是高校思想政治教育话语最主要的功能。思想政治教育的话语实现,必须通过各种传播媒介,而传播媒介的发展,尤其是新媒体的出现,使得高校思想政治教育话语的导向功能更为显现。随着传播信息的扩展和传播速度的加快,当今社会信息传播方式大大丰富起来,现在人们通过手机微信,除了可以发送文本信息外,还可以发送音频、视频信息。同样,通过网络,可以以在线聊天的方式利用文字、信息、视频等多种形式通话、聊天;可以通过博客发表自己的见解,阐述自己的观点;可以通过文本、多媒体播件传递各种信息,等等。总之,各式各样的信息都可以通过新媒体进行多种方式的传送,其形式变得越来越复杂多样。由此,传统的思想政治教育的单向灌输话语不再可行,取而代之的是思想政治教育导向话语,通过思想政治教育的导向话语营造主流话语氛围。所以,思想政治教育话语的导向功能是时代所要求的基础功能,而其功能的体现必须借助新媒体才能实现。为体现高校思想政治教育话语在价值、目标和行为导向方面的功能导向作用,思想政治教育工作者可以利用新媒体即时性的特点,将学生感兴趣的思想政治教育素材发布到网络空间,促进高校思想政治教育学习的即时性;还可以利用新媒体的开放性、随意性特点,将自己在道德观、人生观、价值观方面的观点,通过简单凝练而富有哲理的文字形式发布到微博空间,对学生进行教育,从而提高思想政治教育的针对性。在网络环境中,由于每个人的认识能力和处理信息能力不同,大众媒体时代所遗留下的"权威性"仍将在网络新媒介中习惯性地发挥作用。当网络上出现大量不同议论、争辩激烈时,人们往往会自觉、不自觉地关注权威评论家的话语,希望"意见领袖"为自己答疑解惑。为此,应发挥好"意见领袖"话语的导向功能作用,加强对舆论的正面引导。"议程设置"是大众传媒所具有的一种为公众设置"议事日程"的功能,指的是传媒在新闻报道和信息传达活动中,可以通过赋予各种"议题"不同程度的显著性的方式,影响人们对事件重要性的判断。在新媒体环境下,虽然信息发布者的话语对公众设置议程的影响力因舆论主体公众化、舆论内容多元化而大打折扣,但网络媒体议程设置的话语仍然存在,如果巧妙运用,同样能够发挥好其话语的导向功能作用。

3. 互动功能

思想政治教育是一个双向互动的过程。新媒体时代,网络改变了人际沟通的模式,使人际沟通与互动的广度和深度达到了一个新的层面。网络将私人空间与公共空间结合起来,给人们的沟通提供了前所未有的便利。这是一种心理与科技结合的渐进革命。在网络人际沟通中,个人以局部参与互动,实际上是个人自我认同的互动,但参与者共同组成的社会,支撑着互动的进行,个人有时甚至也援引在真实世界中的身份来推动这一互动过程。网络所有的多媒体特性都隐含了互动的功能。过去的人际传播是"点对点"的"对话式"双向传播,大众传播是"点对面"的"独自式"单向传播。新媒体为人类传播活动提供了第三种传播形式——电子"交互式"的网络传播。这种话语的传播形式既综合了人际传播与大众传播的特点与优势，又不是两者简单的整合和延伸，而是一种全新的沟通互动功能的创造和体现。

从某种意义上说，新媒体时代高校思想政治教育话语既是广义上的信息传播和通信过程，它同样也是一种特殊的远程信息传播或通信，一种情感传播的过程，其话语的互动功能主要表现在：有助于高校思想政治教育工作者能够按照一定的教育目的要求，选择合适的思想政治信息，通过有效的媒体通道，把知识、观念和技能等远程地传送给教育对象，在教育者和受教育者之间实时地进行双向话语交流活动。同时，也有助于发话者在话语互动的过程中，能够立足话语接受者的实际，结合接受者自身特点，充分尊重个体差异，从接受视角出发，合理满足话语接受者的话语需求，优化表达语境，准确表达教育信息，及时提取反馈信息，从而使接受者在话语的互动中也能够积极主动地接受教育，并通过内化、外化形成良好的思想道德品质和品德行为。因此，可以说新媒体时代高校思想政治教育话语所具有的互动功能，是一种网络思想政治文化传播，是一种在时间和空间上拓展人的语言和情感的融政治性和思想性为一体的网络双向互动行为。从这个意义上来说，新媒体时代高校思想政治教育话语传播的主体不仅是教育者，还是受教育者，教育者往往同时又是受教育者，而受教育者往往又是教育者，是他们双方共同的行为和作用，促成了话语传播的进行。教育者和受教育者的关系是两个主体相互依存、相互制约的互动关系。

4. 渗透功能

所谓渗透功能指的是，新媒体时代高校思想政治教育工作者在进行思想政治教育的过程中，通过采用新媒体技术，将思想政治教育的话语渗透到受教育者实际生活的各个方面，从而使受教育者在渗透功能的影响下，潜移默化地接受这种思想政治教育话语并将其内化为自己的符合社会需要的思想观念、政治观点、道德规范。新媒体时代高校思想政治教育话语的渗透功能主要体现三个方面。

（1）利用校园网渗透高校思想政治教育话语

利用高校校园网这一途径可以使学生获得对各种新闻、观点和主题进行自主表达意见和评论的便利条件，即使这种自由评述是在虚拟的背景下进行的，而且有别于实际生活当中的自由对话，然而它与具有无形特征的文化、思想和意识形态有吻合之处，会对大学生的话语造成不同程度的正面或负面的影响。所以在大学生面对众多话语选择的同时，高校传媒的文化与意识形态领域的渗透方式应当更加潜移默化、令人难以觉察。高校传媒利用这种潜移默化的渗透方式改变大学生的观念、思想和舆论，功能发挥的方式更具有隐蔽性，在渗透中可以实现教育功能。

（2）借助新媒体的隐匿性渗透高校思想政治教育话语

新媒体技术的匿名性、隐蔽性等特点，使网友的性别、年龄、身份、地位等社会角色得到屏蔽，网络在线的每一个人，只用符号就可以实现畅所欲言。新媒体技术的这一特征，在一定程度上缩小了人际交往的心理距离，去除了先入为主的交往恐惧，可以使人在精神完全放松的情况下交流认识和思想，这有助于教育者了解大学生的思想动态，获得真实而有价值的信息，解答大学生在成长过程中出现的困惑，并针对他们的各种问题及时准确地加以引导，提高思想政治教育话语渗透的有效性。同时，也可以通过互动互助的论坛、交友、电子邮箱等形式，引导大学生对学校的发展、管理等自己感兴趣的话题发表自己的观点，在话语的碰撞中充分发挥出新媒体"渗透式"隐形教育的功能，这样无形中的思想政治教育往往比面对面的交谈等思想政治教育方法更有效。

（3）把握新媒体的广泛性渗透高校思想政治教育话语

作为高校思想政治教育新载体的新媒体具有覆盖无限空间的功能。以往的大学生思想政治教育经常以"一对一"的形式开展，通过促膝谈心，可以很好地解决个人的思想问题，但这种教育手段因为受制于场地和时间等因素，覆盖面比较有限。新媒体的发展使高校思想政治教育话语传播可以突破时空的局限，使得高校思想政治教育话语传播得以进一步的发挥，更具有广泛性和影响力。随着思想政治教育话语渗透功能的拓展，思想政治教育话语得以渗透到组织规范制定和管理过程之中，可以让思想教育在大学生学习、生活的多个角度不知不觉地展开，对教育对象的思想、行为将会产生潜移默化的影响和塑造作用。同时，由于这种渗透功能有意识地将思想教育话语渗透到人们的各种活动之中，可以使过去与思想教育无关的部门、单位、人员和活动领域，成为思想教育的载体，进而形成多种社会因素和多方面人员参与的教育合力的功能，从根本上改变高校思想政治教育话语传播的有限性局面。

5. 规范功能

思想政治教育话语的规范功能是思想政治教育学科话语实现的目的功能。所谓高校思想政治教育话语的规范功能，是指通过思想政治教育具体话语的传播，运用思想政治教育话语权力，对受教育者的政治意识、道德意识等进行规范，从而使受教育者的政治道德意识提升到社会所要求的水平上，使高校思想政治教育的目的得以实现。

高校思想政治教育话语的传播，离不开话语"权力"，而"权力"的运作必须进入特定的话语并且受特定的话语控制才能发挥其力量，没有话语，"权力"就缺少运行的重要载体。同样，任何话语的形成及其实践"权力"运作的结果，也是"权力"运作的方式，"权力"能够让一部分话语成为主流话语，而让另一部分话语隐匿消解。毋庸讳言，高校思想政治教育话语应具有这种"权力"，而这种"权力"是思想政治教育话语必需和必要的，并且它的规范功能就是依靠这种"权力"而实现的。新媒体时代，由于信息传播速度快、范围广，高校思想政治教育内容与社会发展有时具有不同步性，导致思想政治教育话语滞后于社会发展，导致教育者和受教育者之间难以使用思想政治教育话语进行有效沟通，从而使得其话语权力受到一定影响，规范功能不能得到充分体现。鉴于此，为使高校思想政治教育话语的规范功能得以充分发挥，应牢牢掌握三个方面"权力"：

（1）掌握话语"以快制快"的主动权

近年来，国际、国内大事频繁出现，对这些情况，高校思想政治教育工作者应当利用新媒体的快速反应能力，抓住问题实质，及时传播思想政治教育话语。例如通过网上开辟"时势论坛"，第一时间向广大师生"即时播放"信息，引导大家的思想评论，以形成良好讨论氛围，提高师生的政治敏锐性和政治鉴别力。尤其当不良风气在师生中刚露头时，就充分估计到可能带来的后果，及时弘扬新风尚，倡导新风范；当消极的东西只是表现为一般言行时，就意识到在思想上政治上可能带来危害，从而掌握话语主动权，把工作做在前头，把问题解决在萌芽状态。

（2）掌握网络话语的"把关"主动权

网络话语的"把关"主要体现在三个方面：一为"时机把关"。当热点话语发生时，应迅速做出反应，给予合理解释，可以有效扼制问题话语的产生；引导显舆论的困难程度远大于潜舆论，当潜显转换时，对初露端倪的热点话语给予有效引导，可以把握话语引导的主动权，运用思想政治教育话语权力，制止有害话语的传播。二为"内容把关"。始终把宣传党的创新理论、社会主义核心价值观作为思想政治教育话语引导的根本任务和重要内容突出出来，精心设置话语内容，调控大学生话语导向。三为"网络把关人把关"。高校网络把关人既包括宏观上的网络主管机关和网络管理机构，也包括实践中的网络管理者和论坛版主等。网络主管机关和网络管理机构主要从法理的角度指定"把关"规则，实施宏观把关；网站则对信息的选择"把关"，用各种网络技术或编辑手段来体现自己的意图，使受众获得的信息总是在把关人设置的框架中，论坛版主则通过删改、关注主题等特殊权力对论坛内容"把关"。

（3）牢牢掌握第一时间的话语的主动权

新媒体是把双刃剑，往往话语传播的快慢都可能给不良话语留下传播空间。因此，高校思想政治教育工作者必须在网上第一时间与网络亲密接触，有针对性地传播思想政治教育话语，使现行的高校思想政治教育模式更加贴近社会的实际，更加贴近生活的实际，更加贴近高校的实际，更好地体现以人为本的理念。

6. 评价功能

所谓高校思想政治教育话语的评价功能，是指对思想政治教育话语描述、传播、灌输思想政治教育内容的结果进行评价，这种评价既是对他者的评价，又包括对自身的评价，对自身的评价即自我评价，对思想政治教育话语效果的评价实际上就是话语的自我评价。

新媒体时代，高校思想政治教育话语的评价功能主要体现在三个方面：

（1）正效果评价

所谓正效果评价，主要是指在高校思想政治教育活动过程中，思想政治教育话语描述、传播、灌输思想政治教育内容的积极效果，即有效结果。其特征：一是描述有效，是指高校思想政治教育工作者利用新媒体快捷传播的技术，使思想政治教育话语能够准确、恰当、及时地描述思想政治教育内容；二是传播有效，是指高校思想政治教育话语在描述有效的基础上通过自上而下和自下而上的传播方式（即传播的双向度）适时将思想政治教育内容传播到大学生中间去。三是灌输有效，是指高校思想政治教育工作者充分运用新媒体交往引入的特点，使灌输更加充满人文关怀和时代特征，即通过教育者和受教育者之间的话语交往引入，在交往的过程中达到灌输思想政治教育内容的目的，使有形的内容通过无形的方式实现灌输目标。

（2）零效果评价

所谓零效果评价就是没有效果，它介于正效果评价和负效果评价之间。主要是指在高校思想政治教育活动过程中，思想政治教育话语描述、传播、灌输思想政治教育内容失效。具体而言，就是思想政治教育话语无法描述、传播、灌输思想政治教育话语内容，以及教育者和受教育者之间的对话难以取得任何效果。思想政治教育话语失效就意味着思想政治教育话语的存在失去意义，即思想政治教育话语失去存在的依据。导致思想政治教育话语失效的根本原因在于思想政治教育话语的滞后，这个滞后包括两个层面：一是思想政治教育话语滞后于思想政治教育话语内容，导致思想政治教育话语无法对思想政治教育内容进行描述和传播。二是思想政治教育话语滞后于时代发展，导致教育者和受教育者之间难以使用思想政治教育话语进行有效沟通。

（3）负效果评价

思想政治教育话语的效果评价还存在另外一种状况，即负效果评价。高校思想政治教育话语的负效果评价主要是指在思想政治教育活动过程中，思想政治教育话语描述、传播、灌输思想政治教育内容所产生的消极效果或者是负面影响。思想政治教育话语的负效果是与正效果相背离的，是对正效果的一种消解和阻滞。它表明思想政治教育话语已经异化，即异化成为自身的对立面，从而导致随着自身的演变而不断消解自身的恶果。一般来说，思想政治教育话语的负效果，在正常的思想政治教育活动过程中不会形成，但是在特定的历史时期就有可能发生。

总之，要重视和发挥思想政治教育话语的评价功能，不管是正效果、零效果，还是负效果，都要进行理性分析和评价，在此基础上，扬长避短、趋利避害。重点增强思想政治教育话语的正效果评价，而要使其实现，就必须建构思想政治教育话语的实效体系；同时，要从负效果评价中汲取教训，从而更好地推进新媒体时代高校思想政治教育话语发展。

二、新媒体时代高校思想政治教育话语权的转移现象与成因分析

（一）新媒体时代高校思想政治教育话语发展面临的新机遇

在新媒体时代，高校思想政治教育话语发展面临许多新的机遇，主要体现在以下几个方面：

1. 新媒体拓展了高校思想政治教育话语的新空间

传统高校思想政治教育话语，主要基于地缘、职缘的交往范围，以点对点交往的形式来实现的，由于受话语传播局限性的影响，无论是话语传播的空间，还是话语传播的效果，都很难以达到预期目的。随着新媒体的普及和高速发展，高校思想政治教育话语的拓展已成为迫切需要。

首先，网络世界、虚拟现实、虚拟空间、虚拟社会、虚拟世界等一系列的交往模式日益受到大学生的青睐。这就为思想政治教育话语向网络世界、虚拟世界拓展提供了新的机遇。思想政治教育教育对象的需要是思想政治教育话语发展的最根本因素。具体来说，一方面，新媒体为大学生提供了相对自由的独立空间。网络语境的无中心性、情境性等为受教育者提供了一个相对自由的独

立空间，使他们能够自主地浏览网页，选择信息，而不再被单一的信息渠道或价值观所束缚，也不再被任何话语权威所控制，他们可以通过对不同价值取向的比较，发现其中的善恶、优劣，培养独立的人格。另一方面，新媒体为高校思想政治教育工作者拓展了教育范围。新媒体语境下的高校思想政治教育过程突破了以往点对点交往的局限姓，超越了基于地缘、职缘的交往范围，通过网络进行全方位、多层次的信息传播，为受教育者提供了更为方便且范围更大的教育机会。

其次，新媒体为高校思想政治教育话语注入新的动力。传统的高校思想政治教育对新媒体关注不够，甚至在一定范围内导致新媒体环境下思想政治教育话语真空的现象。新媒体具有即时、简明、快捷、时代性强等特征，许多网络的话语形式、话语内容和话语方式为高校思想政治教育话语发展注入了新的血液。

再次，高校思想政治教育话语的宏观领域已经无法满足虚拟世界的需要，这就迫使思想政治教育话语向微观领域拓展，这个机遇虽然不是极为主动的，但是确实是个难得的机遇。高校思想政治教育话语向微观领域拓展，在一定程度上，才能形成真正的思想政治教育话语体系。宏观领域的思想政治教育话语体系算不上是真正完美的话语体系。因此，高校思想政治教育话语向微观领域拓展才刚刚开始，大有可为，机不可失。

2. 新媒体创新了高校思想政治教育话语交流互动的新范式

近年来，学界对高校思想政治教育话语展开了深入研究，一些研究者认为高校思想政治教育话语作为一种实践性的话语，是主体间（包括思想政治教育者、思想政治教育受教育者和思想政治教育利益攸关者）沟通、说服、意义表达、意愿培养等实践活动的参与者和建构者。高校思想政治教育话语主要是针对大学生这个特殊的青年群体而言的，是高校思想政治教育者（专业教师、政工师、辅导员等教师群体）对大学生的沟通、说服、意义表达、意愿培养等实践活动的参与者和建构者，以促进大学生的身心健康发展，促进大学生实现人与人、人与社会、人与自然、人的内心的和谐发展，进而实现大学生的全面发展。在当代中国，广大教师和大学生作为社会的特殊群体，他们以敏锐的社会眼光和深邃的洞察力紧跟时代步伐，关注社会动态、社会思潮、国际局势、全球性的各种浪潮等。他们广泛涉猎政治、经济、文化、社会、网络等各个领域的话语资源，尤其是全球性的社会思潮、浪潮的话语资源，使得主体在交往、沟通中不断丰富高校思想政治教育话语的内涵，为高校思想政治教育话语发展提供良好的实践平台。但是，由于传统高校思想政治教育话语的交流范式，是"面对面"的直接交流，不仅形式比较单一，更重要的是受教育者处于比较被动的位置，难以达到交流互动的效果。新媒体创新了思想政治教育双方的交流范式，它把传统的思想政治教育中主客体间的"面对面"直接交流，演变为新媒体语境所提供的虚拟的间接式的交流模式，隐去了每个人先天被赋予的各种自然条件和后天形成的社会地位差别，传统社会对固定群体的身份认同不复存在，提供给每个人以平等的机会。这种交流范式，有利于加强教育者和受教育者之间的沟通，有利于教育者进一步了解受教育者的真实想法，有利于有的放矢地进行思想政治教育。简言之，正是由于高校思想政治教育主体间话语的丰富性和创造性，在他们的交流与互动中给高校思想政治教育话语发展提供了良好的发展机遇。

3. 新媒体推动了高校思想政治教育话语适应构建社会主义和谐社会的新要求

从总体上来说，高校大学生的心灵和谐，是实现全社会和谐的重要组成部分，也是高校思想政治教育适应构建社会主义和谐社会的新要求。但在实际工作中，高校思想政治教育如何与构建社会主义和谐社会相适应，是思想政治教育工作者在新媒体时代碰到的一个新课题。一方面，它要求思想政治教育要与构建和谐社会相适应，不断促进人与人、人与社会、人与自然的和谐及人的内心的和谐。在诸多和谐中，心灵和谐是人与人关系和谐的基础，是人与自然和谐的前提。另一方面，新媒体时代，来自网络的各种信息会对人的心灵和谐产生影响，这种影响有正面的也有负面的，而负面影响往往会有害于人与人、人与社会、人与自然的和谐因而要协调好两者之间的关系。高校思想政治教育话语则是促进大学生心灵和谐的重要沟通者。高校思想政治教育话语可通过新媒体的途径和方式，走进大学生的内心世界，对大学生的内心进行充分的评估，并采取相应的对策，对他们的心理机制进行干预、对心灵世界的混乱秩序进行梳理，进行潜移默化的影响，化解其内心的矛盾。通过对大学生的良性机制、心灵机制、情感机制的干预和友善对话，使得他们的内心达到一种和谐的状态。因此，高校思想政治教育话语在构建社会主义和谐社会中具有更加突出的作用，这也就给高校思想政治教育话语发展提供了新的机遇，为思想政治教育话语向微观拓展提供了舞台。

4. 新媒体提供了高校思想政治教育话语与全球化话语接轨的新机遇

与全球化话语展开对话是高校思想政治教育话语国际化发展的必然取向。从理论上来说，高校思想政治教育话语作为一种特殊的话语理论与全球化话语理论一样同属于一般性的话语理论范畴，具有一般性话语理论的共同特征、属性和价值取向。换言之，高校思想政治教育话语与全球化话语在理论层面上具有某些共同性、相通性。高校思想政治教育话语与全球化话语可以在一定的环境和场合下相互沟通、相互吸收，而不是完全相排斥。而全球化话语是一个涉及全球性的话语理论，内涵极为丰富，其边界远远超出了高校思想政治教育话语理论乃至整个思想政治教育话语理论的视域，这就为高校思想政治教育话语发展提供了新的广阔的空间、机遇和契机。从实践上来说，由于受到全球化话语的冲击，传统高校思想政治教育话语显示出滞后性，导致在高校思想政治教育活动过程中出现了话语失语、话语失效等现象。在文化全球化、信息全球化、网络全球化快速发展的时代，高校思想政治教育话语发展离不开新媒体，只有借助新媒体技术，去获取更多、更加丰富的世界各民族文化话语资源，才能够不断拓展自身的话语理论，搭建好高校思想政治教育话语与全球化话语接轨的平台，从而在国际舞台上获得更加广阔的话语空间。

5. 新媒体促进了高校思想政治教育话语理论更新的新自觉

当前，高校思想政治教育工作者或者习惯于传统思想政治教育方式方法，或者对新媒体时代的思想政治教育还难以适应，高校思想政治教育话语权已经或者正在失去，思想政治教育话语的空间也不断遭到挤压。此外，一些已经涉足新媒体时代思想政治教育话语的工作者，由于对思想政治教育话语基本定位在宏观领域，对微观领域涉足不多，往往对思想政治教育话语在微观领域中的解释退隐，或者解释力较匮乏，从而使得思想政治教育话语逐渐失去吸引力和战斗力。高校思想政治教育话语迫切需要进行理论反思，在反思中逐渐实现理论更新的新自觉。"全球视野""世界思维"是新媒体时代话语的新特点。高校思想政治教育话语应当把握新媒体时代话语的新特点，努力促进思想政治教育话语的理论更新，以此激发思想政治教育主客体之间的创造性，使得思想政治教育话语深入一个新的微观世界，从而为高校思想政治教育话语提供更加广阔的发展空间。

（二）新媒体时代高校思想政治教育话语权的转移现象

新媒体时代高校思想政治教育话语在面临发展新机遇的同时，也面临着新挑战，这种挑战主要表现来自话语权转移，概括起来存在如下转移现象：

1. 新媒体"海量共享"特性

新媒体"海量共享"特性，解构了高校思想政治教育的话语权威和信息优势。在高校传统的思想政治教育中，教育者就是信息的传播者，有稳定可靠的信息来源，掌握着学生不曾了解抑或无法得知的教育资源。因此，教育者在教育过程中比较容易树立威信，其话语权的主体地位受到制度的确认和学生的尊重。而新媒体的广泛应用以及所呈现出的"海量共享"特性，极大地拓展了受众获取信息资源的机会和渠道，教育者不再是主要的信息源，学生可以直接从网络获取大量的信息，甚至是教育者所不曾掌握的信息，学生有了更多的参与教育活动的自由权、信息选择的自决权、价值认同的自主权、信息反馈的主动权等。传统思想政治教育的"一元话语体系"被解构后，取而代之的是师生间的平等互动、自由选择，思想政治教育工作者的教育行为只是给学生提供选择和引导。由于教育者和受教育者面临同样的信息环境，因而教育者的信息优势地位相对减弱，这无疑对教育者原先独有的话语权造成了很大的冲击。这是不以人的意志为转移的客观事实。如果思想政治教育工作者不能适应这种新情况并采取相应对策，势必降低高校思想政治教育的权威性和话语权的影响力。

2. 新媒体"信息传播无屏障"特性

新媒体"信息传播无屏障"特性，削弱了高校思想政治教育的话语调控力和引导力。在高校传统的思想政治教育中，大学生主要通过电视、广播、报纸及各项校园活动来了解信息。高校思想政治教育工作者的话语权是建立在一定控制力的基础上，他们可以运用管理手段对来自这些渠道的信息进行过滤，尽量抹去不良信息。与此同时，思想政治教育工作者还能直接参与信息的制作，大学生接触的信息具有较高的可控性。而在新媒体环境下，由于"信息传播无屏障"特性，任何观点、思想都可以在网络上自由的接收和传播，这使得高校思想政治教育工作者对信息源的限制和对信息的过滤变得力不从心，随着作为"把关人"的话语调控力的削弱，思想政治教育工作者的话语权也将无从谈起。高校思想政治教育工作者的引导力是其发挥主导作用的关键因素，若引导力下降，思想政治教育工作者话语权也会受到很大的影响。网络的多元化使多种思想和文化并存，更需要思想政治教育工作者发挥引导力。然而，大学生对信息选择的空间越来越大，极有可能拒绝自己不喜欢的思想政治教育的网络信息。新媒体中充斥的各种非马克思主义甚至反马克思主义的东西与思想政治教育工作者向大学生"灌输"的马克思主义思想形成激烈交锋，在一定程度上给大学生的思想造成了混乱。大学生的好奇心和求知欲及不成熟的分辨能力，往往会增加其选择和接受错误思想观念的概率。高校思想政治教育工作者的引导力如果削弱，其话语权也会不可避免地受到冲击。

3. 新媒体"全天候即时互动"特性

新媒体"全天候即时互动"特性，降低了高校思想政治教育话语模式的吸引力。高校传统思想政治教育大多是单向的以"灌输"为主的教育模式，学生成为信息的"存储器"，教育者习惯于"自上而下"的路径，手段单一、方法简单、形式一律，而忽视对不同层次的学生及其身心发展规律的认识，教育者与受教育者的关系被演绎成知识传授与接受的关系，因而缺乏对人性提升的作用。相对于传统思想政治教育固定时段的课堂教学或者有限数量、有限形式的社会实践等第二课堂活动而言，新媒体为大学生提供了全天候的信息获取渠道和发布平台。任何学生在任意时间、任意地点以新媒体终端接入互联网，都可以自由获取资讯、享受应用服务、与别人分享观点。新媒体这种"全天候即时互动"的特性凸显了传统思想政治教育手段的乏力，从数量上看，有限时间的思想政治教育教学难以企及新媒体随时随地、潜移默化的影响；从形式上看，新媒体天然的即时互动特征更大地刺激了学生的参与热情，进而加强了互动的频率，扩展了互动内容的深度和广度。这无疑调动了大学生的主体意识，改变了大学生的认知方式。他们不再满足于单方面的接受灌输，更青睐于以新媒体作为沟通的手段平等地与教育者交流，从而使教育者不再有依靠角色权威控制思想教育话语的优势。面对新媒体环境下的新变化，一些思想政治教育工作者并未及时转变居高临下的角色和传统的教育方式。如此，思想政治教育工作者在思想政治教育过程中面临尴尬，其话语权显得苍白无力、其话语模式失去吸引力已成为一种必然。

4. 新媒体"个性鲜活"特性

新媒体"个性鲜活"特性，影响了高校思想政治教育话语的实效性。传统的高校思想政治教育话语体系作为社会主流文化的具体体现，在内容与形式上有着语境的严肃性、话语的规范性、语词的固定性、叙事的宏大性等特点，教育语言缺乏个性、审美特征，不够生活化。教育者习惯这种语言表达方式，而大学生对于缺乏新鲜话语的思想政治教育兴趣不高，内心往往萌发出对教育者的排斥和反感。新媒体的显著特征之一是个性化。新媒体形式赋予了用户尽可能展示自己的工具，如博客、微博、微信等应用，使所有普通人拥有了轻松、随意表达个性的渠道和平台。鲜活的个性特征、丰富的精神需求、各异的态度观点在新媒体环境下自由绽放。传统的高校思想政治教育的"说教"方式在新媒体环境下遭遇传播瓶颈。一方面，一些教育者的创新意识和对于新鲜事物的接受能力往往不如大学生，因而对于流行于大学生群体中富有"个性鲜活"特性的网络语言难以适应，或者不以为然，更不能主动利用网络语言在网上和大学生交流。另一方面，网络话语的迅速更新使教育者的信息很难进入大学生所熟悉的文化语境，甚至可能与他们所认同的网络语言和文化心理产生激烈冲突。这样，教育者的工作便陷入了信息不对称、交流不畅通的困境。如果思想政治教育工作者不能有效地了解并利用网络语言，必然在一定程度上造成其话语权的旁落，影响高校思想政治教育话语的实效性。

5. 新媒体"碎片化"特性

新媒体"碎片化"特性，呼唤高校思想政治教育话语传播的组织方式更新。"碎片化"是近年来社会学领域的一个关注焦点，也成为新媒体下信息生产、传播的典型特征。其表现为：一方面，人们应用新媒体的时间越来越零碎，高频率、短时间成为使用者在新媒体环境下互动的常态；另一方面，人们对信息的关注与需求越来越发散，传统的、倾向于无差异的普遍的广大受众，被分割为志趣相投的或者利害相关的"小众部落"。在"小众部落"的圈子中，人们更容易找到有着共同话语的伙伴，关注相似的热点话语。在新媒体"碎片化"特征下，传统的高校思想政治教育话语传播的组织方式亟待更新。思想政治教育工作者必须主动进入大学生的新媒体世界，成为"圈内好友""粉丝"，才有可能第一时间了解大学生的即时状态、观点态度、利益关切，进而为在新媒体环境下传播思想政治教育话语奠定基础。

（三）新媒体时代高校思想政治教育话语权的转移成因

当前，新媒体时代高校思想政治教育话语权缺失是客观存在的现象，究其原因主要是：

1. 从话语传播形式上来说：滞后于思想政治教育的发展和要求

现阶段，高校思想政治教育话语并没有完全突破原有的形式，尤其是理论课话语体系的主体依然是政治话语、文件话语、权力话语等，甚至从教材上呈现的文本到教师课堂讲授的语言都是用以上对下的姿态来传达党和国家对受教者的要求和规定的。随着新媒体时代的到来，教育者和受教育者之间的话语传播形式和传统交往关系已经发生了深刻变化。一方面，话语的传播和获得表现出极大的开放性，各种信息、组织和人员可以自由地进出，人们的思想可以得以自由驰骋，没有任何人可以永远是话语的拥有者和话语规则的制定者，新媒体中的人际交往呈现多元性，话语传播形式呈现无中心性和多变性。每一个人都可以是话语的传播者，也都是话语的接受者。另一方面，新媒体的发展使得受教育者的独立意识、民主意识、自我意识进一步增强，他们对于自我和与他人关系的重新认识和评价，更大程度上具备了改变自我的从属地位的现状，力图获得更多的话语权。他们期望在交往中更多地被以平等的眼光和平等的话语进行交流。在这种情况下，传统思想政治教育模式中的受众将被重新定义。但在实践中，由于传统的影响，一部分人仍然将高校思想政治教育话语传播视为一种"传—受"关系，把教育者单纯视为一个话语传播者，而把学生单纯视为一个被动的话语接受者。这样实际上是把思想政治教育看作一种简单的"传—受"过程，一种由外向内施加影响的过程，从而忽视了学生的平等主体和自我建构，完全剥夺了学生作为平等参与主体的权利和机会。由于话语传播形式远远滞后于思想政治教育的发展和要求，这样就容易导致话语失效，使高校思想政治教育难以取得预期效果，产生话语断裂的现象。

2. 从话语传播内容上来说：疏离于大学生的生活世界

以互联网为代表的新媒体已经影响并且深刻地改变着我们的现实生活，创造了一个新的"虚拟空间"或"虚拟世界"。在观念变化、人际变化和现实社会感知变化的情况下，虚拟空间已经介入到人们常态生活之中，而随着新兴媒体技术的不断进步，虚拟空间与现实空间的互动性不断增强，二者相互作用、相互影响。

信息传递与现实行动间的时间差急剧缩短。今天，新媒体的触角已经伸到了世界的几乎每一个角落，信息在网上的流通已经不再受到时间和空间的限制。新媒体技术带给了大学生较之传统社会更为丰富的生活资讯，带来了巨大的便捷，不管是任何地方的信息，都可以使用网络以最快的速度获得并进行分析整理，从而做出对自己有利的选择；新媒体技术帮助大学生更为快捷地掌握了生活技能和对各种难点问题的分解，新媒体已深深地扎根在大学生的生活世界之中。然而，反观高校思想政治教育话语内容传播的现状，可以看到高校思想政治教育话语内容长期以来疏离了生活世界，主要表现为：一是思想政治教育话语内容只注重方向性，缺乏时代性、层次性和生动性，存在过度理想化倾向。二是思想政治教育话语有意规避现实生活中有争议的热点和难点问题，存在过度封闭化倾向，导致了受教育者在社会生活现实价值冲突面前无所适从，引发其对思想政治教育话语的质疑。尽管多年来我们一再强调要理论联系实际，加强社会实践活动，但由于我们的高校教学是从"理论世界"出发来观照生活世界而不是相反，所以很难使大学生对思想政治教育话语内容入脑、入心。由于高校思想政治教育话语传播内容与生活世界高度隔离，不与受教育者的生活世界发生联系，学校对大学生生活世界中的公共话题不掌握话语权或者缺乏有效介入，致使受教育者陷入了面对课程文本无言可说，面对有话可言的现实生活却又无处可发的"失语"困境。

3. 从话语传播视域上来说：主客体之间话语共识域缺乏

新媒体时代，由于高校思想政治教育工作者一时难以适应话语传播的新视域，往往出现教育者和受教育者集体失语的状态。教育者和受教育者双方共识域的缺乏，即共同话语的缺失，使话语传播层面出现多种现象，其中包括受教育者对这类话语兴趣不大、冷漠，以致抵触，教育者就会感到无奈，甚至对自身职业价值产生怀疑。从教育者的角度看，教育者话语权虚化，在思想政治教育过程中，教育者的话语权形同虚设。他们不能表达真实的自己，只能做政府与社会的代言人，往往用极其刻板、封闭的教学方式传播思想政治教育话语，用严厉、高压的手段控制着受教育者的言行，完全成为受教育者心目中的"他者"而非可以交心的朋友，从而消解了受教育者的表达欲望与探索批判精神。教育者的话语依附着行政的强势话语体系，成了行政话语运用和实现的工具。教育者的言说必须围绕制度性话语，他们的声音被纳入了行政的"话语场"内，代言人的角色决定了他们必须努力去追随行政话语，将自己的话语自觉地隐藏或限制在制度许可的界限内。教育者只能在仔细地揣摩行政话语的意图后发出与自己的生活世界隔离的话语，从而陷入失语的境地，使自己成为自己的"他者"，使自己由一个思想政治教育话语传播的"在场者"变成"缺席者"，教育者的话语权在这样的场域中被虚化乃至消解。从受教育者的角度看，受教育者话语权弱化，在思想政治教育过程中，受教育者正当的话语权得不到保障，被无情地边缘化。受教育者在课堂上的表达权被随意中止，话语空间受到特定的话语情境、特定的话语内容、特定的话语方式的限制。因此，受教育者欲说不能的尴尬已经成为普遍的现象，受教育者最终处于失语和缺席状态。教育者和受教育者都陷入了"无我"言说的境地。

4. 从话语传播手段上来说：理性话语结构失衡

从本质意义上来说，在高校思想政治教育过程中，教育者和受教育者之间是民主交往关系，但由于工具理性的扩张与宰制，造成了在思想政治教育领域理性话语结构失衡。所谓工具理性，是指人们排除价值判断或立足价值中立，以能够计算和预测后果为条件来实现目的的能力，或是为达到一个明确的目的考虑和使用一切最有效的手段所体现的特质。工具理性所造成的理性话语结构失衡，主要表现在两个方面：一是思想政治教育交往实践在很大程度上撇开了思想政治教育主体之间的交往关系，使思想政治教育话语传播单一化，将思想政治教育本真存在的"主一主"关系介入"主一客"关系，导致了教育者和受教育者之间的关系异化为权威服从关系。二是由于理性话语内在结构的失衡，使得作为独立人格的受教育者对于思想政治教育文本和自身道德行为进行理解、表达、解释和反思的权限受到漠视，加剧了思想政治教育者话语权的垄断和受教育者话语权的缺失。

在新媒体时代，思想政治教育话语传播的格局已经发生了重大变化，一些高校思想政治教育工作者仍然习惯沿用传统教育环境中对思想政治教育话语的工具理性控制模式，而没有注意到随着新媒体的深入发展，学生的交往话语与从前相比发生了很大的变化。与传统话语相比，网络语言与传统的交往话语有着较大的不同，这种自由、开放的网络语言其实本质上是当代大学生探索自我、追求真理的内在需求的一种外显反映，大学生们已经习惯于在新媒体语境中对话、思考、寻求自我精神的提升，但是，有的思想政治教育工作者并没有及时地了解学生的这一特点，有的教育者甚至故步自封，无视学生的这一需求，刻意回避新媒体带来的这一新的变化。在这种情况下，高校思想政治教育话语场域，如果放任工具理性的无限扩张显然是不合时宜的，其结果势必在教育双方之间形成理解差异，不仅思想政治教育的价值取向无法彰显，丧失思想政治教育话语权也会成为一种必然。

5. 从话语传播趋势上来说：思想政治教育主导话语权受到解构威胁

随着我国改革开放和社会转型的推进，经济全球化、政治民主化和社会信息化的浪潮，让我们迅速进入到一个文化、价值取向多元化的语境。过去那种在社会相对封闭条件下形成的一元化意识形态控制的主文化"话语优势"受到多元文化的冲击和解构，以至在一定程度上出现了社会主文化"价值失范"的现实问题。这早已经引起人们的关注和重视。对作为受教育者的大学生而言，他们有着自我意识强、个性张扬和求变求新的心理特征，但同时又存在着实践经验欠缺和思想意识不成熟的社会属性，这就难免会使一些大学生对外来、异质文化的"话语""风格"和"趣味"盲目追随和效仿，并转而对社会主义文化主导话语产生怀疑、抵触和否定，从而造成对高校思想政治教育主导话语权的解构。这种主导话语权的解构威胁，主要指向三个方面：

（1）主导话语的权威受到挑战

近年来社会中尤其是网上流行的对传统的、经典的、权威的话语或本文的任意拆解和"恶搞"现象，从某种意义上可以说是一些大学生对主导话语权威的一种反叛和挑战。从行为层面看，这种反叛性又多以一种符号化象征，显现出德国学者沃尔夫·林德内尔所称的"风格化反抗"。发型、服饰、流行语、网络语言、音乐、舞蹈、用品以至"另类"行为等象征符号，不仅成为大学生获得身份认同的标志，而且透露出一种个性、独立、反叛、挑战权威等文化意蕴。进入这种文化氛围的受教育者，也就容易在这一文化"集体无意识反抗"的作用下产生对主导话语权威的拒斥或反抗心态，使教育中的沟通出现心理上的隔阂。

（2）主导话语的价值受到消解

从高校来说，思想政治教育主导话语的价值或意义，就在于体现社会主文化的意志和期望，帮助大学生形成一种"做人"或"为人"的规范。这在教育中是通过对大学生正确的世界观、人生观、价值观、法律观和道德观等"观"的建构及其规范行为的培养而实现的。在这个意义上，这一主导话语所传输的内容本质上是一种社会主文化要求的"规范（正确、约定）的规则"或"游戏规则"。需要指出的是，当代大学生对主导话语价值的消解，大众传媒实际上起着推波助澜的作用。大众传媒在这一过程中有意无意地迎合了青年文化的反叛性，并围绕这些文化特性制造时尚，促使青年文化走向世俗化甚至庸俗化；容忍甚至宣扬这一文化的反叛性中隐藏着的相对主义价值取向，致使在青年文化中逐渐形成一种无原则的宽容、滑头、世故、玩世不恭和游戏人生等"处世哲学"，并渗入大众文化中演变为"潜规则"，加速了高校思想政治教育主导话语价值的消解。

（3）主导话语的教化方式受到抗拒

基于文化传播视角，高校思想政治教育话语也属于一种文化传承（文化的代际传播）的教化方式。文化传承要借助媒介，媒介传播又形成媒介文化。古代的前喻文化是建立在言语符号和印刷符号媒介之上的，它使成人对资讯有着垄断权，长辈教化晚辈就理所当然了；近、现代的并喻、后喻文化是建立在电子符号为代表的大众传播媒介基础上的，它使信息在全社会、全球共享，青年有可能在一定程度上"绕过"成人权威，自主接受文化传承。电子媒介在传播中也自然形成了一个"隐性教育"环境。正是在由电子媒介和网络建构的信息化社会环境中，青年学生能够凭着观念和技术等优势迅速介入成人社会并逐步成为文化变革和创新的主体，从而在文化创造中获得成人社会的认同与新的权威，使文化传承出现长辈向晚辈学习的方式。因此，尽管我们应充分意识到大学生在这种复杂的信息化、网络化的社会环境中自主社会化必然会遇到种种问题，但更应认识到的是青年文化形成的双向式、参与式和主动式的新社会化方式必须得到尊重，并努力去改变主导话语权落后的教化方式，在教育中建立一种新的为受教育者所接受的、体现其学习的主体地位和自主学习方式的话语模式。否则，就必然会遇到青年文化的抗拒。而今天高校思想政治教育话语权陷入困境的一个重要原因，就是在这一话语传播中实际上还存在着上述那种传统落后的教化方式。

6. 从话语传播者自身上来说：应用新媒体技术能力欠缺

在新媒体环境下，高校大学生思想认识、价值观念、思维方式呈个性化、多元化、复杂化的态势，思想政治教育话语面对着新媒体资源自由性的信息环境和舆论环境。高校思想政治教育工作者若无政治敏感，没有必要的新媒体操作能力和控制能力，就无法占领新媒体思想政治教育的阵地；若不能利用网络发布思想政治教育信息和控制网络上的垃圾信息，就无法引导大学生正确辨别和利用信息。而这些都由于高校思想政治教育工作者自身缺乏应用新媒体技术开展思想政治教育的自觉和能力，再加上教育者往往受到年龄、精力与固有思维模式的影响，在信息占有上甚至不及教育对象，以至于限制了自身话语的威信，已经无法真正独占思想政治教育的话语权。其实，思想政治教育的方式方法，是与科学技术的发展相适应的，面临新媒体环境，思想政治教育工作者只能主动适应，而不能回避。否则，新媒体时代的新要求和思想政治教育工作者与之不相适应之间的矛盾，就会使思想政治教育的效率大打折扣，进而弱化了思想政治教育工作者的话语权。

三、新媒体时代高校思想政治教育的话语重塑

（一）新媒体时代高校思想政治教育话语重塑的基本原则

新媒体时代高校思想政治教育的话语重塑，应遵循以下基本原则：

1. 政治性原则

所谓政治性原则，就是指高校思想政治教育话语重塑要把握政治性，把握社会主义意识形态性。由于思想政治教育的政治性、意识形态性决定了高校思想政治教育话语必须要把握一定的政治性、意识形态性。而这些都需要通过高校思想政治教育话语来表达、描述和建构。在当代中国，高校思想政治教育话语必须要坚持以中国特色社会主义理论体系为指导原则。新媒体时代高校思想政治教育如何坚持话语的政治性呢？首先要坚定马克思主义的话语立场。任何一种思想政治理论都包含有特定的立场，即理论本身反映"谁"的价值和主张，体现"谁"的利益和追求，为"谁"服务。新媒体背景下，各种社会思潮和理论主张五花八门。无论是高校思想政治教育工作者还是大学生如果立场不坚定，就容易眼花缭乱，陷入理论迷茫，因此高校师生要提高鉴别力、判断力，应对来自网络媒介的干扰，坚定马克思主义的话语立场；其次在主导思想和话语内容选择方面，要坚持不懈地用马克思列宁主义、毛泽东思想、邓小平理论、"三个代表"重要思想和科学发展观等武装大学生，深入开展党的基本理论、基本路线、基本纲领和基本经验教育，开展中国革命、建设和改革开放的历史教育，开展基本国情和形势政策教育；此外还要强化制度性资源话语。思想政治教育的长效机制，要更多地依靠法律、制度、政策来保障。通过制度化的规范管理，引导大学生的思想，规范他们的行为，使他们在长期遵循某种规章制度中潜移默化地接受蕴含在其中的思想观念，并逐步内化为自己的思想意识，进而规范自己的行为，提升自己的思想境界。

2. 主体性原则

所谓主体性原则，是指高校思想政治教育话语对象对思想政治教育信息和

环境，具有能动地感受、选择、判断、内化和践行的能力。新媒体的发展使得大学生的独立意识、民主意识、自我意识进一步增强，对自己以及自己和周围的关系有自我的认识和评价。因此，新媒体背景下高校思想政治教育话语重塑必须要突出学生的主体地位，尊重学生的网络自主话语权。

3. 人本性原则

所谓人本性原则，是指高校思想政治教育话语传播要坚持以学生为本，既要坚持教育人、引导人、鼓舞人、鞭策人，又要做到尊重人、理解人、关心人、帮助人。在新媒体背景下，受教育者话语权的获取是对教育者话语霸权的一种消解，因此应采取平等、自由的对话式话语，使双方既阐明和叙述自己的观点，又能倾听和理解对方的意见，站在对方的立场展开置换式思考和沟通。在高校思想政治教育实践中，要突出服务性话语，从注重教育管理转向教育管理和服务并重，充分了解大学生的实际需求和困难，把思想政治教育寓于解决实际困难中，用实际行动来感动人、说服人、教育人、引导人，教育者要积极营造融洽的话语言说场景，真诚地尊重、关爱和激励学生，将积极的情感因素融注到思想政治教育话语中去，从而调动大学生内在的积极情感，实现双方有效的交流与沟通。

4. 现实性原则

所谓现实性原则，是指高校思想政治教育话语传播要坚持从实际出发，贴近实际，服务现实，服务生活，以此作为思想政治教育话语传播的落脚点。贴近现实，是新媒体时代高校思想政治教育话语创新的时代性要求，因为思想政治教育话语只有贴近现实，从现实出发，才可以帮助大学生实现思想认识上的飞跃；同时，思想政治教育话语只有服务现实，在服务现实的过程中经受社会实践的检验，才能真正体现出思想政治教育话语传播的效果。服务生活，贴近生活，是思想政治教育话语生存的根基，也是坚持思想政治教育话语现实性原则的深层体现。思想政治教育工作者必须走进大学生的生活世界，增加对学生生活的体验与认识。话语内容要更加贴近现实生活，通过归纳提炼和抽象形成通俗化、生活化的思想政治教育新话语，从而将学术性话语体系向生活性、形象性的话语系统还原，使大学生能在这种话语的熏陶中获得更多的对生活的真正感悟。

5. 创新性原则

所谓创新性原则，是指高校思想政治教育话语要坚持时代性，能够超越传统话语的束缚，不断创造适合时代需要的新话语。新媒体的快速发展，对思想政治教育话语创新提出了创新需要，这就要求我们要不断与时俱进，通过理论创新推动实践创新，使思想政治教育话语充满生机和活力。高校思想政治教育话语创新，其内容应该包含目的创新、内容创新、方法创新，只有带有创新性的目的、内容和方法，才能更好地发挥思想政治教育话语传播的最大功效。

6. 开放性原则

所谓开放性原则，是指高校思想政治教育话语要以开放性为基本取向，在话语传播方面要立足国内，放眼全球，形成开放的体系。新媒体是开放的，这就要求新媒体背景下高校思想政治教育话语传播要把握时代脉搏，密切关注网络文化的发展变化，善于从网络话语中汲取新话语，从而丰富高校思想政治教育话语的内容。同时，还要求高校思想政治教育工作者要具有全球性视野，立足于全人类的立场，树立全球意识，着眼现在，远观未来，积极吸纳和借鉴包括发达资本主义国家在内的一些成功的经验和做法，与我国的思想政治教育方法相融合，创新与我国国情相一致的思想政治教育方式方法、同时比较同一背景不同社会制度下思想政治教育的共性，探求思想政治教育规律，深入挖掘多元文化背景下思想政治教育的时代性要素。这是增强高校思想政治教育话语开放性的必然要求。

7. 价值性原则

所谓价值性原则，就是指高校思想政治教育话语创新要体现一定时期的价值导向。大学生对新鲜事物的好奇心使得他们对当前社会各种思潮比较感兴趣，然而，他们又对社会思潮的多样性、复杂性等特征难以把握，很难看清楚各种思潮的真面目，容易产生价值混乱。因此，话语创新必须考虑一定社会主流价值观的导向性。

8. 有效性原则

所谓有效性原则，在这里包含两种含义：一是话语专业化。即高校思想政治教育话语与其他话语要有一定的区别和联系。毕竟不同的学科有不同的话语体系，高校思想政治教育话语不能用其他学科话语体系来代替。二是话语时代性。大学生是一定时期的特殊群体，高校思想政治教育话语创新要体现时代性，符合大学生接受心态和接受方式。如90后、00后之间的话语形式、心理接受方式往往有差别，这就决定了高校思想政治教育话语要取得实效就必须把握大学生的话语接受方式等。

9. 统一性原则

所谓统一性原则，是指高校思想政治教育的话语体系，必须坚持体系内部话语的统一性和一致性，应尽量做到协调、统一，减少重复、交叉。在高校思想政治教育话语传播过程中，只有做到内部一致的话语体系，才能表达统一的内在思想。如果在话语的运用上破坏了统一性原则，什么时髦用什么，表面上看可能很新鲜，也颇能迷惑一些人，但实质上往往会造成话语传播上的混乱和矛盾，很难发挥话语对人的正确引导作用。另一方面，在属性话语的运用中所发现的新话语，即新话语主词、话语观点或新题材提炼的有应用价值的话语，尽管与原有的思想政治教育理论观点不完全相符，甚至从现象上看是矛盾对立的，但是伴随着思想认识的不断统一，这些话语可运用事物发展的对立统一原则加以论证，从而得出符合马克思主义哲学命题下的思想政治教育新话语。科学辩证地把握好统一性原则，高校思想政治教育就能在话语传播中较为自如地进行边缘属性与非常规属性话语运用方法的构建。

（二）新媒体时代高校思想政治教育话语重塑的路径选择

新媒体时代高校思想政治教育的话语重塑是一项系统工程，需要从多方面进行重塑，可从以下几个方面选择路径：

1. 尊重大学生的话语权

针对目前高校思想政治教育话语权的现状，需要切实加强高校思想政治教育工作者的平等对话意识。

（1）建立新型的平等主体交往关系

新媒体时代的到来和网络文化的形成，在很大程度上消解了高校传统教育环境下教育者的教育权威，使传统的教师权威模式受到极大挑战，教育者的话语不再具有唯一性，作为受教育者的学生逐渐通过新媒体掌握了话语的主导权。网络语言的形成，也在客观上要求教育者和受教育者双方消除身份、地位的差异，形成一种平等对话的关系，由传授型的对话关系转变为互动型的对话关系。这一关系的确立意味着大学生能够获取对思想政治教育文本和自身道德行为的解释权限，教育者与受教育者双方才能消除身份、地位的差异，敞开心扉进行真诚交流。唯有如此，思想政治教育话语才能真正成为联结教育者与受教育者交往双方的桥梁，教育者才能从一个控制者、支配者转变为一个真诚的对话者。

（2）突出学生的主体地位，尊重学生的网络话语权

要做到这一点，必须充分理解并认同大学生的网络话语权，允许他们把不同的思想通过新媒体表达出来；要积极疏通、引导、支持和弘扬正确的思想观点，反对和批评不正确的观点，引导大学生理性运用话语权，避免话语权的滥用。

（3）转变话语方式，从控制式和劝导式转向对话式

应采取平等、自由的对话式话语，使双方既阐明和叙述自己的观点，又能倾听和理解对方的意见，站在对方的立场展开置换式思考和沟通，这种对话不是

封闭式而是开放式的，双方都能敞开各自心扉进行真诚交流，相互之间更易达成真正的理解与共识。在双方的对话中值得注意的是，教育者既要对交往内容的真实性、规范正确性和情感真诚性进行反思，也要对自身权威进行反思，在反思基础上认真听取受教育者对思想政治教育文本、自身道德行为和生命意义的理解与解释，通过对话与讨论，为受教育者提供可资信服的理由，引导、促进他们进行自我觉悟与反思，使之意识到自身与社会要求的不适应，并且愉悦地接受、积极地超越这种不适应。

2. 关注生活维度

（1）要在思想政治教育理念上回归生活世界

高校思想政治教育必须面向学生，面向学生生活实际，高校思想政治教育话语是以生活世界作为背景的，不可能游离于学生生活世界之外，不可能在生活世界之外构筑一套理想的思想政治教育话语。回归生活世界的思想政治教育理念，要求高校思想政治教育话语必须深深根植于生活世界之中。以往的思想政治教育偏重于满足社会的即时需要，这种思想观念在思想政治教育实践中，容易造成一种追求近期效果的短期行为。为此，高校思想政治教育话语必须深深地根植于大学生的生活世界中，要勇于和善于介入到大学生的生活世界中，放弃高高在上的一贯做法，要更加贴近大学生的生活，在这种近距离的接触中了解和把握大学生丰富多彩的生活世界，并从他们生活世界的实际出发，研究和选择适合的思想政治教育的内容，使得思想政治教育话语更加贴近大学生的实际。

（2）要在价值取向上关注思想政治教育话语的生活维度

其一，对思想政治教育的理解，不能仅仅从政治需要的角度出发，还要从张扬人在生活世界中的主体性出发，将思想政治教育从过去的宏大叙事中解放开来，真正回到个体生活世界，首先是关注大学生的精神生活的重建，尊重人的生命意义和生命价值，其次才考虑政治的需要。

其二，思想政治教育应将大学生的日常生活作为价值起点，重视日常生活中的价值建构。思想政治教育应真正尊重个体的生命体验，承认人性的复杂和多元，同时善于从鲜活生动的、富有生命意义的日常生活世界中提炼出真正能够烛照人性，提升人的境界的元素。

其三，强调思想政治教育回归日常生活世界，并不意味着思想政治教育对日常生活世界的沉沦和妥协，而应该是一种建基在对日常生活世界有深刻了解、理性反思基础上的有条件的超越。这也正是高校思想政治教育的价值目标，即既要对生活世界保持谦恭的态度，尊重生活世界的生命体验，又要穿越生活世界的迷雾，对生活世界保持一种审慎的反思态度，一种有所超越的理性态度。

（3）要在话语内容上更加贴近生活世界

一要善于转化语言，把党的重要文件、重要会议、历史文献等类型的语言转化为适合大学生特点的话语，这样既把握住了正确的政治教育方向，又能使大学生乐于接受。二要善于从大学生的校园生活中提炼新话语，使思想政治理论课不断地生活化、现实化，这也是高校思想政治教育向"生活世界"回归的重要内容。三要从大学生的网络话语中汲取新话语。教育者可以大胆借鉴网络中的一些健康、有益的、流行的话语形式和内容，丰富其话语体系。四要关涉受教育者当下的虚拟化生存。新媒体的出现极大地拓展了生活世界的内涵，成为受教育者个体日常生活的重要构成，并对其产生着不容忽视的积极和消极的双重影响。思想政治教育话语要为虚拟化生存的规范化提供思想道德文化的支撑，以符合网络特点的网络文本的形式，恰当而生动地展现博大精深的中国传统文化和代表时代特征的马克思主义文化，使受教育者在虚拟环境下通过网络文本的选择与解读接受规范传递与价值引导。

3. 借鉴网络话语

积极拓展话语资源，整合有利因素，形成高校思想政治教育工作新的话语优势，是新媒体时代对高校思想政治教育提出的新要求。为此：

（1）要充分利用新媒体技术，积极拓展高校思想政治教育话语的辐射空间

高校思想政治教育工作者要将博大精深的中国传统文化和代表时代特征的马克思主义文化，以符合新媒体特点的网络文本的形式予以恰当而生动的展现；将人类丰富的精神成果，诸如政治、法律、道德、艺术、科学、宗教和哲学的思想和观点，科学理论和艺术作品以及中国五千年的优秀传统文化，尽可能多地转化成网上可点击的内容。只有丰富了网上的信息，才能拓展高校思想政治教育话语的辐射空间，使大学生在网络环境中通过文本的选择与解读以及交流而在潜移默化中接受规范传递与价值引导。

（2）要善于从网络话语中汲取新话语

网络作为一种新兴的传媒方式，给大学生无限的诱惑和想象的空间。网络的出现大大拓展了思想政治教育的领域和战线，从现实走向虚拟、从宏观走向微观等。网络话语的生成，既是网民的话语沟通和表达形式，又是网民虚拟现实的生活方式。高校思想政治教育工作者要摒弃对网络话语的轻视、漠视心理，了解大学生网络话语的特点和规律，善于运用网络话语。要大胆借鉴网络中的一些健康、有益、良性的话语，借鉴一些符合大学生群体特性的话语形式和话语内容，丰富高校思想政治教育话语的内容，这样才能与大学生网民更好地对话与沟通。

（3）要密切关注网络文化的发展变化

高校思想政治教育工作者要善于把握时代脉动和网络文化发展趋势，了解当今大学生的审美取向，分析他们的观赏心理，采用大学生常用的话语修辞手法，采撷和创造出更多表现时代和事物特征的新鲜话语，实现思想政治教育工作话语的再创造。

4. 注重人文关怀和心理疏导

（1）要坚持人文关怀和心理疏导，增强话语的人文关怀

高校思想政治教育工作实际上是做"人"的工作，必须注重对大学生的人文关怀。一是高校思想政治教育话语传播必须紧密联系大学生的实际生活，教育者应及时了解大学生的所思所想、喜怒哀乐和兴趣爱好，准确把握大学生的思想脉搏，并把这些融进话语当中。二是高校思想政治教育话语应充分尊重和理解大学生的情感和需求，及时关注和化解大学生在现实生活世界遇到的困惑和困难，让他们充分体验到教育者的温情与关爱，营造温馨舒适的话语氛围，从而使大学生真正认同教育者的话语理念，进而内化于心，形成独立的道德人格。三是高校思想政治教育工作者应在网上开设心理知识宣传栏、心理咨询室、心理门诊室等对大学生进行心理疏导。在网上倾听学生的倾诉与情绪宣泄，尊重其感受与体验，引导其主动分析面临的困境，共同探求心理困惑的诱发根源，挖掘大学生内在心理需求，等等。通过双向交流激发大学生的心理潜能，缓解大学生的焦虑、压力等心理问题，促进大学生健康发展。伴随这一过程，教育者便能赢得大学生们更多的信任，从而增强自身的感染力和话语权的影响力。

（2）要营造融洽的话语言说场景，在话语内蕴上融注更加积极的情感

情感在高校思想政治教育交往中扮演相当重要的角色，在某种程度上，思想政治教育话语传递的只是言语的表层信息，因而在思想政治教育交往中作用相当有限，甚至会由于情感的不当而导致思想政治教育话语的失效或反效。比如教育者在褒奖受教育者时，如果带有明显的讥讽语气或神态，话语本身再具有正当性也不会被受教育者所接受，教育者与受教育者之间的相互理解与解释就会出现障碍，思想政治教育交往就难以顺利展开，双方也就很难达成相互理解与共识。因而，高校思想政治教育工作者要积极营造融洽的话语言说场景，真诚地尊重、关爱和激励受教育者，将积极的情感因素融注到思想政治教育话语中去，从而调动大学生内在的积极情感，实现双方有效的交流与沟通，为思想政治教育交往的顺利进行提供不可或缺的推动力。

（3）要发挥大学生的主体性，加强思想政治教育工作者的服务意识

新媒体时代高校思想政治教育对话的有效进行离不开"服务育人"理念的

确立。这一理念的确立有利于思想政治教育话语实现知识和爱的统一，由"传达信息—宣传教育"向"传达信息—推销自我"的转变；教育者才能放下架子，真正从学生的立场出发，进行思考和表达，大学生才能从思想政治教育话语中感受到教育者真诚的关爱与帮助。这种饱含爱的思想政治教育话语能够增进受教育者对生命意义与生活价值的理解，提升思想政治教育话语传播有效性，思想政治教育工作者在学生中才会有威信。

5. 倡导立体化引导

（1）充分发挥多种媒体之间的协同作战，以形成话语引导的合力

校园报刊、广播、电视等传统媒体在信息的权威性、受众的广泛性等方面具有独特的优势。面对新媒体环境，我们应将传统媒体与网络媒体相结合，实行立体化的引导，可以推动校园话语共识的形成，而且具有公信力和权威性。由于传统媒体对网络话语进行选择、过滤，容易得到受众的认可，促进话语共识的形成。这种多种媒体之间的协同作战、立体化引导策略，可以带来高校思想政治教育话语引导的合力效应。

（2）建立网上权威的思想政治教育话语体系

建立网上权威的思想政治教育话语体系可以从以下几方面入手：首先，通过多种途径对大学生加强理想信念教育，保证话语传播的正确方向。其次，采用"疏堵结合—引导为主"的方针，来引导话语传播。"疏"，即把握动态，实施网上疏导，澄清错误言论，及时公布正面信息。"导"，即主动出击，因势利导。要主动出击，批驳反面声音，弘扬社会主义主旋律与核心价值体系。再次，要探索多种途径努力发挥高校思想政治教育正面话语功能，在加强监控、有效预防的同时，依法查处利用网络传播有害信息的当事人，不断推进网络道德建设。第四，要在大学生中积极开展媒介素养教育。教会学生正确认识、使用网络的能力，增强他们的网络责任意识和自律能力。第五，在高校建立一批既懂思想政治教育又懂网络技术和网络文化的队伍，用富有教育性、感染力，学生喜闻乐见的方式引导话语传播，增强思想政治教育话语的正面影响力，从而促进大学生网络言行向健康的方向发展。第六，要高度重视网上评论工作，形成一支专兼结合、反应灵敏的网络评论员队伍。网络评论员要主动介入校园 BBS 和校外网站的交互式栏目，采取"宜早不宜迟、宜疏不宜堵、宜解不宜激"的策略和"区分性质、讲究策略、把握时机、冷静处理"的要求，主动导帖、积极跟帖、适时结帖，以平等方式参与网络讨论，挤压有害信息的传播空间。要建立网络管理和网络评论人员学习、培训、考核机制，加强提升其政治理论水平修养，使其形成马克思主义的价值观和道德观；加强培训其对网络信息技术的

驾驭能力，使其能够及时解决网络传播中出现的问题，从而使思想政治教育话语传播生动形象，增强对大学生的吸引力和感染力；加强培养其应变能力，使其能够迅速准确地把握问题，有针对性地开展工作。

（3）积极建设服务大学生发展要求的绿色网络载体

门户网站、专业网站、主题网站等，是大学生最常用的网络载体，在他们的学习、生活和娱乐中发挥着积极的作用。要遵守网络法规和社会道德，正确使用网络载体，共同维护网络载体。要加强技术创新，推出科技含量高、使用便捷性强和适合青年学生特点的绿色网络载体。

（4）营造适合大学生身心特点的绿色网络场所

要加强对网络话语的存在形态，如发跟帖、论坛、博客、视频等的管理，倡导网络文明公约，安装合格的过滤软件，防止不良信息对青年学生的伤害，建设有利于青年学生的上网场所。要制定规范和标准，推出促进青年学生成长发展的绿色网络场所。开展多种形式的网络竞赛活动，发现并积极举荐各类青年网络人才，培养更多的绿色网络场所。

6. 重塑思想政治教育工作者素质

新媒体背景下，高校思想政治教育工作者要重塑自身素质，努力提高话语创新能力，必须做好以下几个方面：

（1）要能驾驭新媒体技术，熟悉网络文化和网络语言，掌握新媒体的使用技术和操作技巧

对高校思想政治教育工作者来说，只有掌握受教大学生群体的网络话语，适应受教群体的交流方式，才能敏锐地捕捉他们的生活习惯、心理动态，从而把握受教群体思维和行为上的发展变化；只有充分了解并掌握网络话语这一新的沟通方式，才有可能与受教群体建立信息上的沟通和交流，从而实现有效的语言表达形式对传递教育信息的帮助，取得思想政治教育话语传播的成功。

（2）要培养高校思想政治教育工作者参与大学生网络化生活的意识

高校思想政治教育工作者要主动融入网络生活，体验学生在网络空间的交往、学习、娱乐的方式以及他们思想、心理及行为的发展变化，真正做到与学生在同一个环境下交流。

（3）要有创新意识，加强高校思想政治教育话语创新研究

高校思想政治教育工作者要在对传统思想政治教育话语进行深入研究、分析的基础上，积极探索话语创新规律，扩大语汇范围，丰富思想政治教育话语的含义，以构筑一种全新的、理想的话语。只有这样，才能发挥自身在思想政治教育中的主导作用，重建自己的有效话语。

7. 健全新媒体信息监管机制

新媒体对大学生的负面影响的一个重要方面是网上不良信息的影响。大学生思想单纯，思想意识尚未成熟，很容易受到外来信息的影响。新媒体本身只是一种传播媒介，要做到趋利避害，高校就必须加强对新媒体的建设和管理，以增强思想政治教育话语传播的实效性。

（1）要加强网络管理和网络舆情分析工作

高校要成立专门的网络信息管理部门做好网络管理、网络舆情分析的工作，能够对网上的内容进行收集，制定相对应的管理措施。组建一支反应快速的"网上督查队"，可以由老师和学生骨干共同组成，对校园网进行全天候的监控和整理。比如对校园论坛上的讨论热点问题进行及时的捕捉和反馈，对于不符合事实和存在不良影响的论点及时澄清并做出正确引导；并且以适当的方式发布积极的学生关心的网络信息，这样可以吸引学生对校园网的关注度，也可以抵消消极信息对学生的影响。对于网络上发布的信息要建立审查把关、管理监控的制度，对电子公告的服务信息、个人主页信息都要实行审查式的发布，包括校园网络的链接要一一检查通过，规范师生上网的安全规定和网络言行规范，真正营造一个积极健康的校园网络环境。

（2）研究和运用科学技术手段为网络筑造"防火墙"

现在网络上和市场上提供很多种网络防御和过滤软件的下载，能够防止包括特洛伊木马攻击、网页篡改、监视非法入侵的种种网络问题，还能够提供专为青少年设计的过滤保护浏览器、设定上网时间的监控软件等等。高校思想政治教育工作者应该积极主动地利用一定的网络软件技术手段来保证校园网络的纯净。

（3）运用法律的手段维护网络的安全，打击网络犯罪

我国为加强互联网管理，也先后出台了系列法律、法规或公约，高校要加强全校范围内的网络法律、法规的宣传和教育，还应根据本校的实际情况制定相应的校园网络规章制度，规范校园网络的运行和管理，使得高校大学生具备良好的网上法律意识、责任意识和安全意识，规范大学生的网络行为，倡导健康、积极的高校网络态度。

8. 坚持话语创新发展，努力构建高校思想政治教育新话语体系

当前，推进高校思想政治教育话语的创新发展，应着力做好以下三个方面工作。

（1）加强理论研究

在现阶段，新媒体的发展及其影响在我国尚处于一个不断变化的过程中。对

于新媒体建设与应用走在社会前列的高校而言，新媒体的发展及其对于大学生的思想和行为的影响更是处在一个动态变化的阶段，这需要我们立足实践，针对实践发展的具体状况进行理论研究的不断创新和发展。话语鸿沟现象是不断创新和发展的新媒体时代给高校思想政治教育工作带来的新问题之一，随着新媒体对社会的影响不断深入，新媒体必然会给大学生思想政治教育带来更多更新的课题。高校思想政治教育工作者要加强理论研究，坚持用马克思主义的立场、观点和方法分析社会政治、经济、文化、道德问题，以思想政治教育内容体系为支撑依据，对思想政治教育的言论和大量的教育素材进行归纳提炼，形成理性化、通俗化和生活化的思想政治教育说事话语和新话语，构建马克思主义中国化理论语境下思想政治教育话语新体系，形成思想政治教育话语学研究，应用于思想政治教育课教学和日常思想政治教育管理实践中，以激活思想政治教育工作者的教育话语系统，提高思想政治教育话语说事水平，从而提高高校思想政治教育的实效。只有这样，我们才能够在新媒体时代的新环境中，伴随和引导大学生健康成长。

（2）加强思想政治教育话语整合

在高校思想政治教育的发展过程中，其学科内部形成了实践与研究两类整合乏力的话语。实践话语的主体是思想政治教育的一线工作者。由于现有的思想政治教育理论欠缺应用性的特质，使得思想政治教育工作者普遍漠视现有研究理论的存在，甚至对现有理论存在不信任的态度，但是他们又要把自己的工作状况予以总结归纳、互相交流，因此只能求助于思想政治教育日常工作纯经验式的话语，这种话语非常具体、琐碎，无法形成具有影响力的话语体系。研究话语的主体是思想政治教育理论工作者。由于思想政治教育学科发展时日较短，学科存在着理论奠基的任务，需要一系列的学科结构、学科范畴等思辨性的理论研究为思想政治教育建立学科基础，再加之思想政治教育学科的大部分理论工作者研究过于注重学理化的演绎和抽象，忽视了思想政治教育实践性的特点，使得在思想政治教育理论学界的思辨性话语占主导。在现实生活中，这两种话语往往相互交织，但是话语主体却相互轻视。理论工作者认为实践工作者缺乏理论素养，从事的是低水平活动；实践工作者认为理论工作者缺乏实践能力，从事的是务虚活动，这使得这两种话语沟通交流缺少，整合乏力。因此，加强思想政治教育话语整合，已成为构建高校思想政治教育新话语体系的当务之急。

（3）加强话语系统的协调性

高校思想政治教育新话语系统要体现话语的协调性，这不仅是实现高校思想政治教育话语创新发展的需要,也是构建高校思想政治教育新话语系统的目标。这是因为:一方面,这种协调性要求教育者与受教育者话语系统在认知基础、价值取向和目的设计等方面的协调融合。当前,我国高校思想政治教育效果较差与话语系统权力主体话语信息重叠率较低有密切联系。所以,新话语必须不断消除话语系统中双方信息传递和交汇的阻力,寻找教育者和受教育者话语系统融合的途径。另一方面,这种协调性要求教育话语与教育环境的协调融合。高校思想政治教育有本体话语系统,但同时它必须受制于另一种非本体话语系统,也就是对应于本体话语系统而言的整个学术界的话语系统。任何一种话语都逃脱不了它所处时代普遍弥散的话语,即受制于特定的语境。社会的多元化必然孕育着价值、信仰与利益之间的冲突,种种冲突只有靠"协商"去解决——有关各方共同协商,以达成某一套解决争论的规则,社会秩序也借此得以维持。高校思想政治教育中的种种冲突也可以靠"协商"去解决——教育主导者、社会各界和网络等亚文化思想影响者、受教育者等各方协调,形成受教育者的新思想。而这一过程中,高校思想政治教育新话语系统要实现主流话语与非主流话语的协调,传统话语与现代话语、后现代话语的协调,文本话语与网络话语的协调,全球化话语与地方性、民族性话语的协调。

总之,加强话语系统的协调性,要求高校思想政治教育新话语系统的内容要从偏重政治意识形态,向政治意识形态与政治、经济、文化、社会和个人生活并重转变,从偏重国家话题,向公共需求与个人需求并重转变,以建立起思想政治教育与生活世界的全面广泛的联系,拓宽思想政治教育的对话语境,从而形成一套以科学的"真"为基础、以人文的"善"为内涵、以艺术的"美"为形式、以技术的"实"为手段的新话语系统。

第八章 新时代传统文化与大学生思想政治教育整合研究

第一节 新时期传统文化与大学生思想政治教育融合的价值

向民族传统文化寻求思想资源是创新大学生思想政治教育工作的一条重要的有效途径。改革开放以来，特别是十八大以来，我国从中央到学界都对传统文化教育格外重视。2014年，教育部制定《完善中国优秀传统文化教育指导纲要》，为大学生传统文化教育的开展提供了直接指导；习近平总书记就中华优秀文化的传承与弘扬多次做出重要指示，为新形势下加强中华优秀传统文化教育指明了方向，提供了强大动力；2017年2月，中共中央、国务院印发了《关于加强和改进新形势下高校思想政治工作的意见》，进一步表明党和政府对高校思想政治工作的高度重视，也进一步体现了加强对大学生进行思想政治教育的重要性和紧迫性。

一、传统文化中蕴含着丰富的思想政治教育资源

（一）"天下兴亡，匹夫有责"的爱国主义精神

爱国主义是中华民族精神的核心，也是现代高校思想政治教育中的首要内容。中国优秀传统文化中所蕴含的爱国主义思想可谓十分丰富。爱国，就要求我们要为社会、为民族、为国家、为人民的整体利益着想。中国优秀传统文化在强调个人价值的同时，更加强调人所应肩负的社会责任，强调公德和道义，强调整体精神和民族大义，"先天下之忧而忧，后天下之乐而乐""天下兴亡、匹夫有责""人生自古谁无死，留取丹心照汗青"等金句充分体现了古时先人们深厚的爱国主义情结。岳飞抗金精忠报国、林则徐虎门销烟誓死捍卫国家利

益、董存瑞挺身炸碉堡、刘胡兰坚贞不屈英勇就义……这一个个积淀在历史长河中的英雄事迹无不体现了深厚的爱国主义精神！抗战时期，无数革命先烈们用自己的鲜血保卫了祖国大地，捍卫了中华民族的尊严。可以说，中国优秀传统文化中所蕴含的爱国主义精神从古时一代又一代地延续至今。现如今，弘扬爱国主义精神显得尤为重要，从中国优秀传统文化中所挖掘的爱国主义教育资源对现代大学生爱国主义情操培养的影响是极为深刻的。

国家的现代化、社会的现代化归根结底是人的现代化。社会的发展要求人们不仅要有坚实的专业知识，还要具备深厚的文化内涵。一个不了解本国文化的人，我们很难想象他能成为一个全面发展的人。现实经验告诉我们，他们终将因缺乏深厚的文化根基而成为一个不完整的人，也难以获得长足的发展和进步。这就向高校政治思想工作者提出了一个严肃的课题，如何把人的现代化与优秀传统文化教育有机地统一起来。高校思想政治工作者应大力弘扬优秀文化传统，使学生进一步了解历史文化，了解民族优良传统，从而增强民族自豪感和凝聚力，激发爱国主义热情和自尊、自信、自强的精神。从中国优秀传统文化宝库中找到有益的思想素材和人生智慧，在赋予其正确合理的时代意义基础上，对学生进行爱国主义教育是势在必行的。

（二）"刚健有为，自强不息"的奋斗进取精神

中华民族几千年来历尽磨难而长存，靠的就是"天行健，君子以自强不息"的精神。这种精神是中华民族的脊梁，是几千年来无数仁人志士发愤图强的优良传统。在历史的长河中，"刚健有为，自强不息"的例子更是数不胜数。"古者富贵而名摩灭，不可胜记，唯倜傥非常之人称焉。盖文王拘而演《周易》；仲尼厄而作《春秋》；屈原放逐，乃赋《离骚》；左丘失明，厥有《国语》；孙子膑脚，《兵法》修列；不韦迁蜀，世传《吕览》；韩非囚秦，《说难》《孤愤》；《诗》三百篇，大底贤圣发愤之所为作也。此人皆意有所郁结，不得通其道，故述往事，思来者。"司马迁的这一段话，很好地体现了我们中华民族百折不挠、自强不息的精神。今天，我们正处在民族振兴的关键时期，就更需要这种自强不息的精神。现如今，高校有不少学生意志力相对薄弱，做事缺乏恒心和耐心，遇到点困难便停滞不前，缺乏的正是自强不息的精神。高校从中国优秀传统文化中汲取教育资源，弘扬历史上各种自强不息的优秀事迹与人物形象，可促使学生在弘扬优秀传统文化的过程中振奋精神，积极进取，激励成才。而高校人生观教育的重要内容是培养大学生乐观向上的人生态度。乐观的人生态度首先表现在对人的主体价值充分肯定和对自我潜能的乐观估计，同时还表现在乐而忘忧、刻苦顽强的精神。现实生活不乏艰难困苦，人生道路也难

免曲折坎坷。而人的可贵之处就在于能够以乐观开朗、健康自信的心态去直面人生。在中国历史上具备这种积极人生态度的比比皆是。除此之外，由于市场经济的影响，目前高校少数学生中存在着一种浮躁不安、急功近利的倾向。有的贪图奢华、迷恋享乐，有的则目光短浅、贪图私利，这对于造就有理想抱负、有真才实学的跨世纪大学生无疑是极为不利的。要克服这种心态，就要从中国优秀传统文化中发掘宝藏。自古以来，中国优秀传统文化奉行和倡导一种脚踏实地、勤勉务实的人生态度。从传统文化角度上说，这种务实精神来源于一种不务奢华、淡泊宁静的人生态度。大学生应该发扬优秀传统文化的这种精神，一步一个脚印地向前发展，做人生道路上的勇敢探索者。

（三）"以和为贵，和而不同"的人际和谐精神

"以和为贵，和而不同"的人际和谐精神是中国优秀传统文化中有关人和人之间如何相处的最重要的一个原则，该原则指出了自然和谐的基础所在是人与人之间的和谐。对和谐思想的追求不但是人类关系的最理想的状态，同时也是人际关系的价值取向的最高的体现，这种思想产生于中国古代的祖先当中，因此我们应该感到骄傲和自豪。尽管在传统的文化当中，这些思想存在一定程度的历史烙印，其中有些仅仅是为了统治阶级服务的，不过这也能充分的体现出中国古代人民对和平的追求以及向往，他们期望建立一个人与人、人与自然都和谐的美好社会。即使在时代发展的今天，建设一个理想的和谐社会仍然是我们当前最大的责任和目标。中国的优秀传统文化是基于整体主义价值的原则出发的，在对社会以及对人方面一直保持和谐、团结的态度。中国的优秀传统文化，十分重视人际关系之间的调节，对贵"和"尚"中"以及人文精神的推广，对今天的我们都有很重要的启示。虽然人们在现代的交往形式发生了各种各样的变化，不过人与社会之间的关系基本都是相对稳定的，没有发生过大的改变。因此，中国优秀传统文化中这些精华部分，对青年大学生们正确处理自己的人际交往关系都具有十分重要的意义。

中国的优秀传统文化热爱和平、追求和平的思想对世世代代的中华儿女都具有重要的影响，它在铸造中华民族和平友好精神的同时，也是中国社会主义和谐社会构建的一个重要的原因。在和其他国家的外交上，中国一直奉行的"强不执弱""富不侮贫"外交政策，这一政策也体现出了对中国优秀传统文化思想的传承。中国追求的主要的目标是通过和谐思想建立和谐社会、和谐国家，进而建造和谐世界，这也是中国在发展建设中的一个重要的目标。截至目前，中国已经到了发展的关键时期，在这一时期，难免会遇到各种问题以及矛盾，重要的一点就是和谐方面的问题。今天，和谐问题已经成为了举国上下共同关心

的话题，也成为了全国人民的一个共识。如何学习这一和谐思想以及在当代大学生思想政治教育中加强和谐思想的教育，都是当前面临的又一个重要的任务，我们可以从中国优秀传统文化中寻找答案。

（四）"学而不厌，锲而不舍"的积极求知精神

21世纪是一个网络时代，现代科学呈现出的特征对人们素质以及知识的要求越来越高。因此，青少年只有通过努力才能探索提升自己的路径。但是，在当前经济浪潮的打击下，部分青少年认为做生意等经商方式根本用不到知识，所以就放松了对知识的汲取，表现为不努力学习以及在遇到事情之后表现出的坚强意志的缺乏等。所以，在高校思想政治教育中，应该大力发扬"悬梁刺股"精神。古有孙敬好学，晨夕不休，及至眠睡疲寝，以绳系头，悬屋梁，后为当世大儒；（苏秦）读书欲睡，引锥自刺其股，血流至足。这便是历史上经典的"悬梁刺股"。从孙敬和苏秦这两个典故不难看出中国优秀传统文化中所蕴含的丰富积极求知精神，教会我们要用积极的心态去面对每一天的学习生活，日复一日，年复一年，终可造就自己。也就是说，通过古代圣人的学而不厌，锲而不舍的精神可对当代大学生进行精神方面的有效激励。在现代越是优越的条件下，就更应该鼓舞他们树立积极求知的精神，而不应该养成不思进取的习惯。只有以诚恳的态度去对待事业和学业，才能成为一个有益于新世纪的人才。

（五）"以民为本，德行仁善"的伦理道德观

"道"是什么？"道"就是道路、人生的正道。在价值取向上，儒家坚持以群体为本位。"仁"是儒家最高的理想道德人格和精神追求。"仁"是人的本质特征，二人为仁，自己和别人，想到自己就想到别人。只有当人们结成了群体，与他人产生了联系，才是真正的人。儒家的"仁"以"爱人""爱众"为宗旨。樊迟问"仁"，孔子曰："爱人。""泛爱众，而亲人。"人的价值只有根植于群体的深厚土壤里，只有融入群体之中才得以实现。天津的白芳礼老先生从73岁的时候开始蹬三轮为教育筹款35万，资助了300多名大学生，感动了所有听到他这一份义行的人。所以说服务人民绝对不是要有很高的官、很高的学识才能做到，只要我们有那一份爱人之心就能够感天动地。正所谓"爱人者人恒爱之，敬人者人恒敬之"。儒家的"杀身成仁""舍生取义"的"义利观"，对高校的思想政治教育工作有着很重要的借鉴价值。在市场物质利益的驱动下，个人利己主义、享乐主义、拜金主义、腐败之风普遍开始盛行，于是见利忘义等负面现象频频出现，以致社会上逐渐产生了信任危机。我们要在尊重个人利益、承认个人利益合理性的前提下倡导社会大义和集体利益，以形成有利于市场经济发展的宏观环境，形成公平、公正的市场理念。教育大学生

注重内心的修养,提高自身思想道德素质,不断完善自我,做到"修身、齐家、治国、平天下",更好地为经济建设以及社会主义现代化的目标奋斗。使学生通过对优秀传统文化的学习,明白《诗经》说的"永言配命,自求多福",把人生完全掌握在自己手中,时时"以仁存心,以礼存心";做到"仁者,爱人;有礼者,敬人",那么,每天所走的每一步,做的每一件事都会在内心觉得很踏实。当高校大学生都用一颗仁慈恭敬的心善待别人,就会为自己营造出和谐的学习和生活环境,由小及大,日积月累,我们自然会得到共同期待的文明校园及和谐社会。

(六)"天人合一,道法自然"的宇宙自然观

"天人合一"体现了中国哲学的基本精神,使我们区别于西方哲学。庄子最早提出"天人合一"思想,而后董仲舒将阴阳学、五行学并用,使其发展成为一个思想体系。天,就是指大自然;人,就是指我们人类;天人合一,顾名思义就是强调人与自然始终要和谐发展,我们不能强行去尝试征服大自然,重视人与自然的和谐,始终相信人只是整个宇宙及大自然的一部分。中国优秀传统文化以其注重凸现人的伦理性而闻名于世。它以深厚的人性底蕴构成了中华民族独有的价值取向、行为方式和思维特征;在处理人与自然、人与社会、人与人、人与自己的诸多矛盾关系上给后人留下了宝贵的思想,树立了很好的典范,并在全世界范围获得赞同认可,其中有些已成为醒世经典,如"道法自然"(《老子》二十五章)、"己所不欲、勿施于人"(《论语·颜渊》)、"子以四教:文、行、忠、信"(《论语·述而》)、"兼相爱、交相利"(《墨子·兼爱》)、"以德服人"(《孟子·公孙丑》),等等。它们深刻地揭示了人类自身发展过程中的一些最基本的矛盾关系,并指出了把握和对待这些矛盾的正确态度,因而历来为人们所遵循,构成了中华民族精神的重要内容。

时至今日,这些优秀传统思想理念仍然具有非常积极的教化作用。当前中国倡导人与自然和谐发展,而从中国优秀传统文化中所汲取的这些教育资源可以有效地帮助大学生树立科学的和谐发展观,促进社会经济和自然的可持续发展,为全面实现社会主义现代化的宏伟目标尽一份力。

二、优秀传统文化对高校思想政治教育的积极作用

(一)有助于大学生树立正确的世界观、人生观、价值观

大学时代是一个学生的世界观、人生观以及价值观形成的最佳时期,因为在这一阶段学生对这三个观念的认识最为深刻,也是创造自身价值以及领会人

生真谛的关键时期。在这个时期之内，作为一个高等学校必须要帮助学生树立正确的人生价值观，通过其价值观的形成进一步形成积极的进取态度，将来踏入社会之后更好的为人民和国家做贡献。中国的优秀传统文化传承中华民族几千年的历史，在发展的过程中通过不断的积累和沉淀逐渐形成了鲜明的特色，可谓博大精深。在中国的优秀传统文化的发展中，一直比较重视对人们世界观、人生观以及价值观的实现。同时中国传统理论价值实现的最主要的一种方式也是通过对人格的不断完善来实现的，因为不断完善的人格经过一定的发展，必将呈现出多姿多彩的姿态。纵观儒家的思想，其中提到的"为己""成己"和"内圣"的相关内容，其实也就是要求人们必须注重人格上的提升与修养。研究孔子的思想也可以看出，孔子在人们物质条件比较良好的情况下，也要求人们追求精神方面的价值，始终把理想道德上的完善作为追求精神完善的目的。中国的优秀传统文化中，理想人格的向往以及精神境界的追求方面在全世界范围内都是影响比较突出的。所以，把优秀的传统文化融入到新时期高校大学生的思想政治教育当中，对大学生们人生观、价值观以及世界观的形成都有重要的现实意义。

（二）有助于培养大学生的爱国忧患意识

当代大学生的爱国主义表现是多方面的，包括对祖国文化的热爱、对祖国大好山河的热爱以及对国家对同胞的热爱等，同时爱国主义也是我国的核心思想。因为只有发自内心的对同胞以及祖国的热爱，才能够使中国在历史的长河中屹立不倒，才能共同在中华大地上共同学习、生活劳动以及发展，共同把中华灿烂的文明创造发展的更加美好。爱国主义在中国的优秀传统文化中表现得最为贴切，在发展的历史长河中，多少爱国主义先烈们用自己宝贵的生命诠释了这一点，为中国的发展做出了重要的贡献。尤其是革命先烈精神发挥到了极致，全国人民都应该为他们的这种精神感到自豪，同时也应该像他们一样肩负起实现我国伟大复兴的重要历史任务，书写中国未来发展的华丽篇章。历史实践证明，中国是一个伟大的国家，中华民族也一定会实现它的伟大复兴。

（三）有助于加强大学生个人修养、培养高尚的道德情操

道德方面的教育是中国当代高校思想政治教育中的一项不可或缺的基本内容，同时也是传统文化中的一个重要方面。因为道德素质是一个大学生最基本的素质，也是培养一个合格公民素质的必由之路，另一方面，公民道德素质的高低程度又直接影响并反映出一个国家的整体素质。优秀传统文化有助于提升大学生道德修养，主要表现在以下几个方面。首先优秀传统文化强调主体。作为高校思想政治教育中主体性原则的主要来源，优秀传统文化对强化受教育者

的主体自觉性是十分重要的。培养受教育对象的主体自觉性以及主动性在思想政治教育的实践过程中是非常关键的，同时也对最终教育目的的实现起着决定性的影响。在传统文化中，有"行有不得，反求诸己"的要求，指的就是一个人在遇到挫折以及困难的时候，应该首先反省自己存在的不足之处，只有这样，才能找到解决问题的方法。一个人只要是能够充分发挥自己的主观能动性，实时地对自己进行道德方面的要求，都可以达到很高的人格境界。其次优秀传统文化重视实践中的修养。道德实践是优秀传统文化的一个重要的特点，应该在实践生活中重视道德的修养。就道德修养来讲，一个人除了具备基本的道德素养以及懂得如何做人以外，还应该在生活中积极地去实践，只有这样，才算得上是真正的具备了道德修养。儒家文化，是十分重视道德修养实践的。最后，优秀传统文化重视修养的过程。优秀的传统思想文化中为我们提供了很多提升自身修为的方法，其中自省以及慎独都是比较具有代表性的方法，同时也是儒家思想中重要的方法之一。自省指的是一个人应该按照相关的道德原则经常对自己的行为以及言行进行反思，是一种自我审查的道德方法；而慎独不但是修身的境界同时也是修身的方法，指的是君子即使在别人看不到、听不到的地方，都应该小心谨慎，防止违背道德的行为以及思想变现出来。这些都足以说明中国优秀传统文化为大学生提升自我道德修为提供了有效的教育方法。

  所谓的道德情操，在新世纪的高校大学生中应该这样理解，这种道德情操是新形势下社会规范以及道德原则在大学生身上的体现与凝结，通过观察其与他人的交往方式就可以明确的显现出来，也是中国优秀传统文化在新时期大学生身上的发扬和传承。我国的优秀传统文化在发展的过程中一直比较重视个人人格的完善以及道德的修养。在《大学》中就提到"大学之道，在明道，在亲民，在于至善"，意思就是说通过对美德的发扬使人们不断提升自我修养，从而达到一个很高的境界，这也是当代大学生的基本出发点所在。在中国古时候的教育中，教育者就曾经提出一个人在提升自身思想境界的同时，还应该具有积极向上的进取精神，通过奋发图强不断地完善自己的人格。不论是道家的道法自然还是儒家的重义轻利，其意思大致都是基本相同的，都是告诫人们不要有物质的贪欲，而是应该具有高尚的道德情操的追求。古人都有这样的思想，更何况是新世纪中的大学生呢？因此，当代大学生更应该在借鉴古人修身方法的同时，提升自身的内在价值。这种提升涉及的范围是比较广的，不但包括"天下兴亡，匹夫有责"的爱国精神、"克勤克俭"的勤劳节约精神，而且还包括"刚健有为，自强不息"的奋斗精神以"诚实守信"的诚信品质等各个方面，上述几类精神只是中国优秀传统文化发展中的一个缩影，不过它依然是优秀传统文化在传承过程中的沉淀，是古人伟大思想的结晶，这种辩证精神可以深入到人们灵魂的深处，对人类的行为思想起到一定的支配作用。同时这种辩证精神还可以对民族精神和血肉起到一定的造就作用，对于塑造新时期大学生的优良道德品质具有很大的影响。

（四）有助于大学生良好心态和健全人格的形成

什么是健全的人格呢？健全的人格指的是对人与其他各种关系的妥善处理以及对自身身心的一种完善。中国的优秀传统文化在发展的过程中一直比较重视对个人人格的健全。中国目前的高校在针对大学生思想政治教育中应该继承和发扬优秀传统文化的优良传统，通过结合现代化的教学手段以及优良文化在教育中所发挥的优势，共同实现对健全人格公民的培养。而健全的人格，主要体现在一个人的意志、情感以及知识之间的和谐与统一上。中国的学者潘光旦先生，是最早提出健全人格教育思想的人，他就十分重视培养一个人的意志以及情感。在他看来，优秀传统文化中包含了十分丰富的"士与君子"的思想，例如"士不可以不弘毅，任重而道远"中的弘就是指培养情绪，而其中的毅，则说的是培养情绪的方式和方法。中国的儒家文化特别注重人格追求以及个体修为，在健全人格方面具有一定的代表性，同时对完善大学生的人格也有一定的帮助。例如，儒家思想中的"己所不欲，勿施于人"以及"己欲立而立人，己欲达而达人"等，都具有一定的指导意义。

（五）有助于强化大学生的责任意识、激励大学生进取精神

所谓"天行健，君子以自强不息"，正是鼓励青少年应该具备积极进取的精神，作为一个新时期的大学生还应该形成自己的责任意识，尽管人生观、价值观以及世界观非常重要，不过更重要的是如何才能形成这三种观念，简单地说就是应该把正确的思想积极落实到实处，不能只是空想。其实人生价值的实现是一个漫长而又艰巨的过程，"路漫漫其修远兮，吾将上下而求索"正是对人生观实现过程的一个真实的写照。新时期的大学生必须树立健康向上、积极进取的进取精神，加之自强不息的奋斗精神，才能够通过漫长的坚持之后逐渐使自己的人生价值得到实现。"少壮不努力，老大徒伤悲"，天天坐享其成而又不思进取，最终只能导致遗憾终生而无所事事。通过中国的优秀传统文化，不难发现自强不息而顽强奋斗的例子，如古代的神话故事中的精卫填海、夸父逐日以及愚公移山等，这些执着的进取奋斗精神都给后世造成了深远的影响。在几千年的发展过程中，中华民族之所以可以在历经各种挫折之后依然屹立，靠的就是这种自强不息的精神，在今天，这种精神同样可以激励大学生不断进步。

（六）有助于应对文化全球化对我国高校思想政治教育工作的挑战

发展到新世纪之后，伴随着互联网技术的飞速发展，网络时代已经到来，各个国家在政治文化交流时不断融合、渗透。在这样的发展背景之下，中国优秀传统文化在价值导向、应用方式以及应用内容方面都受到了严峻的考验，同时，中国的优秀传统文化只有顺应了这一时代发展的潮流，才能把自身的价值进一步发扬光大。一方面，在西方思想的相关冲击之下，我们必须进一步增强民族自豪感以及自信心，改掉崇洋媚外的弱势心态。高校的思想政治教育中必须肩负的任务是当代大学生增强传输民族责任感以及加强民族认同的力度。与此同时，通过一定的路径加强大学生对民族文化的尊敬以及热爱。另一方面，网络的诞生为教育的发展带来了前所未有的方便与快捷，在为当代大学生提供一定便利的同时也向他们的思想政治教育提出了更为严峻的挑战。因为很多的网络信息在传播的时候都没有经过必要的过滤，无论是健康的信息还是不健康的信息都向外传播，这时不健康的东西对当代学生道德观、价值观以及人生观的冲击力度是不可估量的，因此，在大学生思想政治教育中必然要求我们与时俱进地提出新的讨论课题。重要的是，在现代思想政治教育以及优秀传统文化之间找到一个合理的结合点，使中国的优秀传统文化得到更好的发扬。在这样的历史潮流之下，尽管关于优秀传统文化和高校思想政治教育相结合这个问题的实践应用有了很多的研究，但是不可否认的是，关于二者有效融合的系统研究还存在不足之处，在今天有待于进一步的研究以及优化。

在目前发展的新形势之下，不断地通过对当代大学生进行思想政治方面的教育，给他们灌输更多的优秀的中国优秀传统文化，无论对增加当代大学生的历史责任感还是培养他们的爱国主义精神，都具有重要的现实意义。在中国的优秀传统文化中，最重要的一点就是要培养一个人的爱国情操，在现实教育中，首要的任务也是通过教育中对优秀传统文化的融入，培养一个具有民族责任感及爱国主义精神的大学生。这种民族责任感以及爱国主义精神应该表现在以下几个方面：关心民族发展的命运，关心家庭成员以及为国家的前途而努力，能够勇于承担自身应尽的义务、责任。"鞠躬尽瘁，死而后已""天下兴亡，匹夫有责"以及"先天下之忧而忧，后天下之乐而乐"在古代都是爱国主义分子的具体表现。在当代大学生的思想政治教育中恰当地融入优秀传统文化，对大学生社会责任感以及使命感的强化都具有重要的作用，能够使自己全身心投入到国家的发展与进步的过程当中去，有助于大学生社会道德情操的培养。例如在《大学》中，开篇就写道"大学之道，在明明德，在亲民，在止于至善"。主要的意思就是教育必须首先培养学生的道德情操，在使他们人格得以完善的同时，使他们积极地、向着好的方向发展，这样才能把对他们的思想教育提升到一个新的层次中去。所以说，把优秀的传统文化融入到对中国当代大学生的思想政治教育中去，对学生道德情操以及现代思想的养成都具有十分重要的现实意义。

三、传统文化可有效地达成思想政治教育目标任务

围绕新时代中国特色社会主义建设的总目标总任务，用习近平新时代中国特色社会主义思想凝结共识、汇聚力量，保障和推进社会主义现代化强国和中华民族伟大复兴的早日实现是新时代思想政治教育的新使命。围绕新使命，大学生思想政治教育应该把握新时代的丰富内涵、及时优化调整目标任务，以新的目标任务达成推动新时代党的历史使命的实现。

以习近平同志为核心的党中央，站在实现"两个一百年"奋斗目标和中华民族伟大复兴的战略高度，准确把握时代大局，继承和发展了马列主义、毛泽东思想和中国特色社会主义理论体系，形成了一系列治国理政的新理念新思想新战略。围绕实现"中国梦"这一主题，准确聚焦时代发展中出现的新问题，在遵循思想政治教育规律的基础上，形成了关于思想政治教育的新思想。牢牢把握"两个巩固"的目标任务，坚持以立德树人为根本任务，为新时代开展大学生思想政治教育工作指明了行动方向。而要有效达成新时代大学生思想政治教育目标任务，就应该把目光投向历史悠久、影响深远的中国传统文化，借助优秀传统文化助推教育目标任务的有效达成。

（一）大学生思想政治教育的终极目标是促进人的全面发展

理论是行动的指南。以马克思主义哲学的实践观为核心，以辩证唯物主义和历史唯物主义方法论为基础的人的全面发展理论是新时代大学生思想政治教育目标任务确定的理论基石。在人的全面发展理论的指导下，大学生思想政治教育的终极目标就应该指向大学生德智体美劳的全面发展。

1. 马克思关于人的全面发展思想的价值蕴涵

正确理解和把握马克思的人的自由全面发展思想的价值蕴涵，对于新时代加强和改进大学生思想政治教育，具有重要的理论价值和现实意义。

其一，人的全面发展是马克思主义的最高命题。马克思在《共产党宣言》中写道："代替那存在着阶级和阶级对立的资产阶级旧社会的，将是这样一个联合体，在那里，每个人的自由发展是一切人的自由发展的条件。""未来共产主义，是以每个人的自由而全面的发展为基本原则的社会形式，是在保证社会劳动生产力高度发展的同时又保证每个生产者个人最全面的发展的这样一种

经济形态。在那里，个人的独创的和自由的发展不再是一句空话。"这是马克思主义理论中最富有生命力和吸引力的内容，最能体现马克思主义经典作家关于未来社会的基本思想。

其二，人的全面发展是社会主义所追求的终极价值理想。社会主义是对资本主义的制度替代和价值选择，其最高目的就是实现人的自由全面发展。社会主义以每个人的自由全面发展为目的，也正是在社会主义社会，个人才真正获得了全面发展其才能的条件和手段。社会主义是对资本主义社会普遍存在的奴役、剥削和压迫等不自由现象的反抗，它本身就是追求自由的事业。作为一种社会制度，社会主义从肯定和否定两个方面将人的自由全面发展规定为自己的核心价值和最高价值。一方面，社会主义表现为对资本主义私有制的否定和旧式分工的废除。另一方面，社会主义实际上包含着以人的解放和自由全面发展为旨归的制度精神。我国社会主义制度的建立，从根本上消除了妨碍人的自由全面发展的社会政治因素，使人的自由全面发展特别是绝大多数人的自由全面发展不仅具有了可能性，而且具有了现实性。我国社会主义经济、政治、文化的发展，为克服人的片面或畸形发展、实现人的自由全面发展创造了必要的条件。随着中国特色社会主义的不断发展，越来越多的人会在更高的程度上实现自身的全面发展。

其三，人的全面发展是中国共产党人的价值目标和实践追求。无论是中国社会主义革命，还是社会主义建设和改革，其根本动因都是为了人的解放和自由全面发展。对于实现人的自由全面发展，我们党是把它作为社会主义社会的目标或奋斗纲领提出来的，把马克思人的全面发展思想与中国国情、传统文化相结合，为当代中国人寻求一条可行的、符合中国国情的全面发展道路。中国特色社会主义建设和改革的实践过程，就是不断推进人的自由全面发展渐进实现的过程。党的十九大提出习近平新时代中国特色社会主义思想，其中"八个明确"中提出了"促进人的全面发展"。人的全面发展思想，已成为习近平新时代中国特色社会主义思想的基本内容和重要组成部分。始终坚持人民至上，为中国人民谋幸福，为中华民族谋复兴，把人民对美好生活的向往作为奋斗目标，推动人的全面发展，是中国共产党的初心和使命，也是坚持和发展新时代中国特色社会主义伟大事业的根本保证。

2."不断促进人的全面发展"的三重价值

习近平同志在十九大报告中，强调要坚持人民主体地位，坚持以人民为中心的发展思想，特别是深刻指出要"不断促进人的全面发展"。这是对马克思人的全面发展理论的继承和发展，是新时代中国特色社会主义的重要内容，也是实现中华民族伟大复兴的根本所在。

（1）追求人的全面发展是马克思主义的核心价值

"不断促进人的全面发展"是对马克思人的全面发展理论的继承和发展，具有巨大的理论价值。在《共产党宣言》中，马克思、恩格斯鲜明提出，在新社会中每个人的自由全面发展是一切人自由全面发展的条件，并称这是新社会的本质。当今中国所处的社会主义初级阶段，还不完全等同于马克思所设想的未来"自由人联合体"的社会。因此，在现阶段，有一个如何科学把握或者说界定"每个人的自由发展"的问题。笔者注意到，党的十九大报告中没有使用"实现"人的全面发展，而是使用"促进""推动"这样的提法。更重要的是，不是一般的"促进"或"推动"，而是"不断促进人的全面发展""更好推动人的全面发展"。这就解决了由社会主义初级阶段的"此岸"，到未来"自由人联合体"的"彼岸"之间，如何"实现"人的自由全面发展的"路径"和实现机制问题，或者通俗点说，解决了走向光辉彼岸的"桥"和"船"的问题。2015年，中共十八届五中全会通过的《中共中央关于制定国民经济和社会发展第十三个五年规划的建议》，就特别提出要把增进人民福祉、促进人的全面发展作为发展的出发点和落脚点。十九大报告将"坚持以人民为中心"列入新时代中国特色社会主义思想的重要内容，这是对马克思人的全面发展理论的继承和在新的历史条件下的发展，是马克思主义中国化的一个成果。

（2）不断促进人的全面发展具有鲜明的时代价值

"不断促进人的全面发展"是破解中国社会主要矛盾的行动指南，具有鲜明的时代价值。党的十九大报告作出了"中国特色社会主义进入新时代"的重大判断，并超越了我国社会主要矛盾是"人民日益增长的物质文化需要同落后的社会生产之间的矛盾"的传统提法，提出"我国社会主要矛盾已经转化为人民日益增长的美好生活需要和不平衡不充分的发展之间的矛盾"，这个新表述是带有突破性的，不仅突破了需求方根深蒂固的"物本位"惯性思维，也突破了供给方根深蒂固的"单纯生产论"的惯性思维，体现了习近平同志对新时代中国社会发展规律的深刻认识以及他关于"能动的人"特别是"全面的人"的思想。

习近平同志在《之江新语》中讲过一段话："人，本质上就是文化的人，而不是'物化'的人；是能动的、全面的人，而不是僵化的、'单向度'的人。"这一论述指明人应是"文化的人""能动的、全面的人"，点破了"人"的真谛。[3] 一旦从"能动的、全面的人"的高度研究中国社会主要矛盾，就会发现，

---

3 习近平著，永志坚译. 之江新语[M]. 乌鲁木齐：新疆人民出版社，2020.35.

破解矛盾的根本方略，就蕴含在"人的发展"这一根本理念中。按照这一思想，既然人本质上应是"全面的人"，而不是"'单向度'的人"，那么从需要角度研究，其内核应是"多需之人"。尤其是在全面建成小康社会这一新的历史条件下，人民群众将会提出与以往不同的需求，这类需求越来越具有多样性、升级性、公平性和可持续性的特点。因此，我们不应该只从"物质文化需要"一个向度，而应该从"能动的、全面的人"发展的更高和更宽向度考虑问题。

党的十九大报告提出"日益增长的美好生活需要"，意味着人民美好生活需要日益广泛，不仅对物质文化生活提出了更高要求，而且在民主、法治、公平、正义、安全、环境等方面的要求日益增长。尤其是报告提出，"保护人民人身权、财产权、人格权"。"人格权"一词首次写入报告，意义极其深远。人格权是宪法和法律规定的我国公民享有的十分重要的权利，包括生命权、身体权、健康权、人身自由权、姓名权、肖像权、名誉权、隐私权、个人信息权等。党的十九大报告提及保障人格权，体现了"不断促进人的全面发展"的新追求。这就极大拓展了人民需求的广度和深度，把人民的需求提到一个崭新的境界。显然，从社会主要矛盾的前一方面看，具有新思想。从社会主要矛盾的后一方面来看，也有新的内容：第一，它超越了传统的单纯"生产"观念，而提升为"发展"的观念，"发展"比"生产"要丰富得多、深刻得多。第二，经过改革开放40多年的奋斗，我国的各项发展已经取得长足进步，特别是社会生产力水平总体上显著提高，社会生产能力在很多方面已进入世界前列。虽然中国仍处在社会主义初级阶段，但用一个笼统的"落后"来表述已经不合时宜，现在更加突出的问题是发展不平衡不充分，此为满足人民日益增长的美好生活需要的主要制约因素。基于此，用"人民日益增长的美好生活需要和不平衡不充分的发展之间的矛盾"来表述中国社会主要矛盾，是一个直面现实的理性选择。中国社会主要矛盾新命题的提出，非同小可。按照其内在的逻辑，势必对党和国家工作提出许多新的要求。这就要在继续推动发展的基础上着力解决好"发展不平衡不充分"问题，大力提升发展质量和效益，更好满足人民在经济、政治、文化、社会、生态等方面日益增长的需要。

（3）不断促进人的全面发展具有深邃的人类文明价值

党的十九大报告提出："中国共产党是为中国人民谋幸福的政党，也是为人类进步事业而奋斗的政党。中国共产党始终把为人类作出新的更大的贡献作为自己的使命在客观分析世界经济政治形势和面临的挑战后，党呼吁"各国人民同心协力，构建人类命运共同体"。而欲构建"人类命运共同体"，必须要有共同的根基、共同的话语。十九大报告提出："要尊重世界文明多样性，以文明交流超越文明隔阂、文明互鉴超越文明冲突、文明共存超越文明优越，这三个"超越"高屋建瓴、内涵丰富，有很强的思想性、前瞻性、战略性。更深层的问题在于，如何真正做到三个"超越"？三个"超越"的根基是什么？十九大报告讲的"不断促进人的全面发展"可以成为共同的根基和共同的话语。

近年来，世界各国人类发展理论增添了较多的人文关怀，"幸福指数""人类发展指数"应运而生，并受到普遍关注。这是当代世界人类文明发展的总体趋势。十九大报告提出"促进人的全面发展"，这是与人类现代发展理念内在相通的。这就回答了在人类文明问题上三个"超越"的根基问题以及相应的话语问题。在新时代构建"人类命运共同体"过程中，以十九大"不断促进人的全面发展"的思想开展文明交流，加强文明互鉴，促进文明共存，有助于消弭人类之间的"文明隔阂"，消除人类之间的"文明冲突"；有助于我们同各国人民一道，推动人类命运共同体建设，共同创造人类的美好未来。

（二）传统文化与人的全面发展

传统文化与人的全面发展有什么关系？如何利用优秀传统文化促进大学生的全面发展，引导大学生自觉培育和践行社会主义核心价值观？

1. 优秀传统文化是大学生全面发展的"根"和"魂"

中华优秀传统文化为大学生的全面发展提供了重要的历史文化沃土。

（1）优秀传统文化有助于消解现代人生存发展困境

由于所处的人类社会发展阶段的历史条件限制，现代人往往不可避免地陷入"单面人"的片面发展困境，由此面临较为严峻的精神危机、生存困境与发展悖论。中国传统"天人合一"的思想理论所要解决的一个重大问题就是如何使人生境界得以提升，其理论实质是一种生态伦理学和人生境界论，是一种传统形态的关于人的全面发展的思想学说，可以为人的全面发展开拓精神资源、提供思想指南。

个人内心的和谐与社会和谐从根本上来说是一致的。马克思关于人的自由全面发展思想的实质在于使人在社会中确立自己的价值和主体地位，从而在根本上达到人的自我实现、自我发展与自我完善，以求得个人发展和人类社会发展的和谐一致。因此，借鉴中国传统文化中的人文关怀资源，引导学生树立自觉的主体意识，培养理性的批判精神，实现与社会的和谐共融，为建设和谐社会提供高度的凝聚力和精神支持。

中华优秀传统文化与马克思主义都将人的存在和发展作为关注点。以中华优秀传统文化诠释马克思主义人的自由全面发展思想可从三个维度渐次展开：中华优秀传统文化的着眼点是人；中华优秀传统文化的着力点是成人；中华优秀传统文化的价值取向是人的自由全面发展。在中华文化语境中，人的自由全面发展状态不仅仅期于未来，更立足当下，至于目前尤有价值。实现人的全面发展是马克思的一贯思想，也是人类追求的终极目标。如果没有文化支持，人的全面发展就成为一个自发的过程。文化不仅是人的全面发展的精神支柱，而且也是实现人的持续发展的动力。因此，我们必须重视文化在人的全面发展中的作用，借助中华优秀传统文化的力量，发展社会主义先进文化，以加速实现人的全面发展的进程。

（2）优秀传统文化助力大学生全面发展

源远流长的中华传统文化在继承、发展、创新中，不断超越和升华。通过扬弃与整合，其精华不断为当代大学生全面发展注入新鲜元素。中华民族传统美德的发扬，确立了当代大学生全面发展的"道德基因"；国学和民族精神的复兴，为当代大学生全面发展输送了"精神血液"；公民道德建设的实施，培育了当代大学生全面发展的"伦理骨肉"；社会主义核心价值体系的构建，为当代大学生全面发展浇铸"思想灵魂"。当今社会所需人才的标准是具备优秀的道德品质、全面的文化知识体系、健全的人格、良好的艺术修养以及一定的创造力。然而长期以来，高校在人才培养过程中往往重视专业知识教育而忽视人文知识的培养，特别是中国传统文化教育的匮乏，已经严重影响了大学生的知识结构及其个人素质的全面发展。因此，开展传统文化教育是培养高素质全面发展人才的必然要求，是践行社会主义核心价值观的重要途径，是培育大学生科学与人文精神的必然选择。

2.优秀传统文化教育促进大学生全面发展

中国传统文化是世界上最古老、最稳定、最辉煌、最丰富的文化之一，体现了中华民族的智慧和力量。优秀传统文化能够为思想政治教育提供有意义学习的背景，是大学生全面发展的重要载体和源泉。在大学生中开展优秀传统文化教育，有利于大学生树立崇高的理想信念以及科学的人生观、价值观和道德观，提高大学生的人文素养，帮助大学生实现全面发展的理想目标。从人类历史的发展过程来看，中华民族之所以能够立足于世界民族之林，就在于优秀传统文化的影响、塑造和内化，造就了中华民族文明的素养和自强不息的奋斗精神。

（1）优秀传统文化教育可以强化大学生的民族意识和民族身份

每一个民族都有着自己的根柢，中国传统文化就是中华民族的根柢，对于所有中华儿女而言，它唤醒了我们的民族意识，强化了我们的民族身份。从唯物辩证法的角度看，中华民族与其所赖以生存的文化环境互相影响，并且在两者的矛盾运动中实现各自的发展。但是，值得注意的是，一个民族最核心的精神、气质，永远依附在本民族的优秀文化之中。可以这样说，中华民族的民族意识和民族身份的确定都是通过文化而实现的。在经济全球化的背景下，中华民族的民族意识和民族身份认同正在受到冲击，西方文化和西方主流价值观对我国传统文化造成很大压力，中华民族的民族认同在西方文化的影响下，正在逐渐减弱。因此，如何强化中华民族的民族意识和民族身份应当成为当前教育的重点。开展优秀传统文化教育，可以达到强化大学生的民族意识和民族身份的目的，在有意义学习的状态下，优秀传统文化以其所具有的塑造和教育功能，不断影响着大学生的生活方式、心理特征、审美情趣和价值观念，并且以春风化雨般的方式，将中华文化的精神逐渐内化、积淀、渗透于每一位大学生的心灵深处，从而唤醒并且强化大学生的民族自我意识。在此基础上，学生的爱国主义情感就会自然而然地产生。为了将民族意识、民族身份和爱国主义精神与时代发展的需要结合起来，在教育过程中，要实现两个方面的结合：首先，民族意识、民族身份和爱国主义精神教育应当和热爱社会主义教育相结合；其次，民族意识、民族身份和爱国主义精神教育应当和拥护祖国统一教育相结合。只有这样，才能将大学生培养成为具有中华民族自我意识和爱国情感的合格的社会主义建设者和接班人。

（2）优秀传统文化教育有利于大学生树立科学的人生观、价值观和道德观

大学生是国家宝贵的人才资源，大学时期正是大学生人生观、价值观和道德观形成的关键时期。开展优秀传统文化教育，可以帮助大学生确立崇高的理想信念以及科学的人生观、价值观和道德观，这对大学生一生走什么路、做什么样的人都有着非常深远的影响。恩格斯指出："每一个历史时期的由法的设施和政治设施以及宗教的、哲学的和其他的观念形式所构成的全部上层建筑，归根到底都应由这个基础来说明的。"[4] 思想政治教育作为上层建筑的一部分，必然会受到经济基础变化的影响，反映到大学生的思想政治教育中，这些变化正全面影响着大学生的人生观、价值观和道德观，影响着他们的思想观念、价值取向和行为方式。同时，西方一些错误的人生观、价值观、道德观和一些腐朽的思想文化，正在通过各种渠道对大学生的思想产生冲击和影响。例如，实用主义、功利主义等思想的影响正在逐渐扩大，享乐主义和个人主义的人生观以及拜金主义的价值观在大学生中也有一定影响。但同时我们也应该看到，大学生生活在中国传统文化的客观环境之中，他们的人生观、价值观和道德观必然受到传统文化的影响，因此，可以利用优秀传统文化所具有的丰富的育人内涵，帮助大学生树立科学的人生观、价值观和道德观。

---

4 马克思，恩格斯. 马克思恩格斯文集 第九卷 [M]. 北京：人民出版社，2009.29:

从人与人、人与社会、人和自然关系的研究方向上来看，中国传统文化是一种致力于解决个体自身、个体与社会关系的文化，同时也有着关于人生观、价值观和道德观的系统理论，因此，就如何促进人的全面发展来看，优秀传统文化与社会主义先进文化的价值取向是一致的。在优秀传统文化所提供的有意义学习的教学环境中，教学活动的参与者实现互动，学生接收、接受了优秀传统文化中的道德观念，并且进一步形成自身的良好品德。以"仁义"思想所蕴含的价值观和道德观来说，孔子强调仁和义，尤其是仁。义者宜也，即一个事物应有的样子。它是一种绝对的道德律。在具体的教育教学过程中，教育者不是简单地向学生讲解它的含义，而是要告诉学生如何去做。例如，就学生做一件好事来说，"仁义"要求学生应当去做这些事情，如果有的学生为了获得其他人的表扬或者是为了某种功利的目的而做这件事情，即使他所做的事情客观上符合道德的要求，仍然不能称作"义"。从实际教育教学效果来看，当以这样的方式向学生介绍"仁义"思想时，同学们都深受启发。当然，中国优秀传统文化是一个内容和形式都极其广博的天地，就是非、善恶的判断标准来说有孟子的"四端"说，人生观有孔子的"忠恕"思想，还有老子的为人处世的学说，以及"中""和""庸""常"等优秀思想。因此，我们应当将其与当代社会相适应的一面挖掘出来，融入思想政治教育中，发挥出优秀传统文化的时代性、针对性和实效性，提高大学生的整体人文素养。

（3）个体人文素养的提高有赖于优秀传统文化教育

马克思指出：每个人的自由发展是一切人的自由发展的条件。由此可以看出个体自由而全面发展的重要性。当然，这种发展必须建立在个体人文素养的提高上。在知识经济和信息经济的今天，只有具备综合人文素养的大学生才能适应不断变化的社会需要。马克思深刻揭露了资本主义工业化大生产所带来的人的"异化"。这样就出现了由资本主义所导致的一种"分裂的"和"单向度的"人，违背了人性和马克思所主张的人的全面发展原则。中国优秀传统文化中有着丰富的思想资源，可以解决"分裂的"人和"单向度的"人的困境。从人文取向上来看，中国传统文化从不把人从社会中孤立出来，也不把人同自然对立起来，不追求纯自然的知识体系；在价值论上它是反实用主义和功利主义的，提倡每个个体都应当致力于做"内圣外王"式的人。同时，传统文化中的"中庸"思想、"天人协调"思想、"崇德利用"思想等，也分别从不同角度提出了个体人文素养提高的途径，并建构了相对完整的理论体系。从内容上来看，中国传统文化包含了丰富的人文社会科学，从个人的心灵修养和个人的行为习惯，到如何处理个人与社会、个人与自然的关系，再到如何成为"内圣外王"式的人,中国传统文化均建立了完整、宏大的体系。在思想政治教育中,通过不断地融入与教育内容相匹配的优秀传统文化,可以增加教育的亲和力,提升教育效果,让学生在受到教育的同时,拓宽他们的知识视野。例如,让学生阅读经典著作,然后再完成一篇读书心得。这种形式大大开阔了学生的人文视野,同时,学生通过阅读不同时代的经典著作,实现了和先贤进行"面对面的思想交流"的机会,进而自然而然地以这些圣贤的思想来规范自己的言行。

3. 中华传统美德为大学生的全面发展注入了道德基因

任何时代、任何民族的主流文化道德价值都不会是凭空产生的。社会主义核心价值观作为当今中国价值观念的最大公约数,是源远流长的中华传统美德之时代精神的体现。众所周知,与世界上其他悠久的大型文明相比,中华优秀传统文化的伦理性、人文性更强;中华民族不以宗教立国、立人,而是一开始就以德治国、以文化人。礼仪之邦与小康生活相伴、"为政以德"与"义以为上"并行、"修身为本"与"存心养性"共生,从来就是评价国家发展、社会面貌和个人修养是否"向上向善"的标准。

在国家层面,社会主义核心价值观表述为"富强、民主、文明、和谐",其蕴含的是国家、民族发展进步所承载的国家伦理和国家公德。儒家历来主张,一个国家施行仁政,使百姓富裕、文明开化、人际和谐,就做到了"敬德保民,以德配天"。应当看到,将"富强"放在第一的位置,特别契合中国的国情。"小康"与"大同",都是孔子描绘过的社会理想状态,两者的共性在于物质生活的无忧与充盈,所谓"富行之谓大业,日新之谓盛德",正是此意。我们今天即将建成的全面小康社会,就是为将来实现中华民族伟大复兴、最终达到"天下大同"的境界奠定坚实的物质基础。因此,富强、民主、文明、和谐,既取之于中华传统美德的精神养料,又是判断当今中国能否在物质和精神两个层面实现跨越发展的主要依据。在社会层面,社会主义核心价值观关于"自由、平等、公正、法治"的表述,蕴含了当代中国所要达致的社会伦理和社会公德,体现了中国社会的全面进步。中华优秀传统文化历来强调,人人性善则道义普施,礼法合治则社会公正。孔子说:"道之以德,齐之以礼,有耻且格。"自由、平等、公正、法治的理念既承接了中华优秀传统文化对社会公义的强调,又融入了近代以来富有生机与时代特色的内涵,特别是法治、平等这些立足当下、面向未来的现代价值。在个人层面,社会主义核心价值观通过"爱国、敬业、诚信、友善"八个字,蕴含了由个人的自我完善,个人与国家、民族、他人之间的建设性关系所指向的个体美德与群体美德。爱国、敬业、诚信、友善既汲取了中华优秀传统文化中"天下兴亡,匹夫有责""功崇惟志,业广惟勤""无信则不立""以友辅仁"等美德观念,又赋予其广泛、深沉、具有现实意义的内涵,通过个体、群体、全体的思想和行为为中华民族伟大复兴添砖加瓦。

显然,习近平总书记关于"社会主义核心价值观就是一种德"的阐述,精准地刻画了历史的中国和今天的中国具有共通性的道德文化结构,有效地提升了人民群众对社会主义核心价值观的领悟与认同。"百姓日用即是道"。加强个人道德修养,履行道德义务,从自身做起,从生活抓起,是践行社会主义核心价值观的主要途径。正是在这个意义上,习近平总书记在上海考察时指出,要注意把社会主义核心价值观日常化、具体化、形象化、生活化,使每个人都能感知它、领悟它,内化为精神追求,外化为实际行动,做到明大德、守公德、严私德。习近平总书记强调:"传承中华文化,绝不是简单复古,也不是盲目排外,而是古为今用、洋为中用、辩证取舍、推陈出新,摒弃消极因素,继承积极思想,'以古人之规矩,开自己之生面',实现中华文化的创造性转化和创新性发展。"党的十九大报告也指出,要深入挖掘中华优秀传统文化蕴含的思想观念、人文精神、道德规范,结合时代要求继承创新,让中华文化展现出永久魅力和时代风采。这些论断,为在大学生思想政治教育实践进程中开掘、弘扬中华优秀传统文化指明了正确方向,是大学生全面发展的道德指针。

第二节 中国传统文化融入大学生思想政治教育的主要原则

所谓原则,就是说话或行事所依据的法则或标准。加强大学生传统文化教育的基本原则就是指大学生传统文化教育实践活动所应遵循的最为普遍、最为重要并始终坚持的准则。教育部印发的《完善中华优秀传统文化教育指导纲要》为加强大学生传统文化教育提供了基本遵循。按要求,加强大学生传统文化教育应坚持立德树人与知识教育相结合、继承传统与改革创新相结合、主渠道与主阵地相结合等原则。

一、立德树人与知识教育相结合原则

立德树人是教育的根本任务。高校作为人才培养的重要阵地,担负着培养德智体美劳全面发展的社会主义合格建设者和可靠接班人的任务。中国传统文化作为大学生思想政治教育的重要内容,既是一种文化知识,也是涵养"立德树人"教育根本任务的文化源泉。因此,加强大学生中国传统文化教育理应既重视文化知识教育,又强调以"立德树人"为根本目标并为之服务,做到立德树人与知识教育相结合。

(一)立德树人为根本任务

党的十八大报告指出:"把立德树人作为教育的根本任务,培养德智体美全面发展的社会主义建设者和接班人。"十九大报告也指出,要落实立德树人的根本任务。立德树人是发展中国特色社会主义教育事业的核心所在,一切教育都应该围绕这一根本任务而进行,加强大学生传统文化教育必然要遵循"立德树人"的要求。

传统文化是落实"立德树人"教育任务的文化涵养。中国传统文化历来倡导追求真、善、美的统一,中国人自古以来就以成德建业、厚德载物为理想。《左传·襄公二十四年》有言:"太上有立德,其次有立功,其次有立言,虽久不废,此之谓三不朽。"古人认为最上等的是树立德性,其次是建立功业,再次是创立学说,这种以道德为首要取向的文化人格是传统文化的重要思想,后经诸子百家阐释、社会历史发展的检验,立德树人的思想在现代教育中日益根深蒂固。可以说,传统文化的根本就在立德,大学生传统文化教育就是植根在传统文化的丰厚土壤基础之上,引导大学生"立德",提高大学生思想素质,促进大学生全面发展。

"立德树人"包含了对加强传统文化教育的要求。坚持立德树人的根本任务就是要坚持把德育放在首位。大学时期是人的全面发展的关键时期,这一时期对于人格健全、积极情感培养和良好品德形成具有重要价值。传统文化教育的主要内容之一就是要对大学生进行道德教育,培育大学生的良好品德,开展大学生传统文化教育就是落实立德树人根本任务的必要途径。

(二)文化知识教育乃重要基础

加强大学生传统文化教育要以传统文化知识的教育为基础。在由中共中央办公厅印发的《关于培育和践行社会主义核心价值观的意见》中要求"发挥优秀传统文化怡情养志、涵育文明的重要作用……增加国民教育中优秀传统文化课程内容,分阶段有序推进学校优秀传统文化教育"。传统文化课程首先就是要融入知识性内容,在知识性内容的基础上进行价值观的教育。

文化知识教育是一切教育的重要基础。众所周知,任何教育要想顺利进行就必须符合学生的认知规律。心理学研究表明,人们接受教育的过程就是一个知情意信行的过程,只有先对教育内容有一定的认识和了解,才会有对教育内容的情绪情感反应,进而产生对教育内容的意志信念,内化于心,外化于行。对大学生进行传统文化教育必须使大学生先有对教育内容,即中国传统文化基本内容的了解与掌握。加强大学生传统文化教育首先要保证大学生掌握传统文化基本知识，这样才能保证教育有效果。因此，坚持文化知识教育是加强大学生传统文化教育的重要基础。

中国传统文化教育包含对中国传统文化的知识教育。"中华优秀传统文化包含物质形态层面，知识、技艺层面，行为、制度层面，文学、艺术层面和思想、精神层面等"。这一定义表明，优秀传统文化包含着知识层面的内容。因此，要体会博大精深、源远流长的传统文化的璀璨光辉和巨大价值，就要掌握关于传统文化的知识，就要掌握中国语言文字，了解传统文化得以产生发展的历史地理环境、经济基础、社会政治结构，把握传统文化几千年的发展历程，熟知中国古代科学技术，理解传统文化基本内容。因此，加强大学生传统文化教育必须打牢大学生的传统文化知识基础。

（三）坚持立德树人与知识教育相结合

在大学生传统文化教育中，要将立德树人与知识教育结合起来。一方面，立德树人是知识教育的根本要求和最终目的。知识教育是教育的第一层，也是基础层，但教育不能仅仅停留在这一层，要落实到根本。"培养什么人"，是教育的首要问题。我们教育的根本任务是培养社会主义建设者和接班人，培养一代又一代拥护中国共产党领导和我国社会主义制度、立志为中国特色社会主义奋斗终身的有用人才。要完成好这一根本任务，关键就在于紧紧抓住并做好立德这一核心。因此，必须把大学生传统文化知识教育落实到立德树人的根本任务上来。另一方面，知识教育是立德树人根本任务实现的前提和基础。只有掌握了基本的传统文化知识，才能更好地理解传统文化的基本精神，才能为实现教育立德树人根本任务提供思想基础。大学生掌握传统文化知识是为了更好地理解传统文化的丰富内涵，在认知的基础上达到内化，进而丰富大学生的精神世界，促进大学生的成长成才。

坚持立德树人与知识教育相结合就是要遵循教育规律和学生成长成才发展规律，把立德树人教育根本任务的要求与传统文化知识融入到大学生传统文化教育中。例如，在对大学生进行传统文化发展史教育时，在知识教育层面，既要使大学生了解中国传统文化几千年的历史沧桑，了解中国传统文化在上古时期的发生，在殷商西周时期的从神本走向人本，在春秋战国时期发展的"轴心时代"，在秦汉一统帝国如何实现文化一统，在魏晋南北朝的乱世中如何走向多元，在隋唐时期如何隆盛发展，在两宋时期何以趋向内省与精致，在辽夏金元时期游牧文化如何与农耕文化冲突融合，明清时期又如何走向沉暮与开新在立德树人层面，要引导大学生在传统文化曲折漫长的发展历程中感受传统文化的深厚历史底蕴与强大精神力量,培育大学生正确对待挫折,坚定向上的决心,坚信"艰难困苦,玉汝于成",不断追求德性的完善,努力成为全面发展的人。

二、继承传统与改革创新相结合原则

习近平总书记指出:"要坚持古为今用、以古鉴今,坚持有鉴别的对待、有扬弃的继承,而不能搞厚古薄今、以古非今,努力实现传统文化的创造性转化、创新性发展,使之与现实文化相融相通,共同服务以文化人的时代任务。"这一重要论述为加强大学生传统文化教育提供了基础,要求加强大学生传统文化教育要坚持继承传统与改革创新相结合的原则。

(一)继承传统美德

传统美德是传统文化的核心,是大学生传统文化教育的重要内容。加强大学生传统文化教育要坚持继承传统,即要继承中华传统美德和中华民族精神。

加强大学生传统文化教育继承中华传统美德,就是要加强大学生中华传统美德教育。中华传统美德是中华传统文化的精髓,蕴含着丰富的思想道德资源,是大学生传统文化教育不可或缺的主要内容。继承中华传统美德是加强大学生传统文化教育的需要,要教育大学生"重视整体利益,强调责任奉献;推崇'仁爱'原则,注重以和为贵;提倡人伦价值,重视道德义务;追求精神境界,向往理想人格;强调道德修养,注重道德践履,不断弘扬中华传统美德"。

加强大学生传统文化教育继承中华民族精神,就是要加强大学生中华民族精神教育。在中华民族五千多年的发展历史中,形成了以爱国主义为核心的伟大创造精神、伟大奋斗精神、伟大团结精神、伟大梦想精神等伟大民族精神,它是我们这个民族历经磨难而不灭的强大精神支撑,是中华民族生命力、凝聚力、创造力的不竭源泉。中华民族自古以来形成了追求国家统一、民族团结、亲仁善邻、讲信修睦、勤于劳动、善于创造、无所畏惧、坚持正义、不屈不挠、发愤图强的传统,这些传统无不蕴含着爱国主义这一精髓。大学生要继承以爱国主义为核心的中华民族精神,就要做到"爱祖国的大好河山,爱自己的骨肉同胞,爱祖国的灿烂文化,爱自己的国家,在新时代尽自己最大的努力推进祖国统一,促进民族团结,增强国家安全意识",弘扬中华民族精神。

(二)创新传统教育

习近平总书记指出:"对适合于调解任何时代社会关系和鼓励人们向上向善的内容,要结合时代条件加以继承和发扬,赋予其新的涵义。"大学生传统文化教育同样要结合时代条件，创新教育内容与形式，与社会、高校、大学生发展相适应，敢于变革自身，走在世界前列。

1. 坚持创新教育内容与形式

当前，全球化程度日益深入，网络技术发展突飞猛进，多元文化交流、交融、交锋更加频繁，教育环境愈加复杂，大学生的思想意识、价值追求和个性特点也随着社会发展而更加自主、多样、鲜明。对于大学生传统文化教育而言，只有不断创新内容与形式，与社会发展相适应、与大学生文化需求相吻合、与高校思想政治教育创新相承接，才能使传统文化教育取得更好的效果。既要对中华传统文化的内容进行改造，使之更好地适应大学生思想政治教育的需要，适应大学生成长成才的需要，又要创新大学生传统文化教育的形式，使之与社会发展相适应，与大学生接受教育的要求相适应。

2. 坚持适应教育发展新要求

2013年3月1日，习近平总书记在中央党校建校80周年庆祝大会暨2013年春季学期开学典礼上的讲话中提到："我们不仅要了解中国的历史文化，还要睁眼看世界，了解世界上不同民族的历史文化，去其糟粕，取其精华，从中获得启发，为我所用。"这就要求大学生传统文化教育要适应形势发展，既敢于变革自身，又勇于睁眼看世界，学习西方文化教育中的宝贵经验，为我所用，结合中国实际，大胆试验，培养大学生国际视野，这也是大学生思想政治教育改革创新的重要方面。

（三）坚持继承传统与改革创新相结合

在大学生中国传统文化教育中，要将继承传统与改革创新结合起来。一方面，继承传统是大学生传统文化教育改革创新的前提。人类一切知识的获得都是建立在前人发现所得或经验基础之上的，只有掌握了知识和经验，才能在既有基础之上有所改革和创新，大学生传统文化教育亦然。传统文化能绵延至今并发挥重要作用，就在于它既承载着历史的重载，又不断发展自身，顺应历史发展潮流，其本身就是不断继承、累积、创新的过程，只有经过量的积累，才能达到质的飞跃，只有在继承的基础上才能创新。另一方面，改革创新是大学生传统文化教育继承传统的必然要求。若只有继承而没有创新，传统文化将成为"死的文化、僵化的文化"，必将被历史所淘汰。同样，只继承而缺乏内容和形式创新的传统文化教育，也是不行的。改革创新是大学生传统文化教育更好地继承传统的保障。加强大学生传统文化教育必须做到与时俱进，结合时代和社会发展现实与大学生思想观念变化，不断创新传统文化教育的内容与形式，才能取得更好的教育效果，中华传统美德与中华民族精神才能一代代地继承和传承下去，中国传统文化才能更具生机与活力。

坚持继承传统与改革创新相结合，要在国家层面进行家国同构的主体意识教育、自强不息的民族精神教育、天下大同的社会理想教育；在社会层面进行天人合一的关爱自然教育、推己及人的关爱他人教育、以人为本的关爱人类教育；在个人层面进行重义轻利的价值观念教育、修齐治平的理想信念教育、君子圣人的理想人格教育；同时要创新教育方式方法，善于利用网络媒体、节日庆典，强调体验参与，加强大学生的中国传统文化教育。

三、主渠道与主阵地相结合原则

高校思想政治理论课是大学生思想政治教育的主渠道，日常思想政治教育是主阵地。加强大学生中国传统文化教育，要充分发挥好、运用好主渠道与主阵地的作用，坚持主渠道与主阵地相结合。

（一）发挥思想政治理论课主渠道作用

作为大学生思想政治教育重要组成部分的大学生传统文化教育，要充分发挥思想政治理论课在大学生思想政治教育中的主渠道作用，切实推进传统文化教育。

课堂教学是传统文化教育全部教学的中心环节。通常情况下，人类一切理论知识的教学任务主要是通过课堂教学来完成的，同课外活动相比较，课堂教学是科学的、有规律的，它是保证教学质量，确保学生接受教育的关键。要对大学生进行传统文化教育，就必须抓住课堂教学，对大学生进行科学的传统文化教育。课程是教育思想、教育目标和教育内容的主要载体，是学校教学活动的基本依据，直接影响着人才培养的质量。大学生思想政治理论课集中体现了国家意志和培育践行社会主义核心价值观的要求，对大学生思想文化素质具有重要的积极作用。大学生传统文化教育要融入到大学生思想政治理论课程中去，设置专门的传统文化课程，坚持必修课与选修课相结合、通识课与专题课相结合，设计科学有效的传统文化课程体系，集中体现传统文化的精华和教育立德树人的根本任务要求。[5]

发挥思想政治理论课作为大学生思想政治教育主渠道的作用，要在思想政治理论课教学中融入传统文化内容，加大对传统文化的阐释，加深大学生对传统文化的理解。比如，在《马克思主义基本原理概论》中，学习马克思主义与中国传统文化相结合的必然趋势；在《毛泽东思想和中国特色社会主义理论体

5　亓凤香.中华优秀传统文化融入思政课教学研究[M].长春：吉林大学出版社，2020:83.

系概论》中，学习中国传统文化在推进马克思主义中国化过程中的重要作用；在《中国近现代史纲要》中，充分体会中国传统文化在革命、建设和改革实践中的历史作用；在《思想道德修养与法律基础》中，学习中华民族精神和中华传统美德，提高大学生思想素质；在《形势与政策》中，学习习近平总书记关于继承和弘扬中国传统文化重要论述，深刻认识中国传统文化在当代的重要价值，提升大学生中国传统文化教育效果。

（二）发挥日常思想政治教育主阵地作用

日常思想政治教育以党团组织、社团活动、班级工作为载体，通过日常管理和教育活动对学生进行思想、政治、道德等教育，是大学生思想政治教育的主阵地。从现实教育情况来看，目前绝大多数高校大学生思想政治理论课主要集中在大一、大二两个学年进行，相比较而言，大学生日常思想政治教育更为经常和大量，从入学到毕业离校都离不开对大学生的日常思想政治教育。因此，新形势下加强大学生中国传统文化教育必须充分发挥日常思想政治教育主阵地的作用。

日常思想政治教育可以看作是大学生思想政治教育由"毛细血管"组成的微循环，微循环对主渠道起着配合、辅助的重要作用。作为微循环的日常思想政治教育虽小但数量极大，且分布极广，能到达主渠道到不了的地方，无处不在，随时随地发挥着作用，它能够承担起协助和配合主渠道的作用，维护主渠道的安全，分担主渠道的压力。大学生日常思想政治教育更为贴近大学生的生活学习实际，像空气一样围绕在大学生周围，潜移默化地发挥着教育作用，配合思想政治理论课，共同提高大学生的思想政治修养和道德素质。同时，日常思想政治教育既涵盖了主渠道的教育内容，又融入了就业指导、心理健康、人格发展、综合素质培养等内容，通过灵活多样的主题教育活动与日常管理，促进成长成才。加强大学生传统文化教育必须充分利用日常思想政治教育，发挥其育人作用。

发挥主阵地在加强大学生传统文化教育中的作用，就要在大学生日常思想政治教育中融入传统文化，立足于学生全面发展，在日常教育、管理、服务中积极融入传统文化。如：抓住民族传统节日、历史人物事件纪念日等契机，开展经典诵读、知识竞赛等活动；利用班会、主题团日活动、心理班会、年级大会等倡导大学生学习传统文化；组织学生积极参与"全国大学生道德实践成果网络巡礼""道德模范进校园""礼敬中华优秀传统文化"等实践活动；充分利用网络和移动自媒体，通过微博、微信、QQ等方式，引导大学生正确对待外来文化，坚定传统文化自信等，这些都是在日常思想政治教育中对大学生进行传统文化教育的有效形式。

（三）坚持主渠道与主阵地相结合

在大学生传统文化教育中，要将主渠道与主阵地结合起来。一方面，思想政治理论课与日常思想政治教育具有统一性。思想政治理论课与日常思想政治教育统一于思想政治教育范畴，二者具有相同的教育目标，都是培养中国特色社会主义事业的建设者和可靠接班人的教育活动，二者的教育内容和教育队伍亦有重合，都是大学生思想政治教育的重要方面。另一方面，"主渠道"与"主阵地"具有互补性。主渠道与主阵地就像大动脉与毛细血管、主干道与小巷道，相互配合，互为补充，成为大学生思想政治教育的两个主要抓手，"思想政治理论课为升华日常思想政治教育的效果提供了理论支持，日常思想政治教育的开展也为深化和巩固思想政治理论的'主渠道'教育效果提供了'阵地'基础，成为思想政治理论教育的课外延伸和有益补充。"两者相互结合，对提升大学生传统文化教育实效性意义重大。

坚持主渠道与主阵地相结合，就是要在对大学生进行传统文化教育中，既发挥思想政治理论课在传递传统文化教育内容方面的主要作用，又要发挥主阵地在加强大学生传统文化体悟、深化大学生传统文化认同上的功能，两者有机结合，共同促进大学生传统文化教育有效实施。比如，在弘扬中华民族"勤劳节俭"的传统美德时，在思想政治理论课中，教师要向学生讲清楚传统文化中"勤劳节俭"的含义、具体表现、生动事例，讲清楚"勤劳节俭"之于当时社会、个人的重要意义，讲清楚今天弘扬和倡导"勤劳节俭"的传统美德的时代意义以及传承这一美德的做法。同时，在日常思想政治教育中要结合主渠道教育，巩固和深化大学生对传承和弘扬这一传统美德的认识，鼓励大学生在日常实践中自觉践行，通过校园文化建设、社会实践、教育管理等途径，引导大学生在生活学习实践中发扬勤劳节俭的传统美德。

第三节 新时期传统文化融入大学生思想政治教育的策略

中国传统文化融入大学生思想政治教育，必须坚持马克思主义，以毛泽东思想和中国特色社会主义理论体系为指导，深刻领会习近平新时代中国特色社会主义思想和中华民族伟大复兴的中国梦精神，积极促进大学生文化素质和道德素养的全面发展。正确的原则、科学的顶层设计、丰富的文化实践、可操作的规范路径，是中国传统文化融入大学生思想政治教育的现实指向。

一、中国传统文化融入大学生思想政治教育的途径

中华传统文化博大精深，充分挖掘这些优秀资源，将传统文化融入思想政治教育，创新思想政治教育的路径，促进思想政治教育和传统文化教育的结合，丰富大学生思想政治教育内容的有效手段，从而达到提升教学效果的目的。

（一）融入教育教学过程

中共中央、国务院印发的《关于加强和改进新形势下高校思想政治工作的意见》中明确指出："推动中华优秀传统文化融入教育教学。"教学作为培养大学生的主渠道，承担着最主要的教育内容。对大学生进行中华传统文化教育，必须将中华传统文化内容融入到教育教学过程之中，"需要对课程、教材、教学以及评价等诸环节进行整体设计、科学论证，使各个方面相互配合、协调发展"。要编好教材、开好课程，务实从事教学研究，建立健全督导评价，协同推进教材编写、课程设置、教学实施、科学研究、评价督导等各环节，使其有效配合、相互促进。

1. 编好教材设好课程

教材和课程是大学生思想政治教育的重要载体和途径，加强大学生传统文化教育，必须依托编好教材、开好课程这一途径，充分发挥教材与课程在大学生思想政治教育中的基础性作用。

（1）编好教材

据调查，目前尚没有针对大学生的中国传统文化教育的统一教材。关于中国传统文化概论、中国文化概论的相关著作有近百种之多，大多为学者研究所著，最有影响的为教育部高教司组编，张岱年、方克立主编的《中国文化概论》，作为高等学校人文素质教育公共课教材。同时，一些教材中的"中国味"淡化，重知识讲授、轻精神内涵阐释的现象较为普遍，教育内容与其他教材的结合不够紧密，大学生阶段的特点和规律针对性不足。此外，大学生传统文化教育不同于其他学段教育，在教育目标与教材内容方面应有独特要求。因而，在教材编写、课程设置方面应与大学生中华传统文化教育要求相适应，与大学生思想政治教育相协调。

第一，编写专门教材。教材编写要依据《完善中华优秀传统文化教育指导纲要》要求，加强各学段教材上下衔接、横向配合。应组织专家学者撰写适应不同层次学生使用的中国传统文化教育专门教材，增强教材的专业性与实用性；避免教育内容的重复，确保教材内容的连续性。编写与教材配套的教辅资料和

练习书，增强教育效果。教材内容应密切联系学生生活，设计科学的呈现和编排方式，增强对学生的吸引力。

第二，开发特色校本教材。校本教材是指学校教师个体或群体，在学校课程设计的总思路下，根据自身特点和区域文化特色，有效开发校本课程，利用校内外教学资源，自主编写和开发满足学生个性发展的教材，包括教师编写的讲义补充的阅读材料及正式出版发行的教材。要根据"差异性与整体性融合、适应性与发展性兼顾、知识性与趣味性并存、生活性与教育性统一的原则"，开发和选用具有区域特色的传统文化教材，鼓励开发实用性强的校本教材。例如，福建省教育厅支持地方和高校利用地域传统文化的教育资源，编写出版了《福建历史文化简明读本》《朱子读本》《林纾读本》《陈嘉庚精神读本》《客家文化读本》《闽台文化读本》《福建文化名人读本》等系列文化读本，开设专题地方课程和校本课程。

第三，修订相关课程教材。将传统文化的基本内容写入德育、历史、文学、艺术等相关课程教材中，增加传统文化在学科教材中的比重。统筹各学科，充分发挥人文社会科学学科的独特育人优势，进一步提升数学、科学、技术等课程的育人价值。同时，加强学科间的相互配合，形成育人合力，发挥综合育人功能。

（2）设好课程

要完善课程体系建设，推进中华传统文化进教材、进课堂、进头脑，加强中华传统文化课程建设，使之成为加强大学生传统文化教育的重要途径。

第一，增设传统文化课程。要增设反映传统文化的课程，使大学生在学校教育中始终受到传统文化的熏陶和感染，把传统文化的学习与思想道德素质的培育结合起来。坚持必修课与选修课相结合。开设《中华优秀传统文化概论》等公共必修课，覆盖高校各学科门类，确定相应学分要求。开设中国传统文化选修课，如经典诵读、传统技艺修习等，拓宽选修课覆盖面，提升教育效果。坚持概论课与专题课相结合。通过《中华优秀传统文化概论》等课程，使大学生从宏观上了解中国传统文化，凸显系统性。开设专题课，开展传统文化专题教育，突出针对性。

第二，积极研发具有地方特色和学校特色的校本课程。要适应大学生差异化的需求，进一步改革课程设置，增加人文素质课程，结合本校特色和地方传统文化资源，如山东曲阜可充分利用孔子故里的文化资源，开设专门的孔子思想研究课程。可以根据地域，开设独具特色的地方民俗文化探源课、京剧艺术欣赏等课程，以专题研讨、主题实践等多样的形式推动大学生传统文化教育课程体系的完善。

第三，切实将中国传统文化与思想政治理论课相融合。在大学生思想政治理论课教学中融入中国传统文化内容，在马克思主义理论的指导下，真正把中国传统文化的精华内化为学生的基本价值理念和人生信条，如在《毛泽东思想和中国特色社会主义理论体系概论》的教学中加入传统文化和爱国主义、人文精神等内容。

2. 加强教学研究

教学研究是高校育人工作的重要方面，是加强大学生中国传统文化教育的主要渠道。以课堂教学为抓手，在课堂教学中增加中国传统文化教育内容，加大阐发力度，同时加强对中国传统文化的科学研究，为加强大学生中国传统文化教育提供理论支撑，这是融入教育教学过程途径的重要方面。

（1）融合教学内容

从总体情况看，在高校思想政治理论课教学中，"有关中华优秀传统文化的内容偏少，马克思主义中国化的文化内涵谈得不够，与思想政治理论教育直接相关的中华传统文化的内容阐发得不多"，这就需要加深对中国传统文化的阐释，增加中国传统文化教育内容，讲清楚中国传统文化的现代发展，促进中国传统文化与教学内容的有机融合。

第一，要深入阐释中国传统文化。对大学生进行中国传统文化教育，不能只停留在对中国传统文化的表层理解上，需要深入阐释它的思想渊源、深刻内涵、重要价值、现代转化等，使大学生理解中国传统文化的精神实质，强化大学生的文化主体意识与文化创新意识。

第二，要增强中国传统文化与教学内容的联系。在大学生思想政治教育中，要重视哲学社会科学课程的育人功能。在大学生思想政治理论课教学和其他课程教学讲述中，教师要善于联系中国优秀传统文化，使中国传统文化成为教学内容的佐证，辅助大学生理解教育内容。比如，在教育学的教学中，要重视、学习和借鉴中国传统文化中的教育思想。

第三，要讲清楚中国传统文化的现代发展。中国传统文化融入教学内容，不是仅仅对中国传统文化的历史发展、内涵意义的解读，更应阐释中国传统文化在当今社会的重要价值，对国家、社会、个人的积极作用。比如，中国传统文化经过现代转化，与马克思主义相结合，形成具有中国特色的思想理论，譬如"四个全面"战略布局中的"全面建成小康社会"就是从中华传统文化中的"小康"思想发展而来的。

（2）加大研究力度

要加大对中国传统文化的研究力度，既要对中国传统文化的发展历程、产生渊源、基本内容有全面整体的研究，又要对中国传统文化的组成部分有深入的专题式研究，增强大学生中国传统文化教育的理论支撑。要"加强对中国传统文化思想价值的挖掘，梳理和萃取中国传统文化中的思想精华，作出通俗易懂的当代表达，赋予新的时代内涵，使之与中国特色社会主义相适应，让中国传统文化在新的时代条件下不断发扬光大"。

第一，要做好中国传统文化的全面整体研究。充分发挥教育系统特别是高校理论研究优势，组织专家学者，集中力量系统研究中国传统文化的历史渊源、重大意义、科学内涵、基本要素和实践途径等，支持相关课题研究、学术研讨、著作出版，为加强大学生中国传统文化教育提供理论基础和学理支撑。

第二，要做好中国传统文化的深入专题研究。在对中国传统文化有整体把握的基础上，依托相关研究机构和团队，设立专门研究项目和课题，开展中国传统文化研究，尤其加强与社会发展联系密切、与大学生思想文化素质关联紧密的课题研究，加强社会主义核心价值观与中国传统文化关系研究，比如儒家的"仁""礼"思想的现代转化研究等。

第三，要做好中国传统文化教育学科建设研究。推动建立中国传统文化教育学科，促进大学生中国传统文化教育专业化、科学化。做好相关的人文社会科学学科建设研究，比如历史、考古、文学、哲学等，加强相关学科对中国传统文化教育学科的支撑作用。同时，做好大学生中国传统文化教育实践活动的经验总结，为大学生中国传统文化教育学科的研究提供经验指导。

（二）创新教育方式方法

方法是指为达到某种目的而采取的途径、步骤、手段等，它作用于大学生中国传统文化教育过程的各个环节，直接发挥作用，影响大学生中国传统文化教育的实效性。结合教育环境的新发展与大学生思想意识的新变化，应不断创新教育方式方法，会用网络媒体、善用节日庆典、常用体验参与是加强大学生中国传统文化教育的有效途径。

1. 利用网络媒体

在移动互联网高速发展的今天，网络思想政治教育应运而生。加强大学生中华传统文化教育必须抓住网络教育平台和移动自媒体，更好地发挥网络的巨大作用，突出网络媒体的优势，推进中国传统文化教育网络化。

（1）提升运用网络媒体能力

网络为大学生中国传统文化教育提供了新的表达形态和新的交流通道。大学生中国传统文化教育的教育者必须不断提升自身运用网络的能力。

第一，提升运用网络新媒体的能力。要遵循信息网络规律，把掌握运用微信、微博等新媒体操作技术作为必备能力，充分利用移动自媒体、微博、微信等新兴传播工具，借助其碎片化、娱乐化传播特点，精心设计和传播中国传统文化内容，利用互联网开设中国传统文化网络课程，供学生在线学习。

第二，提升运用"网言网语"的能力。网络流行语言以其诙谐幽默的语言风格和简单明确的情感表达广受大学生群体的欢迎，并从虚拟世界向现实社会广泛蔓延。可利用网络流行语的"文言文表达"，传达中国传统文化教育内容，如有网民将2016的年网络流行语"宝宝心里苦，但宝宝不说"表达为"孺子含辛，隐忍不嗔"；2016年巴西奥运会期间迅速走红的"我已经使出洪荒之力了""鬼知道我经历了什么"也被表达为"太古滔滔之气，一泄于此""阳世之人未解吾之千千劫也"。要练就运用"网言网语"参与网络文化建设管理的过硬本领，使中国传统文化借助"网言网语"的生动形式和丰富内涵在大学生群体中广泛传播。

第三，提升网络监管的能力。要切实增强网络信息安全管理能力，强化对网上有害信息的甄别、抵制、批判能力，学习掌握抵御防范网络攻击的技术规范和技巧，为大学生中国传统文化教育营造风清气正的网络环境。

（2）加强网络教育平台建设

各种各样的网络平台成为传播教育信息的重要载体，加强大学生中国传统文化建设必须加强网络平台建设。

第一，充分利用现有平台。加强中国大学生在线、中国青年网、未来网、易班网、校园网和各级共青团组织公共微博、微信等平台建设，向大学生定期推送中国传统文化知识，宣传报道弘扬中国传统文化的典型人物和事迹，产生可敬、可亲、可学的示范效应。

第二，积极扩展新平台。整合现有文化资源共享信息平台，推动中国传统文化网络传播和在线学习。比如，可以利用现在深受青年追捧的网络直播平台，进行中国传统文化教育网络直播，以名师名家吸引大学生积极关注。

第三，打造专门教育平台。大学生中国传统文化教育要打造专门的教育平台。比如，建立全国统一的、专门的大学生中国传统文化教育网站，努力扩大其在大学生群体中的影响力，促进大学生中国传统文化教育入脑入心。

（3）提高网络教育质量

要提升大学生中国传统文化网络教育的质量，就要从网络环境的治理、增加网络教育资源、普及网络教育着手。

第一，要加强网络环境治理。良好的学习环境可以让大学生在潜移默化中学到中国传统文化知识。现在的大学生长时间处于网络环境中，受知识、经验和自身发展不足的限制，在面对信息庞杂的网络环境时难免会受到影响。要利用法律法规和网络道德加强网络环境管理和治理，为大学生网络言行营造良好的网络环境。

第二，要提升教育资源质量。在利用现有平台和开发新平台时，一定要着力提升教育平台质量，以质取胜，增强教育效果。有效整合跨区域、跨高校的教育资源，将受欢迎度高的慕课和教育资源实现共享，加大网络优质教育内容供给。

第三，要普及网络教育。尽管网络已经在大学生群体中基本普及，但网络教育在大学生群体中仍然发展缓慢，加大网络教育普及，为大学生接受中国传统文化网络教育提供便利。

2. 善用节日庆典

传统节日是中国传统文化重要组成部分，是中国传统文化和传统美德的重要载体，蕴含着中国传统文化深层次的文化内涵与价值元素。各种各样的仪式庆典同样承载着丰富的内涵，蕴含着一定的价值观念，具有教育功能。传统节日和仪式庆典所营造的浓厚文化氛围成为加强大学生中国传统文化教育的重要契机。

（1）运用节日庆典的独特优势

所谓节日庆典，是各种节日、庆祝仪式、纪念活动的统称，既包括全国性的春节、中秋节、国庆节、中国人民抗日战争暨世界反法西斯战争胜利纪念日等，也包括各少数民族、各地区、各社会团体的独特节日和仪式，比如少数民族泼水节、火把节、古尔邦节，还有学校的开学仪式、升旗仪式等。运用节日庆典对大学生进行中国传统文化教育具有独特优势。

第一，扩大大学生参与度。节日庆典的趣味性能够调动大学生的参与积极性，节日庆典的生活性为中国传统文化教育营造了良好的氛围，提供了鲜活素材和有效切入点。

第二，增强大学生接受度。大学生容易受节日庆典氛围的感染，"每逢佳节倍思亲"。不管是传统节日还是重大庆典时，特定的环境氛围所传递的价值观念、伦理道德与生活方式更容易为大学生所接受。除去节日庆典本身所要求的特定时间节点和仪式要求，其中所包含的天人合一、崇尚和谐、忠义爱国等思想更易于被大学生所接受。

第三，促进大学生认同度。节日庆典具有广泛的群众基础，大多缘起于人民群众，传承于人民群众，可以利用传统节日、仪式庆典加强大学生们的生活体验。比如，在传统节日感受端午赛龙舟、清明祭扫等民俗，引导大学生在互动体验中将中国优秀传统文化的基本精神内化于心、外化于行。

（2）挖掘节日庆典的文化内涵

运用中国传统节日和庆典仪式对大学生进行中国传统文化教育，就要善于挖掘其中蕴含的思想文化内涵，营造浓厚的继承传统、注重礼仪的文化氛围。

第一，要挖掘传统节日所蕴含的尊亲敬老、仁爱和谐等思想。深入挖掘传统节日所具有的深厚传统文化底蕴。比如，春节吃团圆饭、放鞭炮，端午节吃粽子，清明节纪念祖先，中秋节家人团圆、吃月饼等。这些传统习惯中所蕴含的对国家的热爱、对自然的尊重、对和谐人际关系的追求、对亲人长辈的尊重和关怀等，都是大学生中国传统文化教育的重要内容和重要契机。

第二，要挖掘庆典仪式所蕴含的爱国主义、勤奋自强等思想。深入挖掘学校的升旗仪式、运动会、校庆、授位、开学第一课、纪念日等庆典的重要教育意义。以国家公祭日、烈士纪念日等为契机，组织师生前往烈士陵园、纪念馆、爱国主义教育基地等参观学习、接受教育，激发大学生热爱祖国、勤奋自强等思想情感。

第三，要营造继承传统注重礼仪的文化氛围。在深入挖掘传统节日、庆典仪式的中国传统文化内涵的基础上，要营造继承传统节日、民风民俗、庆典仪式的氛围，形成浓厚的育人氛围。

（3）运用节日庆典的生动形式

中国传统节日和庆典仪式的生动形式可以成为大学生中国传统文化教育的有效形式和有益借鉴，要在继承传统节日、庆典仪式固有形式的同时创新形式。

第一，继承节日庆典的固有形式。一方面要保持传统节日的灵魂，传承优秀传统习俗。要注重利用春节、元宵、清明、端午、中秋等传统节日所具有的民风民俗、仪式规程的传承，深入开展各种各样的主题活动，领会民风民俗、仪式规程的文化内涵，确保传统节日的"传统"不被淡忘，庆典仪式的"礼仪"不被丢弃。

第二，创新节日庆典的形式。要推动传统节日的现代转型，增强传统节日的群众参与性与文化形式的丰富性。开展移风易俗活动，创新民俗文化形式，形成与历史文化传统相承接、与时代发展相一致的新民俗。

第三，在利用节日庆典的生动形式的同时，注意形式与内容的有机结合，形式服务于内容，不能"只看热闹，不看门道"，要引导大学生感受其中蕴含的中国传统文化内涵，在感受传统节日、庆典仪式的生动形式中接受中国传统文化教育。

3. 常用体验参与

创新大学生中国传统文化教育方式方法，需要改变传统的以教师讲授为主的灌输式教育，充分利用开放课堂、混合式教学、翻转课堂、参与式课堂、课外活动等方式，让大学生在实践活动中体验参与，突出中国传统文化教育的道德实践导向，以体验式、互动式、情景式教学，使大学生认可中国传统文化，对中国传统文化"好学乐知"。

（1）运用参与式教学方法

参与式教学是在"以学生为中心，以活动为主，共同参与"的理念指导下，强调在教学中体现学生主体地位的教学组织形式和教学方式。让大学生积极参与到教育过程中，使之成为中国传统文化的宣传者，充分调动大学生的主观能动性，提高大学生学习和接受的积极性。

第一，增强教育的趣味性。要将中国传统文化深厚的哲理形象地表现出来，转变为可见、可学的生动例子，找到中国传统文化和大学生成才需求的契合点，激发大学生学习的兴趣，如通过传统诗词朗诵、猜灯谜、知识竞赛等喜闻乐见的活动，广泛吸引大学生的参与。

第二，推进教学方法改革。引导大学生积极参与到课堂教育过程中，分享观点、碰撞思维，使大学生成为中国传统文化的主动学习者和研究者。比如，针对当今社会发展中存在的一些困境、难题和危机，通过讨论、辩论、启发的方式鼓励大学生从中国传统文化中寻找答案和解决方案，真正让大学生们认识到中国传统文化的现实意义和深远价值所在，将中国传统文化学习的自发行为转变为自觉行为。

第三，亲身感受教育内容。组织大学生参观烈士陵园、英雄纪念碑、名人故居，以培养大学生的爱国情怀。根据学校实际情况，组织学生考察文化遗址，参观民族历史博物馆、民俗馆、纪念馆、文化馆、科技馆、图书馆、美术馆等，了解我国悠久、丰富的文化遗产。通过实践活动把历史和现实结合起来，把民族精神和时代精神结合起来，把知识传授、理论教学与社会实践结合起来，让大学生在体验经历中提升中国传统文化素养。

（2）充分利用第二课堂

课堂教学以外的各种教育形式和活动是大学生思想政治教育的重要途径，也是大学生中国传统文化教育必须充分利用的第二课堂。开展大学生中国传统文化第二课堂教育实践活动，能够促进大学生的知识、情感、行为的有机统一。

第一，利用好学生社团、专题讲座等校内第二课堂。成立大学生中国传统文化宣讲团，使大学生在宣讲准备的过程中增加对中国传统文化的认知和认同，在宣讲过程中加强对其他大学生的中国传统文化教育。鼓励学生成立社团、协会，推动学生社团经常开展"品读经典""读书节"等活动，引导学生养成阅读中国传统文化经典名著的良好习惯。邀请专家学者开展中国传统文化专题讲座，为大学生学习中国传统文化提供深入指导。

第二，开展好社会实践、志愿服务等校外第二课堂。充分发挥社会实践、志愿服务的养成作用，引导学生在服务他人、奉献社会中升华对中国传统文化的认知理解。依托大学生"三下乡"社会实践活动，通过组织大学生开展社会调查、志愿服务等，积极引导大学生参与非物质文化遗产、历史遗址遗迹、地方戏曲、民间故事等地方传统文化资源的保护和传承中去。定期开展参观体验、专题调研、研学旅行、红色旅游、志愿服务和社会公益活动，使大学生切身融入到丰富的历史文化中，在亲身接触中了解中国民族的悠久历史和灿烂文化，增强民族自信心和自豪感。

（三）营造校园文化氛围

校园文化是在大学发展历程中积淀而成的，以校园为空间背景、以师生为行为主体、以校园学习与生活为主要内容的一种亚文化。作为最具活力的文化形态之一，校园文化在发展社会主义先进文化、形成共同社会理想、构建和谐校园等方面起着重要作用。按照校园文化的存在形态，可以将其划分为物质文化、精神文化和制度文化。与课堂教育不同，校园文化如同空气一般对大学生产生潜移默化的影响，具有很强的吸引力、感染力和渗透力。要将中国传统文化融入到校园文化中，就要利用物质文化熏陶，创设精神文化陶冶，建设制度文化规范。

1. 利用物质文化熏陶

物质文化是指人类创造的物质财富及其创造方式，是可感知的、具有物质实体的文化。秦始皇兵马俑体现的是帝王权威，万里长城承载的是农业文明下的国家安全观，遍布欧美的教堂反映的是基督教的信仰，拔地而起的摩天大楼彰显着工业文明之后人定胜天的壮志……一代代物态文化就是一代代的固化价值观。教育部、共青团中央《关于加强和改进高等学校校园文化建设的意见》

指出，加强校园人文环境和自然环境建设，建造精神内涵丰富的物质文化环境，努力营造良好的育人氛围。加强校园物质文化建设，将中国传统文化融入到自然人文景观中、文化场馆中、文化产品中，营造浓厚的中国传统文化教育氛围。

（1）融入自然景观

要将中国传统文化融入校园人文景观和自然景观，融入校园文化整体规划之中，使大学生感受其中、享受其中，在潜移默化中受到熏陶和教育。

第一，在校园内各场所设置有针对性的中国传统经典名言警句、优美诗句、书法绘画、古代文人墨客的画像，如在食堂题写"一粥一饭，当思来之不易"等关于节俭的名言，在教室题写如"学而时习之，不亦说乎"等关于学习的名言等，形成浓郁的弘扬中华传统文化氛围，使中国传统文化教育达到"随风潜入夜，润物细无声"的效果。

第二，设立具有中国传统文化内涵的雕塑碑刻等。在校园里设置古代名人塑像、体现中国传统文化精神的碑刻、富有古代特色的建筑等，也可结合学校专业特色，如师范类院校放置孔子的塑像，水利学院摆放李冰的塑像，法学专业可以摆放诸如商鞅、沈家本等的雕塑，随时随地传递中国传统文化的魅力。

第三，增加中国传统文化展示。安装名人名言镜匾、中国传统文化主题教育灯箱、展示板等，结合办学历史、办学定位和专业特点，在校内规划建设具有中国传统文化元素的人文景观和宣传展示平台，专门开辟空间，建设高水平的中国传统文化宣传画廊、文化教育名人墙等文化景观，努力让学校的一事一物都能发挥教育作用，让师生时时刻刻、时时处处都能接受熏陶。

（2）融入各类场馆

要充分发挥校内博物馆、校史馆、档案馆、展览馆、纪念馆、美术馆等文化场馆的育人功能。

第一，完善场馆建设。图书馆是大学真正的"地标"，被认为是大学精神的"守望塔"和大学文化的"精神堡垒"，要充分完善校内图书馆、博物馆、校史馆、档案馆、展览馆、纪念馆、美术馆、广场等育人载体。比如建设四季广场，以中国传统文化中的二十四节气为主题，体现中国传统文化。

第二，挖掘文化场馆内涵。故宫博物院借助网络的力量让陈列在博物馆里的文物活了起来，让已经逝去的古人获得新的生命，使故宫中的古人、文物成为"网红"，这一做法为高校教育提供了借鉴。高校要深入挖掘校内的故居旧址、历史遗迹、文化遗产、景观景点和校史、院史、学科史、人物史等丰富的教育资源，借助新媒体的传播力量传播中国传统文化。

第三，发挥文化场馆的育人功能。学校里的校史馆、博物馆等场馆要在保证正常运行的基础上,通过增加开放场馆的时长、设置义务讲解员等方法,让大学生更多地接受教育。同时,要积极"走出去",加强面向大学生的宣传,让更多的大学生感受中国传统文化的熏陶。

(3) 融入文化产品

校园文化产品是蕴含着一所学校独特文化,被人们所使用和消费,满足人们某种需求的物品。比如书籍、音像制品,具有校园文化特色的文化衫、纪念明信片、文具、艺术品、生活用品等,都蕴含着一所大学的精神文化,具有实用性、艺术性、独特性、教育性等特点,是校园物质文化的重要体现。

第一,积极开发文化产品。积极开发与中国传统文化相关的书籍、音像制品等,增加中国传统文化教育资源供给,满足不同层次、不同类型学生学习需要。如将大学生创作的与中国传统文化有关的作品编辑出版,既增加教育内容,又调动大学生学习中国传统文化的积极性。

第二,积极将中国传统文化融入艺术品和纪念品。如在具有校园标识和校园风景的手绘明信片、吉祥物、艺术摆件中融入中国传统文化内容,这些具有学校特色的艺术品和纪念品以其独特的艺术价值和内涵深受大学生喜爱,能有效传播中国传统文化。

第三,积极将中国传统文化融入实用物品。可将体现学校特色、象征大学精神的中国传统文化融入到书签、便签、水杯、文化袋、钥匙扣等文具、生活用品中,使大学生随时接受中国传统文化的熏陶。

2. 创设精神文化陶冶

"校园精神具有极强的渗透性,渗透、潜伏和弥散在整个校园的各个层面与因素之中,形成浓厚的精神氛围,让师生置身其中不知不觉地受到感染、熏陶和教化。"大学精神是校园精神文化的核心,校风是校园精神文化的体现,校园文化活动是校园精神文化的重要载体。创设校园精神文化陶冶,就是要将中国传统文化融入到大学精神之中,融入到校风之中,融入到校园文化活动之中,在潜移默化中陶冶大学生的情操。

(1) 融入大学精神

大学精神是反映广大师生员工共同的理想目标、精神信念、文化传统、学术风范和行为准则的价值观念体系和群体意识。一所学校所持有的精神,是该校精神文化的主要内容和存在形式之一。

第一,积极凝练大学精神。要充分集中广大师生的聪明才智,对学校长期办学的光荣历史及所形成的办学思想与精神追求、学校为实现培养目标而实施的育人行为所体现出来的治学风格进行凝练总结,既要融汇民族精神,又要体现时代精神。在凝练总结的过程中促进大学生对大学精神的理解与认同。

第二,积极弘扬大学精神。大学精神的塑造与形成必须经过长期的培育过程,把大学精神转化为全校师生的共识,内化为信念与追求,从而使校园形成一股浓厚的自由、宽容、热爱知识、探求真理的风气与精神追求。广大教师要以身作则、率先垂范,为大学生弘扬大学精神树立典范,结合校园物质文化建设和制度文化建设,让大学精神更好地体现在校园文化中。

第三,发挥校训的育人功能。大学精神往往体现在校训、校徽和校旗等具体的载体中。要深入挖掘校训校风蕴含的传统文化内涵、时代精神和价值理念,引导大学生识记校训内容,理解校训内涵,践行校训要求。

(2)融入校风建设

校风是指一所学校的师生员工共同具备的精神及行为作风,是师生员工的思想道德素质、精神风貌、治学态度等的综合反映和外在表现。从根本上说,校风是一所学校办学指导思想和培养目标的体现,是领导干部的作风、教师的教风、学生的学风等行为习惯的总和。

第一,加强领导干部作风建设。领导干部的作风从方向上对校风产生整体性的影响。大学生中国传统文化教育必须从顶层设计上加强领导干部作风建设,形成团结、民主、求实、高效的作风,在工作中认真踏实、求真务实。

第二,加强教师教风建设。教风是教师在教学精神、教学态度和教学方法等方面形成的长期的、稳定的教育教学风气,教师是教风形成的主导因素,教师的品行、人格、气质都会对学生产生耳濡目染的影响。要加强教师的思想品德与为人处世的作风建设,形成爱岗敬业、忠于职守、为人师表的风气。

第三,加强学生学风建设。学风是校风的主体,是大学生的学习动机、学习态度、学习纪律、学习方法、学习精神的总和,是大学生理想信念、道德情操的综合表现。要培养大学生勤学刻苦、虚心好学、学用结合、言行一致、尊敬师长、团结同学、遵纪守法、活泼文明的学风,这既是学风建设的要求,也是对中国传统美德的践行。

(3)融入校园文化活动

校园文化活动是校园精神文化建设的重要载体,是体现大学生精神文明建设的重要方面。加强大学生中国传统文化教育,要将中国传统文化教育融入到校园文化活动中去。

第一,融入到思想意识类活动中。如举办大型的中国传统文化读书日,养成诵读传统经典名著的良好习惯。创新主题教育活动,形成校园文化品牌,如西南大学开展"国学季风"主题教育活动,包括:"一讲,即邀请国内外知名国学学者来校开展中国传统文化知识名家讲座;一读,即举办与中国传统文化有关的经典名著阅读沙龙活动;一演,即邀请国内知名演出团体来校开展传统文化经典剧目展演,形成中国传统文化的立体呈现和多元传播;一赛,即在学生中开展中国传统文化知识竞赛活动;一秀,即秀美家乡传统文化寻访展示活动。"[6]做好校园典型选树和宣传工作,充分挖掘身边弘扬中国民族精神和中国传统美德的好人好事,形成示范效应。

第二,融入到文体类活动中。利用课余时间和节假日开展积极向上、丰富多彩的文体活动,更好地吸引学生,使学生受到强烈的感染和熏陶。利用音乐会、舞台剧或迎新晚会的形式将中国传统文化融入到艺术表演中。充分利用高雅艺术进校园、全国大学生艺术展演、创建中国文化艺术传承学校等活动契机,不断提升活动的审美和人文品质。激发师生自主创作能力,打造一批体现中国传统文化的舞剧、话剧、诗歌、微电影、公益广告等,建立中国传统文化作品资源库,在大学生群体中进行展演、展映、展播。

第三,融入到社会实践类活动中。组织、引导学生有计划、有目的地深入实际,在实践中体验生活,感悟文化魅力。如组织学生到当地的博物馆进行参观学习,深入了解中国民族的不朽智慧;开展有传统文化特色的实践活动,引导大学生通过研习加深对中国传统文化的理解。

3. 融入制度文化规范

"制度文化作为校园文化的内在机制,包括学校的传统、仪式和规章制度,是维系学校正常秩序必不可少的保障机制,是校园文化建设的保障系统。"加强校园制度文化建设,将中国传统文化因素融入制度体系建设中,就要完善学校相关制度规范,探索建立协调保障机制,确保各项制度规范落实,发挥制度的约束、整合和导向功能,加强大学生中国传统文化教育。

(1)完善学校相关制度

要以制度规范师德师风、大学生行为、学校礼仪等,从学校的法令、行政等层面为大学生中国传统文化教育提供制度保障,确保大学生中国传统文化教育科学有效。

第一,完善师德师风规范。完善师德师风等管理规定,把中国传统美德纳入教师教育管理体系,融入到教师职前培养准入、职后培训管理的全过程。全面落实《关于建立健全高校师德建设长效机制的意见》,坚持制度规范与自省自察相结合,规范师德师风建设。

---

6 黄蓉生等.坚守与超越——西南大学德育实践荟萃[M].北京:中国文史出版社,2015.54

第二，完善大学生行为准则。把中国传统文化融入大学生行为准则中，使中国传统美德成为大学生行为的基本遵循，引导大学生积极践行中国传统文化。

第三，规范学校仪式规程。规范大学生升国旗、入党、入团、入学等仪式规程，使大学生自觉遵循学校各种仪式的秩序形式，继承和弘扬中国传统文化中"讲礼重仪"的文化传统，在对仪式的敬畏中强化仪式的庄严感和教育意义。

（2）建立制度保障机制

要从制度上对大学生中国传统文化教育实践活动全过程和全方位予以保障，确保大学生中国传统文化教育实践活动按照要求和规范有效进行。

第一，制定专门制度。按照《完善中国优秀传统文化教育指导纲要》关于"加强大学生中国优秀传统文化教育的组织实施和条件保障"的要求，制定专门的大学生中国传统文化教育制度，明确教育活动的内容、形式、要求等，规范大学生中国传统文化教育实践活动。

第二，建立保障机制。通过制定专门制度，对大学生中国传统文化教育实践活动的组织领导、教师队伍、资金经费、教室设备等予以制度保障，高校要结合实际，制定推进大学生中国传统文化教育的具体方案，以制度保障责任到人，措施到生。

第三，完善激励措施。明确大学生中国传统文化教育规范，建立对老师、学生的激励、约束与惩戒措施，确保老师、学生在中国传统文化教育实践活动中到场到位，形成优胜劣汰的激励机制，提升教育效果。

（3）落实各项制度规范

制度能否有效发挥导向育人作用的关键在于制度的落地实施。在大学生中国传统文化教育中，将中国传统文化教育融入学校制度文化规范，要促进各项制度规范落实，真正发挥作用。

第一，以领导指导落实。加强学校党委部门和行政部门对大学生中国传统文化教育的组织领导，切实履行指导、监督职责，确保各职能部门落实相关制度。

第二，以监管保落实。加强对大学生中国优秀传统文化教育的监督与管理，定期开展检查，及时发现问题，督促改进完善，根据实际情况不断调整、完善制度，使大学生中国传统文化教育制度符合实际情况，能有效指导实践。

第三，以奖励激励促落实。将大学生中国传统文化教育落实相关制度的实际情况纳入单位的绩效考核，对表现优秀的单位和个人进行奖励，形成示范效应，促进各部门更好地落实大学生中国传统文化教育制度要求。

（四）加强教师队伍建设

教师队伍是保证大学生中国传统文化教育持续健康发展不可或缺的重要力量，关系到大学生中国传统文化教育能否科学有效实施，教育目标能否顺利实现。目前，高校缺乏一批具有传统文化内涵的教师队伍，师资力量薄弱，数量和质量难以满足传统文化课程的教学要求。加强大学生中国传统文化教育的一项重大基础任务，就是以加强思想理论建设为根本，以配齐建强队伍为重点，以提升教育队伍素质为核心，以建强教师队伍发展为保障，努力建设一支信念坚定、数量充足、结构合理、能力突出、勇于担当的高素质中国传统文化教育工作队伍。

1. 配齐教师队伍

打造一支专业的大学生中国传统文化教育队伍，配齐教育队伍人员，要从源头选拔好队伍成员，形成大学生中国传统文化教育队伍合理结构，加强组织建设。

（1）坚持选拔队伍的基本原则

队伍选拔原则是在选拔队伍成员过程中必须遵循的基本准则，要按照有理想信念、有道德情操、有扎实学识、有仁爱之心的"四有"好教师标准选聘人员。有理想信念即是要坚定马克思主义信仰，坚定共产主义理想信念，有道德情操即是要与中国优秀传统美德要求相符合，有扎实学识即是要有深厚的中国传统文化底蕴，有仁爱之心即是要以生为本，促进学生成长成才。在大学生中国传统文化教育队伍的选拔过程中坚持"四有"好教师的标准。

第一，坚持以德为先。"其身正，不令而行，其身不正，虽令不从。"只要当队伍成员具有了较高的思想道德素质，才能更好地教育引导大学生。组织进行品德考察，对队伍成员是否具有敬业精神、社会责任感，是否言行一致、以身作则，是否关爱学生、助人为乐进行考察，优中选优，保障队伍的纯洁性。

第二，坚持具有较高政治素养。队伍成员要能够坚持党的领导，坚持正确的政治方向，坚定马克思主义理想信念，坚定走中国特色社会主义道路的信心，使大学生中国传统文化教育不偏离正确方向。

第三，要坚持具有较强业务素质。有德无才的教育者亦无法胜任大学生中国传统文化教育的职责。大学生中国传统文化教育队伍成员不仅要具备系统的马克思主义理论、思想政治教育专业知识，还应具备深厚的中国传统文化知识，能够为大学生学习中国传统文化提供专业指导。

（2）组成队伍成员的合理结构

队伍成员的合理结构是指队伍成员"在知识结构、专业结构、年龄结构、智能和气质结构等方面进行合理搭配,实现年龄梯次配备、任职经历复合、专业特长互补"。[7]因此,大学生中国传统文化教育队伍成员既要有理论讲授者,也要有技能教授者,既要有教育者,也要有管理者,既要有校内人才,也要有校外专家。

第一,要有专门的教育者。统筹思想政治教育、文学、历史等专业的一线教师、科研人员、专家学者等,充分发挥他们在教书育人、理论研究等方面的优势,保证大学生中国传统文化教育的专业性。

第二,要有一定数量的管理者和服务者。统筹高校党政干部和共青团干部、辅导员和班主任、心理健康教育者,发挥他们在管理育人、服务育人等方面的优势,做学生健康成长的指导者和领路人。

第三,借助一定的校外力量。邀请那些在中国传统文化研究方面有一定修为,在践行中国传统文化方面有突出表现的社会人士,如道德模范、先进人物,发挥他们在树立榜样、传承技艺等方面的优势,形成大学生中国传统文化教育育人合力。

(3)促进队伍之间的通力协作

大学生中国传统文化教育实施复杂、工作量大,教育队伍由多方成员组成,各方能否相互协调、通力合作,直接影响教育队伍功能的发挥和大学生中国传统文化教育的实效性。因此,要统筹各方力量,促进队伍之间的团结协作。

第一,要明确专职成员和兼职成员,促进各方之间协调工作。思想政治教育、文学、历史等专业的一线教师、科研人员、专家学者是大学生中国传统文化教育的专职成员,大学生思想政治教育管理者和服务者以及一定数量的校外人士是兼职成员,要明确各自职责,有的放矢地开展教育。

第二,要促进各方力量之间的交流学习。通过座谈会、沙龙、论坛等形式,搭建平台,促进各方力量的经验交流、相互借鉴,共同提升大学生中国传统文化教育效果。

第三,加强统筹协调,形成合力。学校、教育行政部门要加强监督,做好统筹规划,要将这些力量有效整合,促使各方力量发挥出自身优势,协调各方力量,促进全员育人、全程育人、全方位育人、全环境育人。

2. 提升队伍素质

素质是指完成某项工作所应具备的能力、资质、才干等,既包括所应具备的道德品质、知识文化等思想、理论部分,也包括身体能力、行为操作等实践部分。切实提升大学生中国传统文化教育队伍素质,能够为提升大学生中国传统

---

[7] 郑永廷. 思想政治教育学原理 [M]. 北京: 高等教育出版社, 2016:382

文化教育质量提供坚实的保障。因此，要从思想道德素质、科学理论素养、业务实践能力等方面，提升大学生中国传统文化教育队伍素质。

（1）提升思想道德素质

思想道德素质是指教育者所应具备的政治素养、道德修养和心理素质。提升思想道德素质是加强队伍建设的首位任务，因此要着力提升大学生中国传统文化教育队伍的思想道德素质。

第一，提升正确的政治素养。教育者的政治素养直接影响教育的方向和路线。大学生中国传统文化教育者必须要有正确的政治立场、坚定的理想信念，要有马克思主义信仰，坚持中国共产党的领导，坚持中国特色社会主义道路。

第二，提升高尚的道德修养。要有强烈的敬业精神，对教育对象富有爱心，以身作则、当好表率，尤其应当成为中国民族精神和中国传统美德的积极倡导者和践行者，遵守社会公德、职业道德、家庭美德，提升个人品德。

第三，提升健康心理的素质。大学生中国传统文化教育者必须要有健康的心理和健全的人格。教育者要有积极向上的心态，要能传递正能量，以自身力量教育人、引导人和鼓舞人，有效开展大学生中国传统文化教育。

（2）提升科学理论素质

大学生中国传统文化教育队伍应具备科学理论素质，包括系统的马克思主义基本理论、扎实的中国传统文化学识和较高的相关学科知识。

第一，提升马克思主义基本理论知识。马克思主义是大学生思想政治教育的理论基础，大学生中国传统文化教育是大学生思想政治教育的重要内容，教育者必须要有系统的马克思主义基础理论知识，才能更好地对大学生进行思想政治教育，才能确保大学生中国传统文化教育目标的实现。

第二，提升中国传统文化理论知识。教育者要掌握扎实的中国传统文化基本知识，具备中国传统文化专业才能，对中国传统文化的发生发展有清晰的认识，不断丰富专业知识。

第三，提升思想政治教育学专业知识和相关学科知识。大学生思想政治教育是一门多学科交叉的应用性学科，教育者必须掌握广博的相关学科知识，如教育学、心理学、社会学等，才能更好地组织开展大学生中国传统文化教育。

（3）提升业务实践能力

大学生中国传统文化教育队伍应具备的业务实践能力是指教育者应具备较高的教育教学技能、组织操作技能和传统文化艺术技能等。大学生中国传统文化教育是对大学生进行中国传统文化教育和思想政治教育的实践活动，因此，教育者必须具备一定的实践能力，提升实践能力素质。

第一，提升教育教学技能。基本的教育教学技能是包括大学生中国传统文化教育者在内的任何教育者应该具备的基本技能，也是保证大学生中国传统文化教育顺利进行的前提条件。教育者应不断提升自己的科学思维能力、语言表达能力、讲授的能力、倾听和提问的能力。同时，网络已成为大学生日常生活的重要领域，教育者还必须具备熟练运用网络的能力。

第二，提升组织操作、活动策划技能。大学生中国传统文化教育者要能够在收集、整理各种信息的基础上，制定计划、实施计划，充分调动各方力量，促进大学生中国传统文化教育的顺利开展，这就要求教育者必须具备组织操作、活动策划的能力，做到熟练自如地组织各种活动，有效运用各种方法，引导大学生践行中国传统文化。

第三，提升传统文化艺术技能。所谓传统文化艺术技能是指中国传统文化所包含的艺术技艺，如绘画、戏曲、雕刻等。大学生中国传统文化教育者若具备一定的传统文化艺术技能，就能很好地发挥示范作用。因此，教育者要加强技能的学习，吸引大学生关注中国传统文化，取得更好的教育效果。

3. 建强教师队伍

大学生中国传统文化教育的有效实施不仅需要完备的教育队伍成员，更需要能力强、业务精的优秀教育者，大学生中国传统文化教育队伍的建设更应从"建强"方面着力。要建强教育队伍，就要做好各种类型的培训，抓好各种岗位的锻炼，提供各种政策保障。

（1）做好各种类型培训

要建强大学生中国传统文化教育队伍，就需要做好各种类型的培训，完善队伍的各项保障措施，促进队伍的发展壮大。

第一，拓宽培训类型。培训类型包括岗前培训和在岗培训，内部培训和外部培训，长期培训和短期培训，个人培训和集体培训等。学校要完善各种类型培训，使每一位中国传统文化教育者都有机会接受培训，不断提高自身素质。

第二，建立科学培训内容。既要有思想道德培训，又要做好科学文化培训，还要加强实践技能培训。学习借鉴全国高校思想政治理论课教师社会实践研修基地、教育部辅导员培训和研修基地等的培训内容，加强马克思主义基本理论、中国传统文化知识、中国传统技艺的学习培训。

第三，采取多样培训方法。运用讲授法、讨论法、案例研讨法、角色扮演法、互动小组法、网络培训法、场景还原法、个别指导法等有效方法，不断增强培训的实效性，建强教育队伍。

(2) 抓好各种岗位锻炼

建强大学生中国传统文化教育队伍，要抓好各种岗位的锻炼。充分利用党群部门、行政部门、教学单位的不同岗位不同职能的要求和锻炼机会，提升教育队伍成员的综合能力。

第一，抓好基层岗位锻炼。教育队伍成员要在院、系等教学部门的学生工作一线岗位具备一定工作年限，充分利用基层工作机会，与学生密切交流，充分了解学生个性、思想特点、成长规律，为增强教育针对性与实效性奠定基础。

第二，抓好中层管理岗位锻炼。对于满足基层工作年限的教育者，结合工作实际，选拔优秀者进入学校党群部门、行政部门，如组织部、学生处等部门的中层管理岗位，使之积累的丰富经验和有效方法能够得到推广，同时培养教育者的全局意识和统筹协调能力，不断提升教育者的综合素质。

第三，抓好多种岗位合理流动。结合学校实际，制定明确的岗位流动要求，建立轮岗制度，促进教育者摆脱职业困倦和思维定式，引导教育者正确认识岗位锻炼的目的，即在多个岗位合理流动，学习多种技能，积累经验，为成为优秀大学生中国传统文化教育者而努力。

(3) 提供各种政策保障

第一，制定政策。要制定如队伍成员的选拔、发展晋升、待遇福利等政策，对大学生中国传统文化教育的组织建设、思想建设、能力建设提供政策保障。

第二，合理制定政策。政策制定要符合实际，能有效指导教育实践，要广泛听取意见，教育者和受教育者都要参与到政策的制定过程中来，积极吸收各方建议，不能"拍脑袋决定"，搞"一言堂"。

第三，严格实施政策。政策要真正发挥保障作用，就需要对教育队伍成员发展的每一环节、每一细节都做出明确的规定，要有严格的标准。要严格实施政策，公平公正，形成对所有人的约束力和引导力，确保教育队伍成员发展有章可循，不断提升教育队伍的整体水平。

二、中国传统文化融入大学生思想政治教育的条件保障

中国传统文化融入大学生思想政治教育是一个综合系统，需要多方面共同合作才能完成。要使传统文化在大学生思想政治教育中持续发挥作用，有效达到潜移默化的教育效果，需要必要的条件保障。

（一）健全领导机构，完善组织保障

教育部明确要求："教育主管部门要把这项工作作为重要的政治任务，放到十分重要的位置，以高度的使命感、责任感和紧迫感，切实把这项工作抓紧

抓实抓好；要对思想政治理论课的教学、教材编写和师资培训给予有力的指导和支持。各高校及其主管部门要高度重视思想政治理论课的建设，认真解决存在的问题。"各高等学校党委要切实重视和加强对思想政治理论课的领导，要由党政主管领导牵头，有关职能部门参加，认真组织本校的这项工作。

政策确定以后，干部就是决定的因素。抓领导就是要抓好高校各级领导干部的思想政治工作，对他们的实际工作进行指导和监督。各高校党委要定期或不定期召开职能部门领导和系部主任、总支书记专题会议，研究部署传统文化融入大学生思想政治教育的任务，解决"融入"中遇到的实际问题。各高校党委和行政主要领导要负责指导与监督，主管学生思想教育工作的副书记和主管教学工作的副校（院）长要进行统筹安排和总体协调，宣传部负责具体策划，思想政治理论课教学单位负责承担教学任务，教务处负责教学计划调整和课程安排，学工部、学生处、团委积极协作与配合，各个系部主任和总支书记组织、检查教学中的问题，随时提出有益的建议。

通过抓住各级领导落实工作，形成上下一致，共同努力，不断深化和推进传统文化融入大学生思想政治教育的新局面。领导带头宣讲，增强示范效应。在当前的高校管理体制下，主要领导的带头示范作用是巨大的，他们的职务、身份和学术地位都会在师生中产生积极的影响。在传统文化融入大学生思想政治教育的初始阶段，一批著名大学的主要党政领导都给予了积极支持，并且亲自深入到师生当中，参加备课和授课。

（二）增加经费投入，改善软硬条件

必要的经费投入是传统文化融入大学生思想政治教育的物质保证。各高校要切实增加对加强传统文化建设所需人力、物力和财力的投入，投入幅度要随教育事业的发展和教育经费的增长而逐年增加。经费投入是加强思想政治教育的必需，也是传统文化融入大学生思想政治教育的必要条件之一。在对待传统文化融入大学生思想政治教育投入问题上，一定要转变两种错误观念。一种错误观念认为，传统文化融入大学生思想政治教育就是教师讲，学生听，无需投入；另一种错误观念认为，传统文化融入大学生思想政治教育没有效益，不值得投入。其实这两种观念都是错误的、有害的。传统文化融入大学生思想政治教育虽然不像理工科专业教育那样需要购置大批仪器设备，但是思想政治理论教育需要跟上时代步伐，教师要培训，资料要更新，方法要改革，实践要加强，所有这些活动和措施都需要资金作为保证。更重要的是，传统文化融入大学生思想政治教育是一种长期行为，在人生过程中将终生发挥作用，尽管传统文化

融入大学生思想政治教育可能对高校当前没有太大效益，但对于国家、民族来说，是收益最大的一项教育投资，是具有最优投资效益的一项教育投资。如果一个大学生没有被教育好，他们将来对社会所造成的危害可能要超过一般人的千百倍。传统文化融入大学生思想政治教育是国家行为，是国家意志的表现，无论是从政治角度，还是从经济角度，都更应该受到教育者的高度重视，以实际行动增加投入。

中国传统文化是中国几千年的历史积淀，是中国民族最宝贵的精神财富和精神供养。它蕴含着丰富的思想政治教育资源，对培养有理想、有本领、有担当的时代新人发挥着不可替代的作用。在全球化的背景下，它有利于增强大学生的社会责任感和爱国主义精神、养成良好的思想政治品德、塑造理想人格。当前，我国正处于深化改革的攻坚阶段，文化发展呈现多元化的趋势，在这种背景下，大学生思想政治教育需要全社会的共同努力，积极利用一切有利因素，形成教育合力，为中国民族的伟大复兴储备接班人。中国传统文化是中国民族的根与魂，具有重要的思想政治教育功能，因此，将中国民族的根与魂通过课堂、实践活动、民俗文化节日、家风、校园文化、网络等途径融入到大学生思想政治教育中，将有利于提高大学生思想政治教育实效。

（三）健全评价督导，增强教育效果

对传统文化融入大学生思想政治教育的评价和督导是增强教育效果的有效途径。要对大学生中国传统文化融入大学生思想政治的教育教学工作进行监督、检查、评价和指导，加强对融入实施状况的评价督导，确保传统文化融入大学生思想政治教育有序、有效地实施。因而，要组建合理的评价督导队伍，建设有效的评价督导队伍结构和设计科学的评价督导内容。

1. 组建合理的评价督导队伍

合理的评价督导队伍是确保传统文化融入大学生思想政治教育评价督导顺利进行的前提条件，要从成员选拔原则、成员组成结构、队伍行事要求予以规定。

第一，坚持合理的成员选拔原则。对于评价督导队伍成员的选拔，要坚持德才兼备、以德为先的原则，既要有一定的知识技能，更要有良好的思想道德修养，做到持公守正；要坚持科学协调的原则，做到年龄、职位、学科背景等因素分布均衡，保证评价督导的高效进行。

第二，确定合理的成员组成结构。组建校院两级，以现任领导、专家、一线教师为主体，辅之以部分退休专家等高校教学督导队伍，提高评价督导工作的质量和效率。

第三，明确合理的队伍行事要求。要确保建立健全相对独立的评价督导队伍，独立行使评价督导职能，确保评价督导队伍的相对独立性和相对稳定性，从而使评价督导工作具有"连贯性、继承性和发展性"。

2. 建设有效的评价督导体系

传统文化融入大学生思想政治教育的评价督导要有顶层设计，要对系、学院、学校不同层级的教育情况进行有效的评价督导，这就需要建立学院层级、学校层级、局厅部层级的评价督导体系。

第一，在学院层级，组建院级的督导小组，由分管教学领导和专业教师组成，对思想政治理论课、大学生中国传统文化教育专业课、公共选修课等教学质量进行监督检查。

第二，在学校层级，组建校级督导小组，对承担大学生中国传统文化教育不同职能的马克思主义学院等人文社会科学院系的教育情况进行评价督导，评定等级，纳入绩效，促进二级单位不断提高大学生中国传统文化教育的实效性。

第三，在局厅部层级，教育局、教育厅、教育部等应组建相应督导小组，对下级部门工作进行督导，形成逐级监管，有效推动评价督导落到实处。

3. 设计科学的评价督导内容

评价督导内容是影响传统文化融入大学生思想政治教育评价督导是否科学有效的主要因素，建立什么样的评价督导指标，是大学生中国传统文化教育实践活动的风向标，因此应科学设计评价督导内容。

第一，设计针对教育者的评价督导内容。针对教育者的教育理念、教学方法、教学内容、教学实施过程等要素，对照规范要求逐一检查，明确教育者对大学生开展中国传统文化教育是否真正科学有效，为教育者改进和完善教育实践提供参考。

第二，设计针对大学生的评价督导内容。将大学生的中国传统文化素养和思想道德修养纳入综合素质评价框架，使中国传统文化所倡导的传统美德、优良品质、崇高理想转化为大学生孜孜不倦的精神追求，外化为实实在在的自觉行动。

第三，设计针对教学效果的评价督导内容。教学效果如何直接体现在大学生中华传统文化修养与思想政治道德修养状况上，要结合大学生思想文化修养变化。因而要对传统文化融入大学生思想政治教育效果进行常态化、专门化的评价督导，提升教育效果。

第九章 新时代生涯性思想政治教育的实践途径

生涯性思想政治教育作为一种全新的教育理念,尚处于理论上的论证和完善之中。要想实现理论向实践的转化,还有非常繁多的后续工作,任重而道远。其中,构建出合理的、具有高度可行性的实践途径是一项不可或缺的重要任务,既是对已有理念的承继和深化,也是对未来实践探索的定向和指导。

第一节 变革思想政治教育思维方式

现代社会生产与生活方式的深刻变化,为哲学创新和思维发展提供了新的生长点,同时也为现代思想政治教育研究提供了新的思维视角,如与确立人的主体性直接相关的实践唯物主义和价值哲学;与人的生活实践和生活世界变化相关的人学、交往哲学和生存哲学,等等。诚如美国教育学家克罗韦尔所说:"教育面临的最大挑战,不是技术,不是资源,不是责任感,而是去发现新的思维方式。"长期以来,思想政治教育在传统思维方式的束缚下,始终无法突破统治工具的认识壁垒,难以认清自身的学科价值所在。生涯性思想政治教育实践途径的建构,首先要以思维方式的变革为前提,需要从人的视角出发,对现代思想政治教育进行新的学科功能定位。

一、从对象性思维到问题式思维

对象性的思维方式,是传统思想政治教育一贯使用的基本思维方式。从哲学层面看,对象性思维方式是构建于主客二分的认识论基础上的,其特征在于将思考对象的本质加以确定化、普遍化,它追问的方式是什么(what),追问的目的是把握本质(whatness)。海德格尔把它看作古希腊哲学的提问方式。按照对象性思维方式追问,对象的本质无论多么隐蔽,最终都是可以被揭示出来的，即使人这样最难把握的"对象"，它仍有"本质"可言。人的"本质"如何同"对象"的"本质"区别，二者有多大程度的不同，这些似乎是次要的，毕竟人和对象是"同一"的，都包容着"内在的本质"。这样，按照对象性思维方式考察人的时候，人也被看作对象性的"存在"，这实质上是按照理解物的方式去理解人。人的确是一种对象性的存在，马克思在《1844年经济学哲学手稿》中就深刻地指出："人作为自然的、肉体的、感性的、对象性的存在物，和动植物一样，是受动的、受制约的和受限制的存在物。"但是，人又不单单是一种对象性的存在，这是由人的复杂性决定的。马克思强调，"人的本质不是单个人所固有的抽象物，在其现实性上，它是一切社会关系的总和。"人的社会关系来自于社会生活，社会生活的复杂多变直接影响并改变着人的社会关系，人也就在不断变化的社会关系中超出了单纯受动性的存在，而衍生为一种生成性的存在。也就是说，人可以不断地在同任何外在对象的关系中超越原初的本然和天然的规定，这种超越是没有限定的，也就是不能将人对象化后得出的"结果"用来限定人，人在这个意义上是没有最终"结果"的。人的社会性决定了人在本质上是一种非对象性的存在。然而，传统思想政治教育对象性的思维方式，从一开始就将人进行了对象化，错误地理解了人的存在。

对象性的思维方式将包括人在内的所有思维对象"物化"，从逻辑起点上预设了主体与客体之间的不平等关系：思考的主体是世界的主宰，凌驾于所有客体之上，而主体以外的世间万物，尽当遵循物的固有内在规定，任其本质如何也一并尽在主体掌握之中。对象性的思维方式在人类认识世界、改造世界的过程中助长了人类不畏困难、勇往直前的信心和勇气，也滋生了人类控制占有、唯我独尊的霸权意识。自然界的生态失衡已经使人类认识了对象性思维的负面效果，思想政治教育的功能弱化也向对象性思维方式提出了强烈抗议：人不是物，人的可雕、可塑、可改造是建立在人的主体性发展需要的基础上的；思想政治教育对人的思想品德塑造和意识形态教化是手段，不是目的。思维方式在科学研究中具有举足轻重的能动作用，先进合理的思维方式可以有效提升科学研究的效果，而机械、呆板的思维方式则会制约妨碍科学研究的进行。对象性的思维方式异化了人，也异化了思想政治教育本身。因此，转换思维方式，既是生涯性思想政治教育建构实践途径的必然要求，也是现代社会人与世界和谐发展的共同诉求。

问题中心式的思维方式从根本上消解了主客二分，追问方式从是什么转变为为什么（why），追问的目的也不再是把握本质（whatness），而是怎样解决问题（how）。新的思想政治教育理论研究范式，应当以对问题的发现、回应为研究的焦点,而不是以学科体系的建构和完善为研究的基点。长期以来,思想政治教育更多地偏重于学科体系的建设和完善,而疏于关注现实生活中发生的、带有时代特点的重大现实问题,造成了理论脱离实际,教育功能日渐弱化。这在很大程度上是由于问题意识不足,反映在研究范式上就体现为问题中心式思维方式的缺失。计划经济的垄断、闭塞降低了思想政治教育对重大现实问题的关注度和敏感度。当社会发展步入市场经济阶段,传统思想政治教育面对日新月异的现实社会,面对屡屡出现的新情况、新问题,显得无所适从,或者是对问题不以为然,任其发展;或者是口号式的关注,缺乏实际效果。马克思强调:"问题是时代的格言,是表现时代自己内心状况的最实际的呼声。"目前,我国的社会主义改革实践正在步入一个加速发展的关键时期,政治、经济、文化等各个领域的问题和矛盾最终都以人们思想上的困惑体现出来。面对开放、多元、复杂、剧变的国情和时代,思想政治教育如果不能及时有效地关注这些现实问题,抓住问题的实质加以解决,势必会影响人民群众对社会主义的看法,对党的领导的看法,思想政治教育就会因逐渐脱离时代发展的需要而失去应有的价值。那时,再完备的学科体系也将会变成一具僵化孤立的空壳而失去意义。答疑解惑是思想政治教育的基本功能,也是思想政治教育理论凝练的现实来源,以问题为中心的思维方式,可以切实有效地提高思想政治教育对现实世界的关注,提升思想政治教育的功能。生涯性思想政治教育作为一种全新的思想政治教育理念,正是源于对社会重大现实问题——大学生就业问题的高度关注,进而展开了进一步的深入思考和论证而提出的。人的生涯行进于现实世界之中,所有的生涯问题都与现实生活息息相关,构建生涯性思想政治教育的实践途径,离开了对现实问题的关注,就无法实现。全面营造思想政治教育问题式思维环境,生涯性思想政治教育的实践途径才能得以有效构建。这是思想政治教育自身发展的需要,也是时代最为迫切的呼声。

二、从政治性思维到科学性思维

任何一门学科都有其特殊的作用领域和应用价值,思想政治教育学因其鲜明的意识形态功能往往使人忽略了它更具有学科普遍性的文化道德传承功能。长期以来,政治性思维方式占据着人们的头脑,在思想政治教育的学科发展中形成了"定域关注",一定程度上影响了学科发展的全面性。江泽民同志曾经指出:"思想政治工作是一门学科,各级领导干部和政工干部都要努力认识和掌握它的基本知识和规律。"思想政治教育学是在马克思主义指导下,综合运用多门学科的知识和方法建立起来的一门应用学科。从本质上看,思想政治教育是科学,具有自身特殊的研究领域、理论基础和发展规律,因而我们在开展思想政治教育理论研究与实践探索的过程中,必须以科学的眼光、科学的态度和科学的思维方式对待它,尊重思想政治教育学自身的发展规律,而不能从政治性需要出发,用错误的思维方式扭曲思想政治教育的科学本质,拔苗助长。

在这里,政治性思维是与科学性思维相对而言的,是指在思想政治教育学科发展过程中,用政治意识替代学科意识,以国家社会政治需要为中心开展学科建设和实践探索。政治性思维的出发点是政治价值,归宿是社会政治需要,其本质是将思想政治教育学科建设和实践探索政治化。思想政治教育是马克思主义理论一级学科下属的一个二级应用学科,马克思主义理论是思想政治教育的理论基础。在政治性思维方式下,马克思主义理论被狭隘地理解为阶级斗争的理论,更多地突出和强调马克思主义理论中的阶级性、政治性,并以此作为思想政治教育学科建设发展的"依据",从根本上背离了马克思主义理论的完整性、系统性。同时,政治性思维方式过于关注政治性和意识形态性,这在很大程度上阻碍了马克思主义理论成果的有效转化,使思想政治教育中马克思主义理论学科化研究不足,造成直接理论依据缺失。在思想政治教育学科发展过程中,政治性思维方式将视线聚焦于一隅,过于关注思想政治教育学科的政治价值,其他价值难以显现。思想政治教育价值,即自身的效用和意义,不仅在于对社会进步的促进作用,还在于对人的自身发展的促进作用;不仅在于促进社会政治发展的作用,还在于促进社会经济发展、文化发展的作用。政治价值是思想政治教育学科价值不可或缺的重要组成部分,在诸种价值中居于首要地位,起着主导作用。但是,主导地位并不意味着政治价值就等于思想政治教育价值的全部,认识和把握政治价值,离不开思想政治教育价值的其他方面,思想政治教育价值本身是一个辩证统一、不可分割的整体。张耀灿指出:"人们在理解思想政治教育政治价值的问题时,要具体地、历史地把握其深刻内涵。"这是由思想政治教育政治价值本身的特性所决定的。忽略了价值各方面之间相互依存、彼此促进的关联作用,就必然会丧失思想政治教育价值存在的合规律性,进而破坏其价值存在的合目的性,造成价值失效。这就如同一个人,肌体的每个器官都有其独特的功能和价值,都需要养分的供给,在各自独立做功的基础上共同维系整体的机能运转。试想一下,如果我们只关心大脑、心脏等主要器官的发育和成长,将所有的肌体营养过分集中于此,那最终的结果必然导致整个人营养不良,发育畸形,破坏人的正常生活。

政治性思维方式将思想政治教育实践探索政治化,将"思想政治教育学"与"政治工作"画上了等号,使之成为"政治宣传机器"。诚如我们所知,我国的思想政治教育学发端于实际的思想政治教育工作，其概念是历经政治工作、思想工作等一系列的指称发展而来的。到今天，思想政治教育与政治工作已经有了很大的不同。政治工作是所有概念中最高的，"它是指一定的阶级、政党和组织为实现自己的纲领和根本任务而进行的活动，如阶级斗争、政权建设和党的组织建设等"，而思想政治教育则是受政治制约的思想教育和侧重于思想理论方面的政治教育。思想政治教育在实践方面具有一般社会活动的基本特征和价值，其本质上是一种以教育为中心的社会实践活动。可见，思想政治教育与政治工作在实践方面已经产生了本质的变化。而政治性思维又重新将二者混淆起来，遮蔽了思想政治教育本身应显现的教化作用。

由此，我们可以看出，政治性思维方式是制约思想政治教育学科发展的思维桎梏，是现代思想政治教育脱离教育本质偏向政治宣传工具的范式源头，必须及时加以修正。科学性思维方式，即是用科学的眼光和态度看待思想政治教育的发展和创新，遵循思想政治教育学科发展的内在规定和学科规律，开展思想政治教育研究的思维方式。科学性思维不是标准的研究范式，而是正确对待思想政治教育学科建设和发展的科学态度。思维方式去政治化，是生涯性思想政治教育构建实践途径的强烈诉求，也是现代思想政治教育回归生活世界的必然选择。

第二节 营造思想政治教育环境

思想政治教育环境是构建思想政治教育实践途径的要素之一，也是人的思想品德、政治素质形成和发展的客观基础。全球化发展的时空境遇为生涯性思想政治教育的生成提供了良好的外部条件，而生涯性思想政治教育的进一步理念深化和实践探索又对思想政治教育环境提出了具体要求。思想政治教育环境根据性质的不同，可以分为软环境和硬环境。软环境是相对于物质条件硬环境而言的，多指精神领域的影响因素，如制度、舆论、文化等。我们这里所说的环境应当属于软环境的一种，即与生涯性思想政治教育相适应的制度氛围环境。

一、优化教育机制

一定的思想政治教育总是与一定的机制相关联、相作用。不可否认，在过去战争年代和传统计划经济条件下形成的思想政治教育机制曾经发挥过巨大的作用。但是，随着时代的变迁，一些旧的机制已经无法适应新形势的需要。例如，计划经济体制下，经济水平和科学技术都相对落后，信息交流、资源供给等都受到管理部门的约束和控制，在相对封闭、贫瘠的时空区域中，行政命令一直是开展思想政治教育的有效手段。时至今日，在政治、经济、文化全球化的开放背景下，网络和大众传媒缩小了时空差距，市场经济的深入发展创造了丰富的物质财富，也释放了人们压制已久的主体意识，行政命令的约束性和有效性风光不再，教育者的权威性和话语权也丧失了往昔不容置疑的地位。在思想政治教育过程中，人们开始更多地关注和追求主体间的平等和民主，比如平等的话语权、平等的人格和价值取向等。生涯性思想政治教育，以促进人的自由全面发展为最终目标和价值取向，从教育理念和实践途径开拓两方面对思想政治教育机制优化创新提出了更高要求。

第一，要优化激励机制，在精神激励的基础上合理增加物质激励。物质利益的需求和满足是人类生存和发展的一个必备条件，随着社会主义市场经济的发展，人民群众比以往更注重物质利益。思想政治教育恰当运用必要的物质激励，有利于调动积极性和主动性。进行物质激励要以个人对社会的贡献大小作为衡量标准，同时要协调好与精神激励的关系，避免片面性。

第二，要优化评估机制，创新思想政治教育效果的评估标准，建立起分层次、多元化的评估体系。具体说来，应包含四方面的基本层次和要素：一是要看是否促进社会主义市场经济的健康发展；二是要看是否促进社会主义民主政治的发展；三是要看是否促进社会主义先进文化的建设；四是要看是否促进社会主义和谐社会的构建。

第三，要优化调控机制，健全反馈体系，实行目标管理，以期使生涯性思想政治教育在实践过程中按照规划设定的目标和任务有序、协调地发展，保持正确的运行方向。

第四，要优化保障机制。国家和政府应进一步加大教育及与青少年成长有关的法律法规建设的力度。近十年来，我国社会主义市场经济体制逐步确立和深化，教育的改革、发展也日新月异，青少年成长面临许多新情况、新问题。解决这些新情况、新问题当然不能再像计划经济时期那样只靠行政命令，而是应当转向依靠政治、法律、经济、文化等多种手段，特别是依靠法律手段来调节各种复杂的社会关系。同时，教育行政部门和学校还要进一步改善思想政治教育物质条件和经费投入，如充分利用多媒体技术拓展生涯性思想政治教育实现途径，设立生涯教育实训基地等，给予思想政治教育更完善的保障机制。

第五，优化学校思想政治教育决策机制。学校党委担负着思想政治教育的领导责任，要切实保障教育决策科学化，就要定期研究党的政策和社会政治经济形势，有效把握思想政治教育理论动态，及时深刻了解社会思潮，还要经常深入到学生中间进行调查研究，根据党的要求和学生自身成长需求提出学校思想政治教育的任务和规划，为思想政治教育创新发展保驾护航。

新时期的思想政治教育面临的是一个全新的环境，社会全方位的重新整合与结构调整，本质地要求思想政治教育也必须不断优化自身机制。事实上，生涯性思想政治教育实践本身就是一个整合学科资源，优化思想政治教育机制的过程。从制度概念上讲，思想政治教育领域中的机制主要是指规范的、稳定的、可操作的、可考核的一整套规章制度。也有学者从思想政治教育系统的运转过程和方式入手，提出"运行说"，即思想政治教育机制就是基于思想政治教育系统内部各要素之间的相互联系、相互作用、相互制约的联结方式而建构起来的工作体制、管理规范和工作方式等。总的看，思想政治教育机制的含义主要包括三方面：第一，它是思想政治教育各构成要素的总和；第二，它的功能是各相关因素功能的耦合，其功能的发挥依赖于各构成要素之间的相互衔接、协调运转，依赖于各要素功能的健全；第三，它是一个按一定方式有规律地运行着的动态过程。思想政治教育机制的优化包括两个基本方面，即思想政治教育机制要素的优化及其结合方式的优化。思想政治教育机制中各要素结合方式的优化关键在于主客体关系的优化，也包括思想政治教育主客体与思想政治教育内容、方法、目标之间关系的优化。生涯性思想政治教育，是基于学科融合创新的理念提出来的，其本身就是对思想政治教育整合机制的优化和创新。所谓思想政治教育整合，就是把思想政治教育看作是一个系统；思想政治教育整合机制，是指影响思想政治教育整合诸因素的相互联系及其功能，以及整合的作用原理。生涯性思想政治教育的提出，使系统内各要素通过人的生涯发展这一主导因素联系、渗透、互补、重组综合起来，形成更加合理的结构，促进思想政治教育整体的协调发展和最大功能的发挥。但是，思想政治教育机制的优化不是纯理论的，更不是一蹴而就的，新机制是否合理，是否能够有效契合当前的环境和形势，必须要通过修正和完善，这是一个实践、认识、再实践、再认识的反复过程。因此，在生涯性思想政治教育实践途径的构建过程中，还需要对这一全新的整合机制进行验证，在不断地探索中逐步完善。因此说，生涯性思想政治教育实践途径的构建过程就是开展思想政治教育机制优化创新的过程，也是二者相互作用、相互验证和相互促进的过程。

二、营造适宜的人文环境

从教育理念上看，生涯性思想政治教育与传统思想政治教育有了较大差别。

传统思想政治教育更多的是以服务社会为指导理念，少有特色服务，采用全面铺开的教育方式。而生涯性思想政治教育则是一种"上门服务"的教育方式，需要针对具体的服务对象，围绕个体的生涯发展进行有针对性的思想政治教育。与新的教育理念相适应，生涯性思想政治教育需要的人文环境主要包括两个方面：一是适宜的文化舆论环境；二是多维的生涯认知环境。适宜的文化舆论环境是指生涯性思想政治教育的实施，需要得到社会、学校、个人等方方面面的文化认同和心理支持。生涯理论是源于西方教育发达国家的一种现代教育理念，无论是学界，还是社会各方面，都对生涯理论缺乏足够的了解。而生涯性思想政治教育是一种基于学科融合发展的新兴理念，在人们头脑中同样显得比较陌生，这就需要营造一种积极的文化舆论氛围，通过环境的强化功能加速人们的理解和认同。环境强化是指外部刺激对人的主观认识的巩固与深化的过程。文化舆论环境的强化主要表现在三个方面：一是反复强化，现代社会信息技术的高速发展使信息的储存、传播都变得异常简单，我们可以通过网络、电视、平面传媒等各种现代技术多次、重复显现生涯理论及其相关知识，用同样的内容反复刺激人们的大脑等感官，制造深刻的感官印象，通过感觉使人们对生涯性思想政治教育形成初步的感性认识；二是综合强化，舆论氛围环境对人的感官强化是综合性的，不仅有声音、图像，还有文字、动作等，综合提高人们的感性印象水平；三是累积强化，人们的记忆有短期记忆、中期记忆和长期记忆等多种，只有持续不断的累积，人们才能真正长久地记住某一事物或深刻地留住某种感觉。因此，借助现代化的信息技术和多种传媒手段，我们可以营造一种适宜的舆论氛围环境，为生涯性思想政治教育实践途径的构建创造积极的人文环境。同时，生涯理论作为一种多学科的全新专业知识领域，这种舆论氛围环境的营造，还有助于人们进行良好的知识储备，感性上的先入为主也有助于降低人们对新知识的茫然感和本能的逃避意识。另外，人们长期以来习惯了传统思想政治教育以社会为中心的灌输式教育，对这种崭新的上门服务的教育效果可能会产生一定的不信任态度。通过这种舆论氛围环境的理念渗透，可以使受教育者更好、更全面地了解生涯性思想政治教育的平等交流特性，以一种更加轻松的方式帮助人们取得思想认识上的转变。事实上，环境对人的思想道德培养既有显性约束力，又具有隐性感染力。为此，国外很多学校投入了大量的人力物力营造校内外环境，如在校内优化风气，加强校报、广播、影视、网络建设，美化校园环境；在校外普遍设立纪念馆、博物馆、弘扬民族精神风貌和宣传道德理念的标志物，以及具有暗示性效果的活动等。例如，在美国的旧金山，许多街道都以华盛顿、杰斐逊等重要历史人物命名；纪念馆全部免费向公众开放。这些都集中体现了美国的物质文明和精神文明，无时无刻不在宣扬美国的政治制度和价值观念，是美国政府向其国民进行思想政治教育的重要基地和生动教材。因此说，营造适宜的舆论氛围环境，是构建生涯性思想政治教育实践途径的必然要求，也是推广和普及生涯性思想政治教育理念的重要前提。

生涯性思想政治教育需要营造一个多维的认知环境。所谓多维的认知环境，就是指以制度、政策方式整合教育实践过程中与生涯认知密切相关的各种要素，为生涯性思想政治教育活动的开展营造一个综合高效的实践环境，这是由生涯性思想政治教育自身的特点所决定的。与传统社会相比，现代社会呈现出越来越突出的多样性特征。在以农业为主的传统社会，人类认识自然、改造自然的能力有限，人们之间的社会关系也相对简单，反映到人的现实生活当中，传统社会人的生涯发展就显得相对简单、平稳。随着生产力水平的不断提高，以及信息时代的来临，人们的生活发生了巨变，人的活动范围迅速扩张，人在生涯认知、生涯规划、生涯决策过程中涉及的要素越来越多，越来越复杂，人的生涯发展也增添了更多的不确定因素。生涯性思想政治教育也因而呈现出多向度、多维度的特征。综合当前我国社会发展现状，与生涯性思想政治教育密切相关的生涯认知要素主要包括三个方面：一是生命教育，人的生涯发展与生命存在互为依托，生命存在是生涯发展的根本前提，生涯发展是生命存在的意义所向。生命教育与生涯性思想政治教育密切相关，不可分割。二是心理教育，心理健康教育事实上已经成为现代思想政治教育不可分割的组成部分，而人的生涯发展也与心理教育息息相关。从人自身看，人的生涯认知、决策等理性过程在很大程度上依赖于人的心理发展状况；从理论来源看，生涯理论正是奠基于现代心理学的蓬勃发展，心理学理论为生涯决策提供最基本的理论依据。因此说，心理教育是生涯性思想政治教育的重要相关要素之一。三是职业指导教育，职业是人的生涯发展最为核心的要素，现代社会的生产力发展水平决定了人的职业选择是决定人的一生发展的关键，在我国现阶段，职业不仅决定着个体物质生活水平的高低，同时在某种程度上也决定着个体社会地位的高低，因而职业指导教育也应成为生涯性思想政治教育不可或缺的重要组成部分。在实际的学校教育中，生命教育、心理健康教育、职业指导教育已经构建起各自的实践途径，但仍处于自发的探索阶段，尚未形成学科体系。而且，人本身作为一个复杂的整体，人的生命发展、心理发展、职业发展本就是人的生涯发展不可分割的整体，现实教育的各自为战不仅造成了教育资源的浪费，而且人为分割了生涯历程，难以形成综合有效的人生决策。现代科学认为，人的生涯发展是多维的混沌系统，而不是单一的线性相加。因此，将生命教育、心理健康教育、职业指导教育综合起来，营造一个多维的生涯认知环境，对于生涯性思想政治教育的实践途径构建意义重大。

第三节 改进创新思想政治教育方法

教育方法是教育改革创新中的排头兵，也是构建新的实践途径的关键要素。不同的教育理念会催生不同的教育方法，教育方法适合与否又直接影响着新理念的贯彻和深化。生涯性思想政治教育作为一种个性化的教育理念，在教育方法上也要求进行手段和方式的变革，体现出人性化、个性化的特色。

一、叙事咨询法

我国实行改革开放的初期，邓小平同志就科学地、深刻地阐明，新时期思想政治教育既要继承优良传统，又要不断改进创新。他指出："时间不同了，条件不同了，对象不同了，因此解决问题的方法也要不同。"叙事咨询法是一种历史悠久的教育方法，尽管方法名称不尽相同，但在中外历史上都曾得到广泛的使用，只是随着近代学校教育的普遍施行，才逐渐"失落"了。20世纪70年代以来，西方教育发达国家生涯教育、职业指导、心理咨询等领域的学者又开始重新关注这种个性化的教育方法，并注入了现代科学技术和教育理念加以改进和提高，成为比较流行的一种教育模式。在我国部分高校的心理健康教育、就业指导等的教育实践过程中，也已经实际运用了叙事咨询法，虽仍处于自发状态，但其积累的经验和取得的成效十分值得我们学习和借鉴。而在当前的思想政治教育领域，叙事咨询法只能算作是停留在理论探讨过程中的一种新思路，我们在这里希望汲取中外理论、实践之所长，希求形成一种符合生涯性思想政治教育理念，并具有现代思想政治教育特色的新方法、新模式。

现代叙事咨询法，应当说是基于后现代社会建构主义的认识论思想而得以重生的。以往的科学观是以"自然的现实观点"描述"已经存在的世界"，科学的任务是将这个世界像镜子一般客观而真实地呈现出来。然而，社会建构主义彻底地改变了科学的概念，采取迥然不同的观点：一个人所看到的世界受到这个人是谁、这个人看重什么、这个人的社会位置，乃至这个人的偏见等诸多因素的影响。由此，我们可以看出，叙事咨询法从理念上与传统的教育方法产生了根本的不同：传统教育方法是为了帮助人们获得"真理"，而叙事咨询法是为了帮助人们寻求意义。古希腊哲学家爱比克泰德（Epictetus）认为："人不是被事情困扰住，而是被对那件事的看法困扰住。"在人的生涯发展历程中，人们所遇到的思想困惑与迷茫更多是"意义"问题，而不是"真理"问题，叙事咨询法在其理念上是价值取向的，与生涯性思想政治教育具有较高的契合度，作者认为完全可以在现代思想政治教育实践中进行尝试性的建构与探索。

叙事咨询法，顾名思义，是叙事主体通过故事讲述的方法向专业咨询师反映自己在生涯发展过程中的思想困惑，提出思想政治教育需求，并通过咨询问题加以澄清、化解的教育方法。叙事的方式是简单的，而叙事的内容是极其宽泛的，叙事者既可以讲述个体自身的生涯体验，也可以叙说他人经历对自身的影响；既可以讲述业已发生的事实，也可以叙说未来的规划和追求。叙事为思想道德问题的出场提供了充裕的信息背景，使之形成了一个鲜活的生命场，使咨询师可以更真切地体验到叙事者的困惑所在，更深入地了解到问题的根源。叙事咨询法本身具有开放、多元的特性，因而对咨询师的自身素质、业务水平都有非常高的要求。首先，叙事咨询会涉及叙事者在多个领域的疑难和困惑，或许是生活方面的，或许是事业方面的，也或许是感情方面的。涉及的内容或许有意识形态问题，或许会有价值理念问题，也或许会有道德伦理问题。这就要求咨询师具有比较广博的知识，并且善于融会贯通。其次，叙事者的问题大都是开放的、答案多元的，咨询师的任务不是帮助其追求真理，而是寻求意义。因此，这就要求咨询师具有较好的政治素养和道德品行，以及较高的规划与决策能力，以乐观向上的人生态度、积极进取的人生理念感染叙事者，影响叙事者，帮助叙事者解除困惑，寻求到最适宜的生涯道路。叙事对于求助者而言，是一次理清思路、直面挫折、勇于承担的过程，而对于咨询师而言，是一次丰富阅历、积累经验、实现自身教育价值的过程。个体的差异决定了叙事的独特，也决定了答案的特殊。因此，每一次叙事咨询都是一次新的方法建构，交流双方完全是平等的互动关系，不存在话语权、人格、地位上的权威，咨询师与叙事者需要以平等的身份、平和的态度共同表达对生命的尊重与热爱，并以此体现叙事咨询法的思想真谛。

叙事咨询法是古老教育方式的现代新生，契合现代教育尊重生命、弘扬主体性的迫切需要，有助于促进生涯性思想政治教育实践途径的构建。但是，这种教育方法的不足也是显而易见的———一对一的教育方法难以显现现代社会对效率的追求。所以，我们只能针对教育理念和教育目标，择其适宜，而非完美。

二、团体辅导法

相对于叙事咨询法而言，团体辅导法更能显现出效率优势，而且其在功能上也有独到之处。团体辅导是一种小范围的课堂教学方式，在欧美等教育发达国家十分常见，辅导人数大约在8—10人左右，强调师生、学生之间的情绪与经验交流，透过互动的方式，彼此寻求答案，学习成长。团体辅导强调的教育理念是：知识的获得或经验的积累，有时并非来自于外力，而是得自于团体动力。与叙事咨询法不同的是，在团体辅导法中，主题由辅导教师来确定，辅导过程注重知识或信息的多向传递，内容固定，辅导教师通过讨论、问答、解惑等教学方式，传递出整个团体共同需要的信息。根据其成员在团体中互动的程度，团体辅导法可以归纳为三种主要的类型：课程关联性团体；结构性团体；非结构性团体，这三种类型的互动程度是依次递增的。课程关联性团体，顾名思义是由共同的生涯性思想政治教育课程关联到一起的团体。在生涯发展的不同阶段，遵循人的自然成长规律，人们应当接受不同的课程教育。可以根据相同的内容需要，如大一新生、大四毕业生等分别集中起来，组成课程关联团体。这类团体因其构成性质，团员的同质性较高，因而彼此间的互动会较少。结构性团体，是指一种经由结构化的活动设计，在辅导老师的催化引领下，透过团体成员的互动而达成特定团体目标的辅导形式。目标和内容由辅导老师在生涯性思想政治教育领域内选定。例如，高校中的生涯规划团体，可以选择不同年级的大学生组成团队，通过实地参观、模拟演练等形式协助成员了解自己，了解工作世界，规划人生，探讨人生价值观、人生观、理想信仰等。相对而言，非结构性团体的交流互动是最多的，这类团体的性质是生涯历程取向的，团体的组成有一个松散的主题，如探讨高三女生在志愿填报过程中视域偏小问题背后的情绪问题、理想价值观问题等。这类团体的不足是交流互动过程中容易偏离原定的主题，需要辅导教师及时给予方向、频度等方面的定位和把关，并给出较高信息含量的参考答案。

从团体辅导的功能看，总的功能是解决团体成员在生涯发展过程中产生的思想道德、政治理念等方面的困惑和问题。一般来说应当涵盖以下几个方面：一是信息的传递。在团体辅导过程中，成员之间的交流沟通可以丰富和完善个体的信息，增进个体对生涯发展的认知。而辅导教师的信息传递，能够有效澄清个体或团体存在的信息误差，提供参考价值较高的答案信息。二是情绪的缓解。个人在生涯发展过程中遇到的苦恼与困惑大都带有鲜明的个性特色，但是同龄人在同样的时代背景下，总会有所相似。因此，通过团体性的倾诉交流，可以获得共鸣，提高个体的自我认同感，并容易形成团体共识。个体原本强烈的困扰意识会大大削弱，情绪易于得到缓解。即便个体问题未能寻求到共鸣，但团体讨论的方法也有助于个体情绪缓解。三是社会技能的学习。生涯自我效能的提升，思想道德品质的培养，都必须借助于观察学习或示范学习。与生涯性思想政治教育相关的各种主题都可以在团体辅导中演练。在辅导教师的定位、把关之下，通过榜样的示范作用，团体成员可以更快、更好地学习到课本上没有的技能和经验。四是希望的感染。一个人的决策形态容易受"固着作用"的影响，也就是受旧有的惯性习俗、思维定式的左右。当问题在旧有的框架内无法解决，人又不能自主跳出其束缚的时候，问题就容易陷入僵局，人也就容易产生无助感，乃至绝望情绪。而通过团体辅导，经由不同的框架思考，有些问题就会很容易迎刃而解。或者通过群策群力，激发出较多的替代策略，并给予受困者以援助的友情，化解消极因素，提升希望。五是凝练人生感悟。即便有些个体不能在以上几个方面中获得有针对性的帮助和提高，但是在整个团体辅导过程中，通过感知他人的内心世界，并参与分析、思考、解决，会在一定程度上提升个体的成就感，增强个体对人生的感悟，潜移默化地影响个体未来的生涯发展。

三、角色体验法

角色体验是学校教育中常用的一种教育方法，是指在教师的帮助和指导下，学生通过不同角色的扮演来增进对教育内容的感性认识，提升教育效果。角色体验法是学生自主建构知识、提升生涯认知的一种有效方法，通常可以分为角色扮演体验和角色实践体验两种方式。角色扮演体验法一般多用于中小学课堂教学，由任课教师根据教学内容指定具体题目，学生通过扮演不同的生活角色或职业角色来展现该角色的外延表征，初步了解角色的职责、义务，自主建构该角色的知识认知。角色扮演是一种自主学习、自觉体验的过程，应用在思想品德教育方面，有助于提升中小学生的生涯认知水平，强化道德伦理意识，在一定程度上增强德育教育效果。但是，这种角色扮演方式的不足也是十分明显的，学生的年龄、阅历以及知识储备、参与态度都严重制约着角色体验的深度和广度，再加上角色选择还要受到课堂条件的限制，教育效果比较有限，但对于中小学生而言仍不失为一种比较好的德育教育方法。

角色体验法的另外一种方式是角色实践体验法。所谓角色实践体验法就是要求体验者真正深入到现实社会生活中去，依据一定的教学目标，在有效周期内进行有计划、有步骤的真实角色承担，通过角色的外延式体验了解和把握角色的内在蕴涵，达到强化感性认知、提升理性思维能力的一种教育方法。这种角色实践体验法与角色扮演实践法相比，更具现实性、广泛性和有效性，是一种更高层次的突出主体和主体能动性的体验方式。在思想政治教育领域，角色实践体验法强调的是受教育者通过对不同角色的实际担当,丰富久居象牙塔内的较高年级学生的社会关系,强化思想与行为的社会化进程,提升受教育者对社会规范、要求乃至潜规则的感性认识和理性思考,在现实体验中完成思想政治教育方面的教化功能。宋代诗人陆游曾用"纸上得来终觉浅,绝知此事要躬行"的诗句来教育自己的儿子,实践体验、亲身感受才能把握人生真谛。从理论上看,实践是认知的来源,人们的感性认知需要从实践中获得,而理性认知也同样需要在实践中验证和深化。角色实践体验可以使人学到书本上得不到的知识和技能,并通过比照、思考,在应然理性思维与实然感性认知之间寻求和把握价值标准,使理论上的思想道德规范转化为现实生活中的行为准则。恩格斯指出:"人的智力是按照人如何学会改变自然界而发展的。"实践体验为主体的自觉认识提供了丰富的物质基础和社会关系场,切实强化和提升了主体的自觉认识能力。实践体验可以超越经验达到理性;超越物质达到精神;超越暂时达到恒久。同时,角色实践体验也是生涯发展的最终目的和归宿。从角色意义上说,生涯本身就是人一生当中所有角色与职业的总和。有计划、有目的的角色实践体验活动可以更加有效地丰富和发展人的生涯角色,从社会生活的不同方面提升人对思想道德价值尺度的认知,更好地理解和领悟社会道德规范的绝对性和相对性,明确社会存在的多样性、合理性。

信息时代的来临为人类的发展提供了更强大的技术支持,但也在一定程度上削减了青少年群体的角色实践机遇。越来越多的青少年沉迷于网络的虚拟世界中,游戏、聊天消耗了他们的更多精力,挪用了他们的客观生活实践,使之与现实生活的距离越来越遥远,社会适应能力也相对减弱和滞后,并由此产生了认知失衡,引发了诸多的思想理念、伦理道德问题。角色体验法能够有效弥补青少年生活实践的缺失,改进新新人类的成长方式,促进他们的生涯发展和思想道德发育。因此,现代思想政治教育的方法革新应从强化实践意识出发,有计划、有目的地增加青少年的角色实践体验活动,相应减少课堂教学和书面作业,消解他们对网络和虚拟世界的依赖,减少信息技术带给青少年群体的负面影响。这既是构建生涯性思想政治教育实践途径的需要,也是当代青少年健康成长的需要。

思想政治教育方法的改进与创新并不意味着对原有方法的否定和摒弃,也不能说明新方法一定完美无缺,只有在实践的过程中不断总结、完善,思想政治教育才能适应时代的发展和教育改革的需要。思想政治教育方法一如人的生涯发展,没有最好,只有最适宜,因材施教、因势利导才是思想政治教育方法革新的不变宗旨和理念。

第四节 完善思想政治教育实践体系

传统思想政治教育缘起于革命战争年代，其实践体系的构建主要集中在计划经济体制时期，因而具有明显的时代特点，高校、军队、国企作为思想政治教育实践的主战场，一直发挥着重要的引领作用和示范作用。但是，随着我国经济体制向社会主义市场经济纵深发展，这些实践体系不同程度地受到了影响，思想政治教育实践陷入了困境。例如，一些国企私有化后党团组织萎缩消失，民办高校兴起重经济效益轻思想教育，等等。生涯性思想政治教育的提出，不仅在教育理念上强调教育贯穿生涯始终，在实践途径上也倡导社会全覆盖的体系建设。只有构建起家庭、学校、社区相互衔接、共同作用的思想政治教育实践体系，思想政治工作才能扫除死角，落到实处，见到效果。

一、强化师资队伍建设

一直以来，学校都是思想政治教育的主战场，专职思想政治教育工作者大都集中于此。与其他学科相比，思想政治教育师资队伍建设举足轻重，师资水平的高低直接决定着思想政治教育的成败。作为一名从事思想政治教育的教师，不仅需要从学识上承担起传道、授业、解惑的基本职责，更重要的是要以自身的人格魅力、道德品行作为现实的榜样，来影响受教育者，引导受教育者。身教胜言传，思想政治教育的学科特点决定了师资队伍建设的重要性，而生涯性思想政治教育是以全面围绕个体的生涯发展为教育中心线索，因而对师资队伍建设提出了更高的要求。因此，全力打造一支专业、高效的师资队伍，是构建生涯性思想政治教育实践途径的重中之重。

（一）规划和完善培养制度

培养高素质的师资队伍首先需要从制度上来规划和完善。我国的思想政治教育队伍源自于革命战争年代的军队政治教员，经随时代变迁，演变为当前各级各类学校、部队、相关社会机构的思想政治教育工作人员，其中尤以学校教师、德育辅导员为众。总的看来，我国当前思想政治教育师资无论是在人员总量上，还是在队伍学历、素质等各个方面，与从前相比都有了极大的提高。党和政府对师资队伍建设问题也空前关注，从政策上、制度上、待遇上都给予不同程度的倾斜。但是，与时代发展的速度相比，与当前思想政治教育需要相比，师资队伍的建设仍有很大差距。

一是从师资队伍的结构层次看，我国思想政治教育从业人员多集中在高校，基本以两课教师、辅导员为主,远远不能满足生涯性思想政治教育发展的需要。构建生涯性思想政治教育实践途径,要求从社会层面构建起完善的师资体系,不仅涵盖学校教师,还应组建专业的社会从业队伍,如生涯咨询师、心理辅导师等。在家庭、社区、单位都要相应设立专兼职的从业人员。如此高要求的师资队伍构建,务当从制度上规划和完善,依靠某些群体、个人的自发构建,是难以完成的。没有实力雄厚、稳定有序的师资队伍,生涯性思想政治教育就缺失了最根本的实践软环境,就难以达到应有的教育效果。

二是从高校师生比例看,党和政府多次强调,高校辅导员与大学生的比例不得低于1∶200,并从人事编制上竭力予以保证。但我们可以比较得出,这一比例还是无法与高校扩招前的1∶60、1∶80相比。生涯性思想政治教育是以个体的生涯发展为中心线索开展思想政治教育,因而对师资比例提出了更高的要求,没有师资上的保障,生涯性思想政治教育根本无从谈起。

三是从师资队伍的自身素质和业务水平看,当前的教学人员学历水平达到历史最高,绝大多数具有本专科以上学历水平,很多高校,已经将辅导员的从业门槛提升到了硕士研究生水平。但是,随着时代的发展,思想政治教育对师资水平的要求也越来越高,对师资队伍的专业水平、综合素质都提出了更加具体的高标准、高要求。从当前我国思想政治教育从业者专业构成看还很不理想,文、理、工、农、医,专业应有尽有,从业着大都未经过专门的业务培训。较高的专业素质是现代思想政治教育顺利实施的业务基础和知识保障。生涯性思想政治教育是基于学科融合思想的全新教育理念,要求从业教师不仅具备较为深厚的思想政治教育理论水平和循循善诱的教育能力,而且还要求他们具备生涯辅导、就业指导、心理学等多方面的广博知识,并且能够融会贯通、综合协调、灵活运用,为受教育者度身打造适宜的思想政治教育目标,促进其在适当张力下的充分发展。这就需要从多方面对从业人员的专业素质进行培养、提升、考核,各级政府及相关教育部门应对此给予更多的关注,出台切实可行的政策、措施,针对从业人员原有的学历结构、学识水平和业务性质,有计划、有目的地开展各项培训,并制定相应的标准,以利于监督考核。在加强培训的同时,政府、学校还应从生活上、工作上切实关心思想政治教育从业者,了解他们的困难、要求和希望,解除其后顾之忧,切实提升队伍的思想认识和敬业精神。思想政治教育从业者也是人,他们也食人间烟火,他们也有自己的实际困难和思想困惑。高校的辅导员队伍,是当前思想政治教育的主体和核心力量,但他们在工作待遇、职称问题、行政级别等诸方面存在着不同程度的困难,造成队伍的稳定性下降,极大地影响了思想政治教育师资队伍的建设。只有切实关心他们的生活和事业困难，及时有效化解，才能从根本上保证队伍的稳定和工作的投入。另外，还要从思想上深入了解思想政治教育从业者的认识，从内心深处提升对从事工作的认同感和敬业精神，做到不勉强，不扣帽子，来去自由，并建立有效的奖惩机制，以充分调动广大从业者的积极性和主动性，使他们真懂、真爱、真投入，为思想政治教育储备过硬的师资人才。

（二）明确培养目标

培养高素质的师资队伍还需要设立明确的培养目标。与其他专业教育相比，思想政治教育更加依赖教育者自身的素质和敬业精神。从某种程度上看，思想政治教育是一种"良心活"，这是因为，一个人思想道德水平的提升不是线性因果的，也不是立竿见影的，需要多方面要素长期的共同作用。一次卷面成绩、一次课堂发言都不能从根本上验证教育的效果，思想政治教育从教人员在工作中的付出很难进行直截了当的数字量化。这就决定了思想政治教育效果的提升在很大程度上需要倚靠从业者自身的政治素质和敬业精神。要想培养一支高素质的思想政治教育师资队伍，我们就要准确而全面地领会这一概括的丰富内涵。

1. 政治强

政治强，是对思想政治教育工作者政治素质的要求。我国思想政治教育具有鲜明的政治指向性，必须服从、服务于党的整体事业，服从、服务于党所代表的最广大人民的根本利益。经济的全球化并不等于可能带来的政治制度趋同化、文化同质化。因此，思想政治教育队伍需要通过不断的学习，强化理想信念，永远保持远大的共产主义理想，坚持正确的政治方向，坚定地走具有中国特色的社会主义道路。

2. 业务精

业务精，是对思想政治教育工作者所应具备业务素质的要求。业务素质包括理论素质和能力素质两个方面。理论素质是业务素质的灵魂，理论素质不高，空有工作热情，工作中只会就事论事，在重大原则问题上也难以分清是非，站稳立场；而能力素质的高低直接决定了思想政治教育的成效。作风正，是对思想政治教育工作者所应具备人格素质的要求。思想政治教育可以说是以先进思想政治理论来塑造人的活动，同样也是先进的思想政治理论通过高尚的人格来塑造人的活动。教育者本身的人格高尚，才能与其宣讲传输的思想政治教育理念相契合，对受教育者才有说服力。

二、提升家庭教育效力

家庭是社会不可分割的组成部分，同时也是思想政治教育奠基之所。从概念上讲，我们常说的"家庭教育"，是指"家庭成员之间的相互教育，通常多指父母或其他年长者对儿女辈进行的教育。家庭教育是社会整个教育事业的重要组成部分，具有不可替代的特点和作用"。从传统意义上看，家庭在思想政治教育中的作用，主要是指家长的教育及其思想素质和行为规范对家庭成员及其子女思想政治品德的形成发展的影响。教育方式主要是言传身教，融会贯通于子女生涯发展的方方面面。因此，构建生涯性思想政治教育实践途径，必须高度重视家庭这一重要载体，全面提升家庭教育效力，充分发挥思想政治教育细胞功能。

与学校教育相比较，家庭教育具有三方面的独特性：一是奠基性。父母是孩子的第一任教师，是人的思想观念、道德素质的主要培育者和决定者，一个人的生涯发展、思想品德形成很大程度上取决于父母的言传身教。相关研究显示，孩子在家庭初次获得的教育影响，在他们成长过程中起着一定的先入为主的定势作用，形成了他们最初的早期经验，往往表现为难以磨灭的铭刻性，这些铭刻性的教育会给他们的终身发展打下不易改变的印记。西方从事政治社会化理论研究的学者，通过对儿童的观察分析也认为，早期的学习对个人思想自我的发展最为重要。最早接受的概念、信息和情感好像起着"过滤器"的作用，以后的认识必须通过它。这一时期，不仅形成了思想自我的重要内容，也形成了个人最基本的"预先趋向"，它将不断影响着个人今后对思想领域、政治领域的看法。有教育家指出，如果社会没有整个一代具有一定文化教育、道德素质和体魄健全的父母的教育，就不可能造就出相应的下一代来。教育家哈巴特甚至说，一个父亲胜过一百个校长。从这个意义上说，人类整个父母一代在一定程度上掌握着人类社会的命运。二是针对性。家庭教育不像学校教师要面对几十甚至上百学生施教，而是面对自己的孩子个别教育。而且家长与子女朝夕相处，相对教师对受教育者更了解。所谓"知子莫若父"，家长可以更好地因材施教，教育更具针对性。生涯性思想政治教育是围绕个体生涯发展需求而进行的思想政治教育活动，在一定程度上需要贴身的跟踪指导，父母以及主要家庭成员是最适宜的教育者。因此，一方面，父母只有对子女情况有了全面深刻而系统的了解，教育才能比较容易地做到从孩子的实际出发，进行有针对性的教育；另一方面，父母自身还要具有较高的思想政治素质和文化道德素质，并掌握一定的教育方法，这样才能给予子女有效高质的教育，而不是适得其反。三是全程性。现代社会，当母亲还在孕期，就要对胎儿进行教育，也就是"胎教"。出生后开始进行全天候的早期启蒙教育。直至子女进入学校学习，父母也要与学校配合，辅助教育。当子女长大后成家立业，父母对子女的教育也不会停止，只是教育内容、重点发生了变化。纵观世界，尤其是中国、日本等东方国家，人们特别重视发挥家庭教育长期而连续的优势，从出生到成长，从不放松。尤其是我国，父母与子女同住甚至四世同堂，使家庭教育全程性最大化。总之，家庭教育的独特性在思想政治教育过程中具有特殊的作用，是其他教育无法取代的。因此，构建生涯性思想政治教育途径要充分重视家庭教育效力的发挥。

我国历来以重视家庭教育著称，中国历史上不仅家庭思想政治教育的传统源远流长，教育的内涵也十分丰富，包括治家之道、教子之道、修身之道，等等。从文化视角看，传统家庭教育具有三大特征：一是内容上主要反映了儒家文化精神；二是形式简明，语言通俗，容易把握；三是以血缘伦常为基础，既有家规强制，又有亲情感化，是一种行之有效的教育。新中国成立以来，党和政府也十分重视家庭教育。尤其注重通过提升国民素质与家庭思想政治教育相互作用、相互促进。在社会转型时期，家庭教育面临着很多问题和困惑，一方面需要我们动员社会各方面的力量，营造积极的舆论氛围，开展针对家庭教育相关培训，通过开展形式多样的教育活动，使每一个家庭都能提高对生涯教育的认识，从自身开始内化思想道德理念，进而影响和教育身边的人，提升家庭教育效力。

认识家庭教育重要性包括：一是深刻认识家庭教育是最早期的教育，是一切教育的基础，只有家庭教育打好底子，后继教育才能平地起高楼；二是深刻认识家庭教育的影响最深刻，父母的教育往往会在儿童心灵上起着决定作用；三是深刻认识儿童的可塑性最大，接受程度容易。一个懂得家庭教育的父母，可以帮助孩子扬长避短，超越发展。四是家庭教育的时间最长，教育具有持续性。积极营造良好的家庭教育环境包括：一要不断创造和改进自我小家庭育人环境，使儿童始终接受积极向上的影响，保证子女身心都能健康成长；二要不断优化孩子的周围环境和人际关系，注意邻居、朋友等对孩子的影响，尽可能多地接触积极向上的人群，教导孩子学会识别和远离那些消极影响因素，提升孩子自身抵御力；三要抓紧抓好早期教育，以德为先，适时及早在孩子幼小单纯的心灵里播下真善美的种子；四要积极创造条件，打好自主学习、主动学习的基础，培养终身发展、终身学习的理念，为孩子未来人格、能力的深造创造基础条件。

三、挖掘社区教育潜能

当前，人们对"社区（Community）"的概念还缺乏明晰统一的认识，社区在思想政治教育方面的作用也没有充分发挥出来，很多人都对这一领域感到陌生，这就需要我们通过多方面的努力去培养社区理念、完善社区建设、挖掘社区潜能，推动社区教育开展。我国的"社区"源自于街道办事处和居民委员会，本身带有一级组织的行政色彩，管理的事务涉及人们日常生活的各个领域，十分繁杂。在人们印象里，城乡的居民小区、某些行业成员的宿舍区以及与它们相配套的委员会、物业等，还有相关的公约、规定、守则等，都是社区概念的具体体现。社区在思想政治教育方面功能的发挥主要是结合社区的文化、风气、人际交往等间接展开的，因而呈现出生动、自由、多样的特点，比较容易渗透到人们的思想当中。社区教育的常规途径通常有三种，一是通过潜移默化的隐性教育影响与有计划、有目的、有组织的显性教育影响这二者的有机统一，对社区成员进行教育。它在个体社会化过程中的作用表现为：指导社区生活，培养文明习惯；传递文化知识，形成良好社会规范；培养各种人才，适应社区发展需要；通过道德活动，塑造社会角色；促进修养实践，强化自我调控。二是充当社会主义精神文明载体。以提高市民素质和城市文明程度为目标，开创文明社区活动，实现优美环境，优良秩序，推动城市精神文明建设。三是能发动和依靠社会各界力量挖掘社会教育资源。与国外相比，我国的社区建设起步较晚，20世纪90年代初提出至今只有20多年时间，体系功能尚不健全。在建设初期，社区工作强调的是"提供服务"，居民不是社区的主人，而是被动的接受者。经过一段时间的实践改进后，"社区"形成了基本的理念，即在政府倡导和指导下，依靠居民聚居区自身力量，利用现有资源，解决社区问题，强化社区功能，发展社区事业，促进社区与社会协调发展。尽管还很模糊，但已基本具备了社区的雏形。在建设过程中，由于我国幅员辽阔，人口众多，地区教育差异也相对较大，社区教育处于不同的发展水平，形成不同特色。例如，上海的社区教育重视以街道为中心的社区教育机构的作用，强调发挥社区教育的精神文明建设载体作用；天津的社区教育是以实现社会一体化作为发展战略的；南京的社区教育以共同育人为中心，以青少年德育社会化为重点。时至今日，我国社区建设的思路仍然离不开政府的推动和指导，行政色彩浓厚，居民自治之路依然遥远。

欧美生涯教育之所以发达，社区教育功不可没。学习借鉴西方国家社区建设发展经验对于挖掘我国社区教育潜能大有裨益。追溯历史，我们可以看到，"社区发展运动"在西方由来已久。在20世纪初，英、美、法等国家就开展了"睦邻运动"，以培养居民的自治和互助精神。在概念上，西方一些国家把社区教育界定为"民众教育"，"社区发展运动"的开展就是以"民众教育"为主要内容。1948年，英国剑桥殖民地事业署就明确提出把"社区教育"作为"民众教育"的代名词。其具体内涵就是指通过教育力量，使社区民众自主、自觉地参与改善社区政治、经济文化活动的过程。所以，西方国家社区建设发展的过程实际上也就是一种民众教育过程。美国从表面上看没有专门的思想政治教育，实际上，美国的社区就是其思想政治教育或者说公民教育的有效平台。美国作为一个多种族国家，正是借助文化资源这种载体通过社区教育这一途径传输了思想政治理念，维系了社会稳定。在美国，社区是联结和沟通各民族、种族人民的纽带和桥梁，通过文化资源共享宣扬主流价值观。文化资源是社区建设的最佳手段，它就像亲和剂一样，既能防止社区机构过于松散，又能有利于社区达成共同意识。在此基础上，美国还把社区教育看作是社区学院的一个社会职能。美国在学校教育方面强调开放性，重视发挥社区中心学校和大学普通教育学院推广部的作用，通过社区学院进行高级职业教育。设在社区的公立或私立的青少年服务机构坚持长期向儿童和青少年提供服务，内容丰富，包括体育、艺术、领导能力训练和培养学习方面的业余爱好。随着社会的发展进步，美国的社区功能也在不断推陈出新，近年来，随着世界性"民主化"浪潮的出现，在基层推广和发展民主，经由社区而实现社会参与又成为一时的风气。总的看，西方国家社区建设有两点最值得我们关注：一是专业化和规范化，这是长期建设的结果，也是科学理论指导的结果。社区工作和社会工作不仅是一项专职工作，同时在各研究所、高校还设立培养专业，开展理论研究；二是社区工作已经形成了明确的基本理念或是原则，即自治自助——每个人都有"自助"的潜能，发挥每个公民、每个社区成员的自主性，才能使问题得到最彻底的解决，也才能达到最扎实的效果，这一观念深入人心。

  我国社区建设的道路还十分漫长，社区教育潜能的挖掘不仅需要借鉴发达国家成熟经验，更要结合我国国情，在党的领导下，在政府的大力扶持下，发动全社会的力量共同推进。当前，首要加强社区环境建设，包括硬件和软件两方面。硬件指各种文化设施，软件指社区文化发展战略、价值标准、规章制度等。我国的近邻日本在社区硬件建设方面十分值得我们借鉴。日本为了使社区教育成为"无论何时、何地、何人"都可以利用的方式，在社区之中建立服务网络和各种设施，如公民馆、公共图书馆、妇女会馆、青少年之家等。其中功能最齐全，最具有代表性的是公民馆。日本的公民馆始建于1964年。当时，"二战"后的日本如何生存，朝着什么样的方向发展，成了全体国民共同关心的一个问题。同一地域的居民时常聚集在一起相互交谈，久而久之，聚集场所便成了现在公民馆的雏形。随着经济的发展、时代的变化，公民馆的机能不断充实，一直发展到目前这种形式，成了日本民众学习、教育、交流的综合设施。公民馆定期开设市民讲座，进行职业教育，同时也实施公民教育，开展隐形的思想政治工作。在软件建设方面，我们要注重文化环境建设，以文化资源凝人心、聚人气。通过文化搭台，思想政治唱戏，发挥社区教育潜能，即通过社区教育构建社区居民积极向上的价值观和道德追求；通过社区教育提高社区居民的素质和文化水平；通过社区教育促进整个社会优良思想氛围的形成。

参 考 文 献

[1] 张建彬. 新时代大学生思政教育工作理论研究 [M]. 长春：吉林大学出版社，2023.01.

[2] 张艳青. 新时代高校思政课教学改革的研究与实践 [M]. 长春：吉林大学出版社，2023.01.

[3] 陈华. 大学生思想政治教育与心理健康教育融合及实践 [M]. 成都：四川大学出版社，2023.04.

[4] 李维昌，盛美真. 春华秋实 大学生谈思政课获得感 [M]. 昆明：云南大学出版社，2023.05.

[5] 徐彦秋. 当代大学生工匠精神培育研究 [M]. 南京：东南大学出版社，2023.03.

[6] 熊胤，陈萱源. 大学思政研究丛书 大学生法治教育与思想政治教育融合研究 [M]. 成都：四川大学出版社，2023.11.

[7] 李冰. 新时代大学生思想政治教育概述 [M]. 长春：吉林大学出版社，2022.05.

[8] 谢波，孙玉. 新时代背景下高校思政育人体系路径探索 [M]. 长春：吉林大学出版社，2022.05.

[9] 孙来晶. 新时代背景下高校课程思政与思政课程育人体系建设研究 [M]. 长春：北方妇女儿童出版社，2022.01.

[10] 崔伟，陈娟. 新时期高校大学生思想政治教育创新案例探究 [M]. 长春：吉林大学出版社，2022.05.

[11] 陈丽萍. 新时代高校思想政治理论课教学改革研究 [M]. 湘潭：湘潭大学出版社，2022.01.

[12] 宋来. 铸魂育人的追问与求索 [M]. 上海：华东理工大学出版社，2022.12.

[13] 侍旭. 新时代大学生价值观教育有效性分析与精准思政实践探索 [M]. 北京：人民出版社，2022.09.

[14] 迟成勇. 新时代大学生思想政治教育研究 [M]. 合肥：合肥工业大学出版社，2022.11.

[15] 王英姿，周达疆. 新媒体时代下高校思想政治教育研究 [M]. 北京：九州出版社，2021.06.

[16] 谈娅. 新时代高校思想政治教育创新研究 [M]. 重庆：西南师范大学出版社，2021.04.

[17] 李兰. 新时代大学生素养研究 [M]. 北京：中国政法大学出版社，2020.11.

[18] 韩玉霞. 大学生思想政治课程教学创新与实践[M]. 北京: 电子工业出版社, 2021.08.

[19] 钟艳红, 袁希. 高职院校文化育人认知与行动[M]. 北京: 光明日报出版社, 2021.05.

[20] 谷照亮. 新时代大学生精准思想政治教育研究[M]. 北京: 中国文史出版社, 2022.06.

[21] 李大凯, 刘金鹏, 朱琳. 一线教师谈 大思政背景下的思想政治教育[M]. 天津: 天津人民出版社, 2020.11.

[22] 陈金平. 多媒体时代高校的思政教育研究[M]. 北京: 北京工业大学出版社, 2020.04.

[23] 李丹. 中国优秀传统文化[M]. 长春: 东北师范大学出版社, 2020.02.

[24] 付铭举, 周沫含, 王蔚. 大学生思想政治教育工作研究[M]. 沈阳: 辽宁人民出版社, 2020.10.

[25] 陈野. 文化软实力[M]. 杭州: 浙江大学出版社, 2020.10.

[26] 汤忠钢. 传统文化与人文精神[M]. 北京: 光明日报出版社, 2020.02.

[27] 胡绍红. 大学生思想政治教育研究[M]. 北京: 研究出版社, 2020.03.

[28] 闫华. 大学生思想政治教育实效性研究[M]. 沈阳: 东北大学出版社, 2020.08.

[29] 谭月明. 新时代大学生思想政治教育文化自觉研究[M]. 北京: 知识产权出版社, 2020.05.

[30] 亓凤香. 中华优秀传统文化融入思政课教学研究[M]. 长春: 吉林大学出版社, 2020.05.

[31] 张岱年. 中国人的人文精神[M]. 贵阳: 贵州人民出版社, 2018.01.